五つの傷 合本版

Les 5 blessures
L'édition Combinée
Lise Bourbeau

Rejet
Abandon
Humiliation
Trahison
Injustice

リズ・ブルボー／著
浅岡夢二／訳

ハート出版

五つの傷　合本版

感謝の言葉

ここ数年間、私は何千人もの方々と一緒に心の傷の癒《い》やしに取り組んできましたが、これらの方々のおかげで、心の傷と、それを隠すための仮面についての探求を行なうことができました。そこで、これらの方々に心の底より感謝申し上げます。

また、〈人間関係を癒やすための技法〉に取り組んでくださった多くの人々に特別な感謝を捧げます。これらの人々が包み隠さずに自分のことを語ってくださったおかげで、この本はとても豊かな内容を備えるに至りました。

さらに、私の探求に協力し、この本の大切な要素を提供してくださった、ETC〈Écoute Ton Corps〉センターのスタッフの皆さんにも、特別な感謝を捧げます。あなた方がいてくださったおかげで、私は情熱を持ってセラピストとしての仕事を続けることができ、またその仕事を高度なものに統合してゆくことができました。また、この本を書くことに直接貢献してくださった方々に深い感謝を捧げます。

まず、私の夫であるジャック。彼がそばにいてくれたので、この本を書くのがとても容易になりました。次に、モニカ・ブルボー・シールズ、オデット・ペルチエ、ミシュリーヌ・サン＝ジャック、ナタリー・レイモン、エディット・ポール、そしてミシェル・ドリュデル。あなた方は、注意深く、また辛抱強く、校正作業に取り組んでくれました。最後に、クロディー・オジエとエリザ・パラッツォ。素敵なイラストを、どうもありがとう。

はじめに――あなたが喜びの中で生きるために

私がこの本を書くことができたのは、多くの研究者たちが、人々の猜疑心《さいぎしん》や反対や非難をものともせず、勇気をもってその研究の成果を公表してくれたおかげです。もっとも、彼らは、自分が反対にあうだろうということをあらかじめ知っており、そうした敵対勢力に対して心の準備をしているものです。彼らは、人類の進化に役立ちたいと心から願っているからです。そして、彼らの発見を受け入れる人たちによってさらなる勇気を与えられたのです。

そうした研究者たちの中で、私はまず、オーストリアの精神分析家であるジグムント・フロイトに感謝を捧げたいと思います。フロイトは、人間の〈無意識〉を発見するという記念碑的な貢献を人類に対して行ないました。そして、人間の感情や精神の状態が肉体に影響を及ぼす場合がある、ということを主張したのです。

次に、フロイトの弟子の一人であるウィルヘルム・ライヒに感謝を捧げます。ライヒは、フロイトの仕事を最もよく継承していると思います。ライヒは、精神と肉体のあいだにきわめて緊密な関係があることを初めて見抜きました。ノイローゼが、単に精神のみならず、肉体にも影響を及ぼすことを証明したのです。

さらに、ウィルヘルム・ライヒの弟子であるジョン・ピエラコスとアレクサンダー・ローエンにも感謝を捧げます。二人は、バイオ・エナジェティックという体系を作り上げ、感情や精神を癒やすことと肉体を癒やすことのあいだの密接な関係を明らかにしました。

私がこの本において過去の多様な成果を統合できたのは、特にジョン・ピエラコスが残した仕事のおかげです。ジョン・ピエラコスの弟子であるバリー・ウォーカーが、一九九二年に行なった興味深いセミナーに参加して以来、私は、情熱をもって、五つの心の傷とそれが作り出す仮面との関係を明確にしようとしてきました。そして、この本に引用されている具体例は、私のワークショップを受講してくださった何千人もの方々から教えていただいたものであるとともに、私の個人的な経験から引き出されたものでもあります。

この本で述べられていることには、いわゆる〈科学的な裏づけ〉があるわけではありません。でも、それを頭から疑ってかかるのではなく、実際にあなたの日常生活で試してみていただきたいのです。そうすれば、必ずあなたの生活の質が改善されることが分かるはずです。

すでにあなたもお気づきの通り、これまでに出版した私の本と同様に、この本においても、私はなるべくうちとけた口調で語ろうとしています。それは、あなたとお友だちになりたいからなのです。ただし、この本が、あなたが初めて読む私の本だとすると、ある種の表現で分かりにくいものがあるかもしれません。たとえば、私は、〈気持ち〉と〈感情〉をはっきり区別していますし、〈見せかけの知性〉と〈本物の知性〉を区別しています。さらに〈統御する〉ことと〈コントロールする〉ことを区別しています。それらの言葉に対して私がどんな意味を与えているかは、私の他の本の中で詳しく説明されていますし、また、私のワークショップにおいても詳しく説明されます。

私は、この本を、女性のためだけではなくて、男性のためにも書きました。そして、私が**神**という言葉を使う場合、それはあなたの**ハイアー・セルフ**のことを指しています。ハイアー・セルフとは、あなたの中にいる**本当の自分**であり、この本当の自分こそが、愛、幸福、調和、平和、健康、喜び、豊かさの中であなたが生きるにはどうすればいいのかを知っているのです。

私は、この本に書かれた発見を多くの人たちと分かち合うことで、ものすごく大きな喜びを得てきました。あなたも、この本を読むことによって、ぜひ、それと同じ喜びを発見してください。それが、私の心からの願いです。

愛を込めて

リズ・ブルボー

Table des matières

もくじ

L'édition combinée:

Les 5 blessures qui empêchent d'être soi-même

and

La guérison des 5 blessures

Japanese translation rights arranged with Les Éditions E.T.C. Inc ,Canada.
https://www.leseditionsetc.com/

Chapitre 1

心の傷と仮面はこうして作られる

子どもが生まれる時、その子は、自分がどんな目的を持って転生してきたかを、心の奥ではっきりと知っています。つまり、自分らしく生きて、さまざまな経験を楽しもうとしているのです。そして、明確な目的意識のもとに、家族と環境を選んでいます。私たちは、全員が、同じ使命を帯びて、この地上に生まれてくるのです。つまり、さまざまな経験をありのままに受け入れ、そしてそれらの経験を通じて自分をありのままに受け入れて愛するために、この地球に生まれてくるのです。

私たちが、それらの経験を裁き、罪悪感や恐れ、後悔などの感情とともに生きる時、つまり、それらの経験をありのままに受け入れない時、私たちは、必《かなら》ず同じ状況、同じ人々をふたたび引きつけて、似たような経験を繰り返すことになります。ある人たちは、同じ経験を今回の人生で何度も繰り返すだけでなく、今後何度にもわたって転生して同じ経験を繰り返し、その結果、ようやくその経験を完全に受け入れることができるようになるのです。

経験を受け入れるということは、その経験を好きになることでもなく、またその経験に同意するということでもありません。そうではなくて、むしろ、その経験を通して自分にとって必要なことを学ぶ、ということなのです。そのためには、特に、自分にとって役に立つことと役に立たないことをはっきり見抜く必要があります。そして、そのためには、《原因と結果の法則》に意識的にならなければなりません。つまり、私たちが感じたこと、思ったこと、決めたこと、言ったこと、行なったことが、一定の結果を引き起こすということを知らなければならないのです。

現在、人類は、ますます智慧に満たされた生き方をしようとしています。そのためには、自分にとって都合の悪いことが起こった時、それをまわりの人や環境のせいにするのではなくて、自分自身がその原因を作ったのだということを（それは無意識的であったかもしれませんが）見抜かなくてはならないのです。それが、経験を受け入れるということなのです。自分がその原因を作ったということを見抜かない限り、「もうそんな経験はしたくない」といくら言ったところで無駄です。あなたは必ず似たような経験を繰り返すでしょう。もしかすると、あなたは、何度も同じ過《あやま》ちを繰り返し、いやな思いをしなければ、自分を変えることができないかもしれません。でも、一回目で気づいた方が、はるかに楽なのではないでしょうか？　そのためには、エゴに基づいた考え方をやめればいいのです。

エゴというのは、種々の〈思い込み〉によって支えられています。そうした数多くの思い込みを持っているために、私たちは、自分がなりたいと思っている自分になかなかなれません。そして、そうした思い込みのせいで、つらい思いをすればするほど、その思い込みを見ないようになってしまうのです。あげくの果てに、そうした〈思い込み〉が自分にあることを、まったく自覚できなくなってしまいます。その結果、そうした思い込みを取り去るために、何度も何度も繰り返して地上に転生することにさえなるのです。私たちの〈精神体《メンタル・ボディ》〉、〈感情体《エモーショナル・ボディ》〉そして〈物質体《フィジカル・ボディ》〉が、私たちの〈内なる神〉の声を聞くようになって初めて、私たちは完全な幸福を得ることができるのです。

私たちが受け入れることのできなかった経験は、魂の中に蓄積されてゆきます。魂は決して死ぬことがありませんので、そのようにして蓄積された過去世の記憶をたずさえて、私たちは、何度も何度も違った肉体に宿っては地上に戻ってくるのです。そして、地上に生まれる前に、今回の転生を通して解決しようとする課題を決めるのです。この決意と、過去世に蓄積されたすべての記憶は、誕生の際に、私たちの表面意識からは消されてしまいます。人生を生きるに従って、徐々に思い出されるようになっているのです。

私が、〈解決されていない問題〉と言う時、それは、あなたが自分を受け入れていない状態で経験したことをあらわします。私は、経験を受け入れることと自分を受け入れることを、はっきりと区別していますので気をつけてください。

では、そのことを、具体例をあげて説明してみましょう。

今ここに、父親から拒絶された女の子がいます。この父親は本当は男の子が欲しかったのです。この場合、経験を受け入れるとは、自分の父親が、本当は男の子を望んでいたために自分を拒絶したのだ、という事実をありのままに受け入れることを意味しています。

一方、自分を受け入れるとは、自分がそういう父親を恨《うら》んだことをありのままに認め、それを許すことなのです。父親も裁かず、自分も裁かず、それぞれが苦しんだことを理解して、思いやりの心を持つということなのです。

そして、この女の子が、やがて誰かを拒絶することになった時に、自分をまったく裁かず、自分を理解し、自分に対して思いやりを持つことができたなら、この子にとってその問題は解決されたことになります。あるいは、次のような場合にも、その問題がこの女の子にとっては解決されたことになります。つまり、この女の子がいつか誰かを拒絶した時に、その相手が、人間は誰でも人生のある時期に他者を拒絶することがあるものだと考え、この女の子に対して思いやりを持ち、この女の子をまったく恨まなかった、というような場合です。

もっとも、エゴは、あらゆる策略を使って、「この問題は解決済み」と私たちに思い込ませようとしますので、その手に乗ってはなりません。「ＯＫ。どうしてあの人があんなふうに振る舞ったのか、私には分かるわ」と思った時が要注意なのです。私たちはそういう時、自分を振り返って自分を許すということをしないためにそう思う、ということがありうるからです。私たちのエゴはそうすることによって、私たちにとって不愉快な状況を避けて通ろうとすることがあるからです。

自分が本当はその人を恨んでいるにもかかわらず、そのことを自覚させまいとするエゴの策略もあるのです。自分が相手を恨んでいるにもかかわらず、その相手や状況を受け入れた、と思い込ませようとするのです。これは、〈単に経験を受け入れた〉だけに過ぎません。もう一度繰り返しますが、経験を受け入れることと自分を受け入れることとは、はっきりと違うのです。

つらい経験を受け入れ、かつ自分を受け入れるのは、きわめて難《むずか》しいことです。というのも、私たちが受け入れることのできない経験は、自分自身が他者に対して同じように振る舞っているという事実に私たちを気づかせるために存在する、ということをエゴは受け入れようとしないからです。

あなたが誰かを何かの理由で非難している時、相手もまた同じ理由であなたを非難している、ということにあなたはもう気づいているでしょうか？

だからこそ、自分を知り、自分を受け入れるということが大事なのです。そうすることによって、私たちは苦しまなくてもすむようになるからです。

エゴに支配され続けるか、自分自身の主人公になるかは、あなた自身が決めることです。でも、それにはとても大きな勇気が必要です。というのも、もしかすると、何回もの転生を通じて持ち越してきた古い傷に触《ふ》れなければならないこともあるからです。ある状況、あるいはある人に対して、あなたが苦しめば苦しむほど、その問題の根は深いと言えるのです。つまり、遠い過去世から来ている可能性があるのです。

そういう時、あなたは〈内なる神〉を頼りにすることができます。なぜなら、内なる神は、全知、全能、そしてあらゆる場所に遍在しているからです。そうした内なる神が常にあなたの中にいて、あなたのために働いてくれているのです。内なる神は、生まれてくる前にあなたが天上界で立てた計画を実行するにはどうすればいいのかということ、あなたがより進化するためにはどんな試練を経《へ》ればいいのかということを完全に知っているのです。

生まれる前からすでに、あなたの内なる神は、あなたがどんな家族、どんな環境のもとに生まれればいいかを知っているのです。あなたはあなたで、過去世において愛とともに受け入れることのできなかった問題を解決するために、さらに、両親は両親で、あなたのような子どもを持つことで自分たちの問題を解決するために、あなたと両親の組み合わせが行なわれたというわけです。つまり、子どもと両親とは、解決すべき同じ問題をかかえている、ということが一般的に言えるのです。

生まれるに際して、あなたはそうしたことを、いったんすべて忘れます。そして、そんな状態のまま、この地上において、自分の欠点や弱さ、長所や強さ、欲求、人格などをすべて受け入れる必要があるのです。それが人類全体にとっての課題なのです。しかしながら、生まれてのち、私たちが自分自身を受け入れようとすると、そのこと自体が、両親やまわりの大人たちを困惑させることになります。そのため、ありのままに生きることは良くないことであり、正しくないことであると思い込んでしまうのです。この発見は子どもにとっては、まことにつらいことであり、そのために子どもは怒りの発作に襲われることさえあります。

そうした怒りがあまりにも頻繁《ひんぱん》に繰り返されると、その状態こそが自然なのだと思い込むようになります。それを、〈子どもの怒り〉または〈思春期の怒り〉と呼ぶことがあります。そうした怒りは人類にとって当たり前のことになっていますが、だからといってそれが自然だとは言えません。自分自身でいることのできる子ども、自然に振る舞うことのできる子ども、バランスよく生きることのできる子どもは、決してそういう状態にはならないからです。でも、そんな子どもはこの地上には極めてまれです。むしろ、ほとんどの子どもたちは、次の四つの段階を経ることになるのです。

子どもはまず、自分自身でいる喜びを味わいます。これが第一段階です。でも、第二段階として、自分自身ではいられないという苦痛を味わうことになります。次に来るのが、怒りと反抗の第三段階です。そして、第四段階として、あきらめを経験し、その結果、他者の思い通りの人格を築いて、自分自身ではなくなってゆくのです。ある人々は、一生のあいだずっと第三段階にとどまり続けるかもしれません。つまり、一生のあいだ、状況に反応し続け、怒り続けるのです。

この第三段階、そして第四段階において、私たちは新しい人格――つまり仮面――を作ります。そして、第二段階において感じたつらさから自分を守ろうとするのです。それらの仮面は、五つの大きな傷にともなって少なくとも五つ作られます。長年にわたって人々を観察してきた結果、人間のあらゆる苦しみは、この五つの傷から来るということを私は確かめました。それらの傷を時期の早いものから順番に分類すると、次のようになります。

〈拒　絶〉による傷
〈見捨て〉による傷
〈侮　辱〉による傷
〈裏切り〉による傷
〈不　正〉による傷

これらの傷を受けるたびに、私たちは〝裏切られた〟と感じるものです。その時、私たちは〈内なる神〉の声に従っていません。というのも、その時、私たちのエゴがその〈思い込み〉と〈恐れ〉によって私たちの人生を支配しているからです。そうやって仮面をつける時、私たちは、他者、そして自分自身から逃げて隠れようとするものです。そうする以外に、苦しみから逃《のが》れる方法がないからです。

では、それらの仮面とはどんな仮面でしょうか？　それぞれの傷に対応した仮面を以下に示してみます。

傷		仮面
〈拒　絶〉による傷	**→**	**〈逃避する人〉の仮面**
〈見捨て〉による傷	**→**	**〈依存する人〉の仮面**

〈侮　辱〉による傷　↓　〈マゾヒスト〉の仮面
〈裏切り〉による傷　↓　〈操作する人〉の仮面
〈不　正〉による傷　↓　〈頑固な人〉の仮面

これらの傷と仮面については、この本の各章において詳しく論じることにしましょう。

傷が深ければ深いほど、仮面は厚くなります。また、仮面には、その人自身の性格が刻まれることになります。私たちは、裏切られることによって、さまざまな〈思い込み〉を発達させ、その〈思い込み〉が私たちの心の態度や振る舞いに多大な影響を与えるのです。傷が深ければ深いほど私たちの苦しみも深く、より頻繁に仮面をつけることになります。

私たちが仮面をつけるのは、自分を守ろうとする時だけです。たとえば、私たちは、ある出来事を通して自分が不当に扱われたと感じた時、あるいは自分が不当な人間として裁かれるのではないかと不安になった時、〈頑固な人〉の仮面をつけて自分を守ろうとするものです。

傷と仮面の関係をよりよく理解するために、ここでたとえをあげてみましょう。心の傷というのは、たとえばあなたが指に受けた傷とまったく同じなのです。あなたはその傷をしっかりと手当てせず、ただ単に絆創膏《ばんそうこう》をまいただけです。そして、まるでその傷がないかのように振る舞っています。その傷を見たくないのです。仮面というのは、ちょうどこの絆創膏のようなものだと考えればいいでしょう。あなたは、絆創膏をまくことによって、傷などないと思い込んでいます。でも、はたしてそんなことで解決するでしょうか？　もちろんそんなことはありませんね。私たちにはそのことが分かりますが、でも、エゴにはそのことがまったく分かりません。エゴはそんなふうにして私たちをあざむこうとするのです。

　指の傷に戻りましょう。傷を受けた指には絆創膏をまいてありますが、それでも、だれかがそこに触れるたびに、その傷は痛みます。誰かが愛の思いからあなたの手を取ったとしても、あなたは「痛い！」と叫ぶことになります。その時の相手の驚きたるや、いかばかりでしょうか？　その人は、あなたに痛みを与えようなどとは夢にも思っていないからです。あなたが傷を治そうとしなかったがゆえに、誰かがあなたの指に触れるたびに、あなたは苦しむのです。

　これはあらゆる傷に関して言えることです。私たちは、実にしばしば、自分が拒絶され、見捨てられ、裏切られ、侮辱され、不当に扱われたと感じるものです。私たちはそのたびに自分が傷ついたと思うものですが、しかし実際には、私たちのエゴが、「責任は他の人間にある」と思いたがっているだけなのです。そして「相手が悪い」と思おうとするのです。場合によっては「自分が悪い」と思うこともありますが、でも、それは「相手が悪い」と思う以上に間違ったことなのです。

　実際には、悪い人などどこにもいません。いるのは、ただ、苦しんでいる人だけなのです。そして、私は、現在、確信を持って言えるのですが、私たちが自分や他人を責めれば責めるほど、私たちは同じ経験を繰り返すことになります。つまり、責めることによって事態がよくなることは絶対にないのです。責めることは、必ず、私たち人間を不幸にします。逆に、私たちが苦しんでいる人を思いやりを持って見つめる時、出来事、状況、環境、相手が変容し始めるものです。

私たちが自分を守るために作る仮面は、外見から判断することが可能です。つまり、そうした仮面は目に見えるのです。私はよく、「子どもが負った心の傷を見抜くことは可能ですか？」、と聞かれますが、それは充分可能だと思っています。

この本を書いている現在も、私は、七歳から九歳までの七人の孫たちを観察しては、心ひそかに楽しんでいます。彼らの外見を見れば、彼らがどんな心の傷を負っているかが分かるからです。このくらいの年齢だと、それがとても分かりやすいのです。一方、今では大人になった三人の子どものうちの二人を見ると、彼らが子どもの時に見えていた傷とは別の傷が見えてきます。

からだはとても高い知性を持っているので、解決すべき問題があれば、必ず何らかの手段で私たちにそれを知らせてくれます。実際には、からだにそれを語らせるのは私たちの〈内なる神〉である、と言うべきなのでしょうが。

この本を読み進んでいけば、あなたは、どのようにして自分の仮面と他人の仮面を見抜けばいいのかが分かるようになるでしょう。第七章では、それらの傷を癒やし、もうこれ以上苦しまないようにするにはいったいどうすればいいのか、について語るつもりです。それらの傷を隠していた仮面が、ごく自然に変容していくことでしょう。

ところで、傷や仮面をあらわすための言葉にあまりこだわらないようにしてください。ある人は、拒絶され、それを不当な仕打ちだと感じて苦しむかもしれません。一方、別な人は、裏切られ、それを拒絶と受け取るかもしれません。さらに別の人は、見捨てられ、その結果、自分が侮辱されたと思うかもしれません。

いずれにしても、あなた自身がそれぞれの傷についての説明を読めば、それがどんなものであるかは、とてもはっきりと分かるでしょう。

この本で述べられている五つの性格は、他の研究書で扱われているものに似ているかもしれません。でも、それぞれの研究は違っているものです。そして、この本に書かれている内容は、過去に行なわれた業績を否定しようとするものではありません。現に、たとえば、百年ほど前に、心理学者のジェラール・ヘイマンによって打ち立てられた理論は、いまだに多くの人によって支持されています。

そこには、次の八つのタイプの性格が登場します。すなわち、情熱的な性格、怒りっぽい性格、神経質な性格、感傷的な性格、血気盛んな性格、冷静な性格、無気力な性格、特徴のない性格です。そして、情熱的な性格以外の人が情熱的ではないかといえば、そんなことはなくて、どんな性格の人でも情熱的な一面は備えているものです。

こうした分類は、単にその人の主要な性格を描写するためのものでしかありません。ですから、言葉それ自体にあまりとらわれないようにしてください。

それぞれの傷を覆い隠す仮面についての記述を読むと、全部自分に当てはまるように思われるかもしれません。でも、実際には、五つの傷を全部持っている人はほとんどいません。ですから、そんな場合は、肉体の特徴に関する記述を参考にしてください。というのも、肉体こそが、心の中で起こっていることを忠実に反映するものだからです。

自分に起こっていることを、感情的なレベル、精神的なレベルで知るというのはなかなか難しいものです。私たちのエゴは、私たちが、自分の〈思い込み〉を発見することを非常に嫌《きら》います。というのも、〈思い込み〉があるからこそ、エゴが生き延びられるからです。〈思い込み〉こそがエゴの存続を可能にしているのです。

エゴに関しては、この本ではあまり詳しく語っていません。というのも、『〈からだ〉の声を聞きなさい』と『〈からだ〉の声を聞きなさい②』において充分詳しく語っているからです。エゴに興味のある方は、どうぞそちらの本を参照なさってください。

「こういう傷で苦しむ人は、こういう親に育てられたのです」という本書の説明を読むと、そのことに反発を感じる人もいるだろうと思います。でも、私は、そうした結論に至る前に、何千人もの人たちからきちんとした裏づけを取っています。どうか、そのことを忘れないようにしてください。

私は、ワークショップのたびに次のように言っています。「思春期の頃によりよく理解し合っていると思っていた親とのあいだにこそ、解決すべき問題がより多くあるのです」自分がより多く愛していると思っていた親を、実は自分は恨んでいた、ということを受け入れるのは、とても難しいものです。そのことに対する最初の反応は〈否認〉です。次に〈怒り〉がやってきます。そして、その後にようやく事実を受け入れる準備ができるのです。そこからが、いよいよ〈癒やし〉の始まりです。

それぞれの傷に関連した態度や振る舞いは、とてもネガティブなものであるように感じられるかもしれません。したがって、それらの傷が自分にあることが分かると、その傷によって苦しまないようにするために作った仮面に関する記述に対しても反発を覚える可能性があります。でも、そうした反発はとても自然であり、人間的なものであることを知っておいてください。あまり性急にならないようにしましょう。

自分に対して充分な時間を与えてください。

仮面をつけている時、あなたも他の人たちも、自分自身ではなくなっています。他の人の振る舞いが、あなたを、いやな気持ち、不快な気持ちにさせる時、その人は、苦しみたくないために仮面をつけているのです。そのことを忘れないようにしましょう。そうすれば、あなたは思いやりや愛の気持ちを持ってその人を見ることができるでしょう。

たとえば、今ここに、〈厳しい〉態度を取る人がいたとします。でも、その人が、自分の傷つきやすさや恐れを隠すためにそんな仮面をつけているのだということが分かれば、あなたのその人に対する接し方は変わるはずです。というのも、その人が、あなたにとって〈厳しい〉のでも〈危険〉なのでもない、ということが分かるからです。あなたは、恐れることなく、心穏やかに、その人の長所を見ることが可能となるかもしれません。私たちが人の欠点を暴き立てるのは、恐れの感情があるからだ、ということを忘れないようにしましょう。

ある状況やある人々に出会うと、あなたは必ず特有の反応を示してしまうことがあるでしょう。それはあなたに傷があることを示しているのですが、あなたはそんな傷が自分にあることを認めたくないかもしれません。でも大丈夫。そんな状況から自分を守るためにあなたが作った仮面は決して永続するものではないからです。この本の第七章に示されている方法を実践すれば、あなたの仮面は徐々に変化し、その結果、あなたの態度、そしてからだも変化してゆくでしょう。

肉体に確かな結果があらわれるまでに数年かかるかもしれません。というのも、肉体は心よりも変化しにくいからです。〈感情体〉や〈精神体〉はそれに比べて、比較的変化しやすいでしょう。あなたが心の深いところで、愛とともに確かな決意をすれば、比較的早めに〈感情体〉や〈精神体〉は変化し始めます。たとえば、他の国に行きたいと思い（〈感情体〉の働き）、行ったところを想像する（〈精神体〉の働き）ことは簡単にできます。ところが、計画を立て、お金を貯め、実際にその国に行くまではかなりの時間がかかります。

肉体の変化を確かめたいのであれば、毎年写真を撮っておくことをお勧めします。からだのあらゆる部分を、大写しで写真に取りましょう。そうすれば、細部の変化もチェックできます。

旅行計画を早めに実行できる人がいるように、他の人よりも早めに肉体を変化させることのできる人たちがいます。でも、大切なことは、内面の変化を続けることです。というのも、内面の変化こそあなたを幸福に導くものだからです。

これから五つの傷それぞれに関する章を読むわけですが、自分に関係があると思われる部分を抜き書きして、あとで読み返してみてください。あるいは、自分に最《もっと》も当てはまると思われる章を読み返すようにしてください。特に、あなたの肉体的特徴を言い当てている章を読み返すようにしましょう。

Chapitre 2

〈拒絶〉による傷・〈逃避する人〉の仮面

〈拒絶する〉という言葉がどんな意味を持っているのかを見てみましょう。辞書には次のような定義が載っています。「追い払う、はねつける、不寛容である、受け入れない、排除する」

読者の中には、〈拒絶する〉ことと〈見捨てる〉ことの意味の違いを理解できない人がいるかもしれませんので、ここで説明しておきましょう。

〈拒絶する〉というのは、誰かを自分のそばに置いておきたくないので拒否する、ということです。

それに対して、〈見捨てる〉というのは、他の何か、他の誰かを選ぶために、その人から遠ざかる、という意味です。

したがって、拒絶する人は、「〜したくない」と言い方をし、見捨てる人は、「〜できない」という言い方をします。

拒絶された人はとても深い傷を負います。というのも、拒絶されることによって、自分の存在を否定された、と感じるからです。五つの傷のうち、〈拒絶による傷〉が人生の最初に来ます。人生の初期において、拒絶されるという経験をするのです。この傷を癒やそうとして生まれてくる人の中には、生まれてすぐに拒絶に会う人もいますし、生まれる前から拒絶される人もいます。

たとえば、〈望まれない赤ちゃん〉というのがあります。いわゆる〈できてしまった子ども〉です。もしも、この赤ちゃんの魂が、拒絶に関する問題を解決していないとしたら、こういう状況においては深刻な拒絶の経験をすることになるでしょう。

また、親が望む性とは反対の性で生まれてきた赤ちゃんも拒絶を経験することになります。

これ以外にも、親が子どもを拒絶する理由はたくさんあるでしょう。ただ、ここで押さえておかなければばならないのは、〝拒絶を経験する必要のある赤ちゃんだけが、拒絶する親のもとに生まれてくる〟という点です。

親にはそのつもりがまったくないのに、子どもが〝拒絶された〟と感じるケースもあります。たとえば、親の注意不足、いらだち、怒りが原因で、子どもが拒絶されたと感じることはしばしばあるものです。〈拒絶による傷〉が癒やされていない限り、私たちはほんの些細《ささい》なことにも反応してしまいます。

拒絶されたと感じる人は、ものごとを客観的に見ることができません。〈自分の傷〉というフィルターを通してものごとを見るので、実際に拒絶されていない場合でも、拒絶されたと感じてしまうのです。

自分が拒絶されたと感じるやいなや、赤ちゃんは〈逃避する人〉の仮面を作り始めます。私は、多くの人が〈退行催眠〉によって胎児の状態に戻る場面に同席したことがあるのですが、〈拒絶による傷〉を負っている人は、お母さんの子宮の中で、自分をとても小さい存在だと感じているものです。

あるいは、自分がとてもわずかな空間しか――それも暗い空間しか――占めていない、と感じているものです。ということは、〈逃避する人〉の仮面はすでに胎児の時に作られている場合もある、ということなのです。

ここで知っておいていただきたいのは、私が〈逃避する人〉という言葉を使う時、それは拒絶に苦しんでいる人を指している、ということです。〈逃避する人〉の仮面は、拒絶による苦しみを避けるために作られた新たな〈人格〉なのです。

この仮面をつけている人のからだには特徴があります。それは、からだ全体、あるいはからだの一部の存在感がないということなのです。こういう人のからだは、細くてこわばっており、すぐにでも存在することをやめてしまいそうに見えます。あるいは、他の人たちと一緒にいると、まったく目立ちません。こういうからだは、なるべく場所を占めないようにしているように見えるのです。そして、絶《た》えずその場から逃避しようとしているように感じられます。ある人の背中にほとんど肉がついておらず、皮膚が骨に張りついているように見えるとしたら、その人は〈拒絶による傷〉をまだ深刻に抱《かか》え込んでいる、と見てよいでしょう。

〈逃避する人〉は、自分が存在してもいいとは思っておらず、肉体の中にきちんと宿っていないように感じられます。したがって、からだが不完全で、バラバラになっているような印象を与えます。からだのある部分が欠けているようでもあり、からだの各部分のつながりが欠けているようでもあります。からだの右半分、または顔の右半分が、左半分とうまく釣り合っていないようにも思われます。そうしたことが一見してすぐに分かります。測定してみるまでもありません。もっとも、からだの左右のバランスが完全に取れている人というのは、ほとんど存在していないのも事実ですが。

からだが不完全で、バラバラになっているような印象を与えるということは、お尻や胸がアンバランスで何かが欠けているように思われたり、足首が非常に細かったり、お腹《なか》が極端に引っ込んでいたり、ということです。からだの上から下まで、なんとなく頼りなくて確かな感じがしないのです。

常に自分の中に引きこもっているような感じで、からだ全体がこわばっています。肩が前傾しており、腕がからだに張り付いているような感じがします。からだが成長する過程でどこかがうまく育たなかったようにも思われるし、からだのどこかにブロックがあるようにも感じられます。からだのある部分が他の部分よりも発育不全であるように感じられるのです。あるいは、子どものからだの中に大人のからだが同居しているような印象を与えます。

からだがゆがんでいて、憐《あわ》れみさえ感じさせるような人に会った時は、その人が〈拒絶による傷〉に苦しんでいるということを理解してあげましょう。〈拒絶による傷〉を負った魂が、その傷を克服するために、あえてそのような肉体を選んだのです。

〈逃避する人〉の顔や目はとても小さいものです。目は、空虚で、暗い穴のように見えます。というのも、そういう人は、自分の世界に閉じこもり、しばしば低級霊界に逃避しているからです。とても不安そうな目をしています。顔全体は仮面のように見えます。特に目のまわりに隈《くま》ができていて、そんな印象を与えます。

そして、本人も、仮面を通して世界を見ているような気分でいるのです。ある人は、一日中そんな気分でいますし、別の人は一日のうち数分間だけそんな気分になります。苦しむのが怖いので、自分の目の前で起こっていることにかかわろうとしないのです。

仮に、その人が〈逃避する人〉の目をしていないとしても、それ以外の特徴をすべて備えているとしたら、〈拒絶による傷〉は相当深刻だと考えてよいでしょう。また、〈逃避する人〉のからだの特徴の五〇パーセントを備えている人は、一日のうち半分の時間を、拒絶から身を守るために仮面をつけて過ごしています。

たとえば、からだがふっくらとしていたとしても、顔や目が小さい人、あるいは、からだがふっくらとしていても足首が極端に細い人などがそんな例に当てはまるでしょう。からだの一部分だけが〈逃避する人〉のそれに相当する人の場合、傷はそれほど大きくありません。

私たちは、仮面をつけると自分自身でいることができません。幼い時に、自分の本心とは別の態度を取ることで自分を守ることができると思い込んでしまったのです。拒絶されたと感じた人が最初に取る戦略は〈逃避〉です。拒絶されたと感じた子どもは、〈逃避する人の仮面〉をつけ、自分が想像した世界に逃げ込みます。そうした子どもが、おしなべていい子でおとなしく、音を立てたり、問題を引き起こしたりしないのは、そこに理由があるのです。

そういう子どもは、想像の世界に一人きりで浸《ひた》り、空想の世界で自由に遊びます。自分は本当はこの両親の子どもではないと思ったりします。こういう子どもは家から逃げ出すために、さまざまな方法を探します。

その一つが、学校に行くということです。でも、ひとたび学校に行ってまわりから拒絶されたと感じると、今度は、自分の心に引きこもり、想像の世界に一人きりで遊ぶことになります。ある婦人が私に明かしてくれたことによれば、彼女は子どもの頃、学校で自分を〈よそ者〉のように感じていた、ということです。

こうした子どもは、自分が存在していてもよいのだ、となかなか感じられないものですが、その一方で、大人たちから自分が存在していることを認めてもらいたがるものです。

たとえばこんな例があります。お客さんたちが来た時に、自宅のクローゼットの中に隠れた女の子がいます。みんながそのことに気づいて探し始めたにもかかわらず、その女の子はその場所から出て行きませんでした。「みんなに私を探し出してもらいたい。私がここにいるということをみんなに知ってもらいたい」とその子は思っていたのです。つまり、この女の子は、〝自分が存在してもいい〟となかなか思えないので、自分が存在していることを証明できるような状況を作ったのです。

こういう子どもは、おしなべて平均的な子どもよりもからだが小さいので、とてもはかなげに見えます。場合によってはお人形のように見えるかもしれません。したがって、母親が過保護になる場合が多いのです。

その結果、しばしば、「これをやるにはまだ小さすぎる、あれをやるにはまだ小さすぎる」と言われることになります。そして、その言葉を文字通り受け入れるために、からだがちっとも育たない、ということが起こりうるのです。したがって、この子にとっては、〈愛される〉というのは〈発育を妨げられる〉ということと同義語になってしまいます。

ですから、後年、誰かに愛されそうになると、それを拒絶したり、そこから逃げ出したりすることになります。というのも、その子にとって、〈愛される〉というのは〈発育を妨げられる〉こととまったく同じだからです。

過保護にされた子どもは、自分が拒絶されたと思い込んでいます。というのも、ありのままの自分を受け入れられていないからです。その子が小さいので、まわりの人たちはその子のためにできるだけのことをしてあげようとします。でも、その子自身は、それによって自分が愛されているとは感じないのです。なぜなら、自分には能力がないからそうされるのだと感じるからです。つまり、能力の面において〝自分が拒絶されている〟と感じているのです。

〈逃避する人〉は物質にあまり関心を持ちません。というのも、物質に関心を持つと、自由に〈逃げる〉ことができなくなるからです。〈逃避する人〉は、上の方から物質界を見下ろすような感じで生きています。

〝この惑星で何をやればいいのだろう〟といぶかしく思っており、この地上で幸福になれるとなかなか信じられないのです。知的な世界や精神的な世界に関連することだけが、この人の興味を引きます。物質に関することで喜びを得ることはありません。そうしたものは、どうでもよいと考えているのです。

〈逃避する人〉タイプの若い女性が、ある時、「買い物をしても、ちっとも楽しくなかった」、と語ってくれたことがあります。彼女は、自分が生きていると感じるためにだけ買い物をしていたのです。〈逃避する人〉であっても、お金の必要性は認めています。ただ、それが喜びをまったくもたらさないのです。

また、〈逃避する人〉は物質的なものに関心を持たないので、性的な面でうまくいかないことがあります。性的なことはスピリチュアリティに反すると考えるからです。何人かの〈逃避する人〉タイプの女性が、「性行為はスピリチュアルな行為ではない」、「子どもを生んだ後では特にいやだと感じる」、と語ってくれたことがあります。〈逃避する人〉は、自分が普通の人間と同じようにセックスを必要としている、と思いたくないのです。彼女たちは、セックス面で夫から拒絶されるような状況をしばしば呼び寄せます。あるいは、みずから望んで、セックスと自分を切り離してしまいます。

〈拒絶による傷〉は、同性の親とのあいだで作られます。もし、あなたが、これらの〈拒絶された人〉の描写を読んで、それが自分に当てはまると思うのなら、あなたは同性の親から拒絶されたことがあるのです。つまり、あなたの中にすでに存在していた傷を呼び覚ましたのは、その同性の親なのです。

ですから、その親を受け入れることができず、時には恨み、また憎《にく》んだとしても、それはまったく当然で人間的なことなのです。

同性の親は、私たちに、愛すること、自分を愛すること、自分に愛を与えることを教える役割を持っています。それに対して、異性の親は、私たちに、愛されること、愛を受け入れることを教えてくれるのです。

このタイプの人が同性の親を受け入れず、自分のお手本にしようとしなかったとしても、それはきわめて自然なことです。もしあなたに〈拒絶による傷〉があるとすれば、あなたが同性の親と同じ性である自分を受け入れられず、また愛することができないのは、まったく当然のことなのです。

〈逃避する人〉は、自分に価値がないと考えています。自分がどうしようもない人間だと考えているのです。そのため、あらゆる方法を使って完全になり、自分の存在に意味を与えようとします。自分の目から見ても、他人の目から見ても、自分に価値があると思えるようにしたいのです。〈逃避する人〉は、よく「どうしようもない」「何にもならない」「意味がない」などという言い方をします。たとえば、次のような言い方をするのです。

「上司が、私に向かって、お前はどうしようもない奴だ、と言ったのです。だから仕事をやめました」
「私の母は、家事に関しては、まったくどうしようもない人間です」
「父は、母にとってどうしようもない人間だったのです。夫が、私にとってどうしようもない人間であるように。母が家を出たことを非難するつもりはまったくありません」
「私は自分がどうしようもない人間であることを知っているのです。他の人が私に関心を持たないのは当

いのです」

「私は、何をやってもうまくいかないのです。いつもゼロからやり直しです。私は生きていても仕方がないのです」

「あなたが何をやったところで、それは私にとって何の意味もありません」

ワークショップに参加してくれた、ある〈逃避する人〉タイプの男性が、父親に面と向かうと、自分がどうしようもない人間、意味のない人間に感じられる、と言っていました。「父に話しかけられると、息が詰まって、押しつぶされそうになるんです。もう逃げることしか考えられなくなります。どうすればいいか分からなくなるんです。父がいるだけで、胸が苦しくなります」

ある〈逃避する人〉タイプの女性が語ってくれたところによれば、一六歳の時に、自分は母親を無意味な存在とみなした、ということでした。というのも、母親が、「あなたの前から永久に消えてしまいたい」、「できれば死んでしまいたい」、と言ったからです。彼女は、その時、母親と自分とを完全に切り離してしまいました。

興味深いことに、拒絶されたと感じている子どもに〈逃避〉をうながすのもまた同性の親なのです。たとえば、次のようなことがよく起こります。子どもが拒絶されたと感じ、家を出たいと同性の親に言うと、この親が次のように言うのです。「それはいい考えね。そうすれば、お互いに自由になれるわ」そう言われると、子どもはいっそう拒絶されたように感じ、いっそうその親を恨むことになります。こうした状況は、その親自身が〈拒絶による傷〉を持っているために生じるのです。自分の子どもに〈逃避〉を勧めるのは、それが自分にとってなじみのあるやり方だからです。もっとも、そのことを自分できちんと意識しているわけではありませんが。

「無意味である」というのも、〈逃避する人〉がよく使う言葉です。たとえば、「奥さんとのセックスはうまくいっているの？」とか「あの人との関係はうまくいっているの？」という質問に対して、普通の人は「うまくいっていない」と言ったりするものですが、〈逃避する人〉は「そんなことは無意味だよ」というような答え方をします。

〈逃避する人〉はまた、「消えてしまう」「いなくなってしまう」という言葉もよく使います。たとえば、次のような言い方をするのです。「父が母に向かってひどい言い方をするんだ……。僕は消えてしまいたかった」あるいは、「両親がどこかにいなくなってしまえばいいと思うわ」

〈逃避する人〉は孤独を好みます。人から関心を示されると、どうしていいか分からなくなるからです。自分をやっかい者だと思っているのです。家族の中にいても、あるいはどんなグループの中にいても、なるべく目立たないようにします。自分がいやな目にあうことを当然だと思っているのです。そして、そのことを抗議できないと思っています。消え入ること以外に、どうすればいいのか分からないのです。

例をあげてみましょう。小さな女の子が、お母さんに宿題を手伝ってと言いに行ったところ、お母さんは次のように言いました。「お父さんに頼みなさい。お母さんがすごく忙しいのが分からないの？　お父さんを見てごらんなさい。何もしていないじゃないの」この子は拒絶されたと感じ、次のように思います。「そうか、私は可愛くないんだわ。だからお母さんは手伝ってくれないのよ」こうして、この子は部屋の隅に引きこもるのです。

〈逃避する人〉は学校でも友だちが少なく、仕事をするようになっても、同様に友だちができません。孤独好きに見えるので、まわりの人たちがかかわりを持とうとしないのです。孤立すればするほど、存在感を失っていきます。こうして悪循環に陥《おちい》るのです。つまり、拒絶されたと感じて、苦しまないために仮面をつけるのですが、そうすればそうするほど、存在感を失い、まわりの人とのつながりを失い、ますます拒絶されたと感じるのです。こうして、ますます孤独を感じ、ますます拒絶される状況を作り出します。

これからあなたにお話しする状況は、ワークショップの最後に、みんなでワークショップを通して得たことを分かち合おうとする時にしばしば起こることです。その時になって初めて、二日間のワークショップのあいだ、ある人が参加してそこにいたということに気づくのです！　そして、私はこう思います。「いったい、この人は、二日間、どこにいたのかしら？」

そして、その人が、〈逃避する人〉のからだを持っていることに気づくのです。二日のあいだ、その人は、話もせず、質問もせず、他の人たちの後ろに隠れるようにして座っていたのです。私がその人に向かって、「ワークショップのあいだ、そこにいるとは思えませんでしたよ」と言うと、その人は決まってこう答えます。「だって、他の人の興味を引くようなことは何も言えないからです。私には話すことなんか何もないのです」

実際、〈逃避する人〉はほとんど話しません。もし話すとしたら、それは自分の存在価値を強調するためであり、したがって、それは他の人たちにはとても傲慢《ごうまん》な態度にしか見えません。

〈逃避する人〉は、しばしば、肌のトラブルを引き起こします。それは、他の人に近づかれたくないからです。肌は、他の人と接触する器官であり、肌の様子によって、人はその人に近づいたり、遠ざかったりするのです。肌のトラブルは、他の人に触《さわ》られたくないという無意識の願いが、からだの表面にあらわれたものである場合が多いのです。特に、問題がある部分の肌にトラブルが起こります。

〈逃避する人〉が次のように言うのをよく聞きます。「人に触られると、自分の繭《まゆ》から引きずり出されるような気がします」自分の世界に閉じこもっていれば、人から拒絶されて苦しむことはないだろう、と思い込んでいるのです。だから、あるグループの中にいても、その活動に参加せず、なるべく目立たないようにするのです。つまり、自分の繭の中に引きこもってしまうわけです。

だから、〈逃避する人〉はいとも簡単に低級霊界に行ってしまいます。しかもそれを自分で意識していません。むしろ、当たり前のことだと思っており、他の人たちも自分と同じようにしていると思い込んでいます。思考にまとまりがなく、よく、「自分の考えをしっかりまとめなくちゃ」という言い方をします。そういう人は、バラバラの断片をかき集めたような印象を受けるものです。特に、ちぐはぐな断片を集めたようなからだをしている人からそうした印象を強く受けます。

さらに、〈逃避する人〉が次のように言うのをよく聞きます。「他の人たちから切り離されているように感じます。自分がまるでそこにいないみたいなんです」また、上半身と下半身がはっきりと切り離されているように感じる、と言う人たちもいます。

ある女性は、「ちょうど胸の下あたりで自分のからだが上下に切り離されているように感じます」、と言っていました。私がワークショップで教えている〈手放す技法〉を使うことによって、彼女は、上半身と下半身がふたたび結びついたように感じることができました。そして、その新たな感覚をとても新鮮に受け止めたのです。そのことを通じて、自分が子どもの頃からきちんと自分のからだの中にいなかった、ということに気づきました。「地面にしっかり結びついている」ということがどんなことなのか、ずっと分からなかったのです。

ある時、ワークショップに参加した女性の〈逃避する人〉たちに、椅子《いす》の上に正座をする傾向があることに気づきました。本当は床の上に正座したかったことでしょう。正座をすることによって、彼女たちは、地面とのつながりを断ち、より容易に〈逃避〉することが可能となるのです。

ワークショップにお金を払って参加したということは、自分を統合することに困難を感じていながらも、一方ではやはり自分を統合したいと思っていることを示しています。ですから、そういう人たちに対しては、低級霊界に逃げ込むこともできるけれども、今ここにしっかりと根を生やして、目の前に起こっていることに集中することもできるのですよ、と言ってあげるのです。

すでに述べたように、〈逃避する人〉は、自分と同性の親から受け入れられなかったと感じています。でも、その親が、実際にその子を拒絶したとは限りません。とにかく本人がそう感じたということなのです。もしかすると、その同じ魂が将来、同じ傷を抱えたままふたたびその親のもとに転生してきて、また同じように傷つけられたと感じる可能性だってあります。もちろん、〈逃避する人〉が、〈拒絶による傷〉を持たないほかの兄弟や姉妹に比べ、拒絶されるという経験を引き寄せやすいことは知っておかなければなりません。

拒絶されて苦しむ人は、同性の親からの愛を絶えず求め続けるわけですが、その親から愛をもらえない限り、自分が完全な人間であると思えません。でも、その親からのどんな些細なネガティブなメッセージにも反応し、自分がふたたび拒絶されたと思い込んでしまいます。こうして、恨みを抱《いだ》き続け、時にはそれが憎しみに変化することさえあるでしょう。そのためにますます苦しむわけです。愛が欲しくて仕方がないだけに、憎しみもまた深くなるのです。

憎しみというのは、愛を求めて得られなかった時に生まれる感情であることを思い出しておきましょう。〈拒絶による傷〉はとても深いので、五つのタイプの中では、〈逃避する人〉の憎しみが一番深いということになります。親に対する大きな愛が、一瞬にして大きな憎しみに変わることがあるのです。その結果として、想像を絶するような苦しみを味わうことになります。

ところで、〈逃避する人〉は、異性の親に対してはどう振る舞うのでしょうか？　彼らは、異性の親を拒絶することにならないようにと、すごく気を使います。したがって、その親に対する自分の言葉や振る舞いを厳しくチェックします。「あなただって他の人を拒絶したでしょう！」と非難されるのが怖いので、異性の親の顔色をうかがいながら接することになるのです。

一方で、同性の親に関しては、自分が拒絶されたと感じないために、同性の親こそが自分の顔色をうかがうべきだ、と考えます。自分の中にある癒やされていない傷が、その親を刺激して自分を拒絶させることになるのだ、悪いのはその親ではないのだ、ということを認めたがらないのです。

一方、異性の親や異性の他人から拒絶された場合、それは自分が悪いからだと考えて、自分自身を拒絶し、自分を責めることになります。

もしあなたが実際に親から拒絶されたとしたら、あなたの抱える傷がまだ癒えていないからそういう状況を引き寄せたのだ、ということを自覚しなければなりません。あなたに起こったことの原因が他人にあると思っている限り、その傷は決して治りません。

両親とのあいだで起こったことは、他の人たちに投影されます。つまり、同性の人たちからはしばしば拒絶されたと感じ、一方で、自分が異性の人たちを拒絶することになるのではないかと心ひそかに恐れるのです。そして、拒絶するのではないかと恐れるあまり、ついに拒絶してしまうということも起こりえます。ここで、恐れを持てば持つほどそれは現実化しやすくなる、という法則を思い出しておきましょう。

〈拒絶による傷〉が深ければ深いほど、拒絶される、あるいは、拒絶するという状況を数多く引き寄せることになります。

〈逃避する人〉は、自分を拒絶すればするほど、他人から拒絶されることを恐れるようになります。こうして、どんどん自分の価値を下げていくのです。自分よりも優《すぐ》れた人たちと自分をしょっちゅう比較するので、自分は人より劣った人間だと考えるようになるのです。

〝ある領域においては、自分の方が優れているかもしれない〟と考えることができなくなります。他の人が自分を友人として選んでくれる、配偶者として選んでくれる、本当に自分を愛してくれる、などということがあるとはとうてい信じられなくなるのです。

ある母親が私に次のように語ってくれたことがありました。ある時、自分の子どもたちが、「お母さんのこと、大好きだよ」と言ってくれたのですが、どうしてそんなことを言ってくれるのか、さっぱり分からなかった、というのです。

そんなわけで、〈逃避する人〉は常に〈引き裂かれた状態〉で生きています。自分が選ばれると、そのことが信じられないために、やがてその状況をぶち壊してしまいます。一方、自分が選ばれないと、それだけで自分が拒絶されたと思うのです。

兄弟が何人もいる人が、ある時私に話してくれたのですが、どんな場合でも、父親が自分を優先してくれたことはなかった、ということでした。そのために、彼は自分が他の兄弟たちより劣っていると思い込んでしまったのです。そうなると、ますます他の兄弟たちの方が優先されることになります。まさにこれこそが悪循環なのです。

〈逃避する人〉は、自分が言ったことや行なったことには何の価値もない、と思っていることが多いものです。したがって、他の人がその人に興味を持つと、どうしていいか分からなくなってしまいます。他の人の関心を引くことが怖いのです。自分が多くの空間を占めることになると、他の人にいやな思いをさせることになるのではないか、と考えるからです。そして、他の人にいやな思いをさせるとただちに自分が拒絶される、と思い込んでいます。

母親の胎内にいる時でさえ、なるべく空間を占めないようにします。傷が癒やされない限り、なるべくそこに存在しないようにしようとするのです。

〈逃避する人〉が話している時、誰かがそれをさえぎると、ほとんどの場合、それは自分がつまらない人間だからだと思い、話すのをやめてしまいます。一方、〈拒絶による傷〉を持っていない人は、そういう場合、自分がつまらないからではなくて、自分が言っていることがつまらないからなのだ、と考えます。

また、〈逃避する人〉は、人から求められない場合には、自分の意見を言うことができません。他の人が気分を害して、自分を拒絶するのが怖いからです。

また、何か頼みたいことがある場合、相手が忙しそうにしていると、どうしても頼むことができません。忙しい人をわずらわせるほど自分の頼みが重要なものであるとは思えないからです。

何人もの女性が語ってくれたことですが、思春期になって以来、彼女たちは、母親に自分の気持ちを正直に打ち明けることができなくなったそうです。自分が理解されないのではないかと怖かったのです。彼女たちにとっては、理解されるということは愛されるということだったのです。

でも、本当は、理解されなくても、愛されることはできます。というのも、愛するとは、たとえその人を理解できなくても、それでもなおその人を受け入れることだからです。

でも、彼女たちは、そうした思い込みがあったために、自分の考えをはっきり言うことのできない人間になってしまいました。母親に対してのみならず、他の女性たちに対しても、自分の考えを言うことができなくなってしまったのです。

もしそれが男性だった場合、その人は、同性である父親に対して、そして他の男性たちに対して、自分の考えを言うことができなくなります。

〈逃避する人〉のもう一つの特徴は、あらゆることにおいて完璧を求める、ということです。もし、失敗すれば、ひどく裁かれると思っているからです。〈逃避する人〉にとっては、裁かれるとは、拒絶されることを意味するのです。自分が完全な存在ではないと思い込んでいるために、行なうことすべてにおいて完璧であろうとします。

不幸なことに、〈存在〉と〈行為〉を混同してしまっているわけです。その結果、完璧を求めることが、一つの〈強迫観念〉にまでなってしまうことがあります。こうして、あらゆることにおいて完璧を期するため、必要以上に時間をかけなければならなくなります。そのために、さらに他人から拒絶されるという状況を招くことになるのです。

〈逃避する人〉にとって、最も恐ろしいのが〈パニック〉です。パニックが起こりそうになると、〈逃避する人〉は、ただちにその状況から逃げ出そうとします。その場から消えてしまいたくなるのです。そして、それができないと、その場で固まってしまいます。そうやって固まれば、つらい思いを避けられると思い込んでいるのです。

パニックをうまく処理できなかったらどうしようと思うあまり、実際にはそんなことはないにもかかわらず、これからもきっとパニックに陥るだろうと信じ込んでしまいます。

〈逃避する人〉たちは、消え入りたいという気持ちがあまりにも強いので、退行催眠によって彼らを胎児の状態まで退行させると、お母さんのお腹にいる時でさえ、どこかに隠れようとしていたことを思い出します。ですから、それは生まれる前から始まっていたのです。

私たちは、人生において、自分が恐れている状況や人を引き寄せるものです。したがって、〈逃避する人〉は、自分をパニックに陥れるような状況や人をしょっちゅう引き寄せます。こうして、ますます人生がドラマティックになっていくのです。

〈逃避する人〉は、同性の親あるいは同性の人間——特に親を思い出させるような人間——の前で、より頻繁にパニックに陥り、固まるものです。ただし、同性の親よりも、同性の他人といた方がまだ気分は楽なようです。

〈逃避する人〉は、しばしば〈パニック〉と言う言葉を使うように思われます。たとえば、「禁煙しようと思うと、パニックになりそうです」などという言い方をします。こんな場合、〈拒絶による傷〉を持っていない人であれば、単に、「禁煙するのは難しいですね」と言うだけでしょう。

私たちのエゴは、あらゆる手段を使って、私たちが傷の痛みを感じないようにします。私たちは、無意識のうちにエゴに全権を委譲しており、エゴは、傷と結びついたつらい思いを繰り返したくないので、拒絶にあった時に〝それは自分で自分を拒絶しているからである〟ということを絶対に認めようとしません。でも、私たちを拒絶する人は、私たちが自分自身をどれほど拒絶しているかを教えてくれようとしているだけなのです。

〈逃避する人〉は、場合によっては、自分が記憶していることを思い出せなくなることがあります。そして、本当は恐れが原因で思い出せなくなっているだけなのに、記憶を失ってしまったと思い込むのです。

私は、今まで、セミナーの講師養成のための研修において、〈逃避する人〉タイプの人が、他の人を前にして練習用の講義を行なわなければならなくなった時、充分に準備をして話す内容をしっかり覚えていたにもかかわらず、話す直前に不安のあまり頭の中がまっ白になってしまう、という現象を何度も見てきました。

時には、私たち全員を前にして、幽体離脱をしてしまい、からだだけがぼーっと立っている、ということもありました。もっとも、〈逃避する人〉タイプの人が、〈拒絶による傷〉を癒やすにしたがって、この問題は自動的に解決されていきます。

これまで述べたことから当然予想されることですが、〈拒絶による傷〉を持っている人は、他人とのコミュニケーションがうまくできません。コミュニケーションをはばむ恐れや不安は次のようなものです。

「面白くない人間だと思われるのではないだろうか？」「つまらない、価値のない人間だと思われるのではないだろうか？」「義務感から自分の話を聞いているのではないだろうか？」「儀礼的に自分と話しているだけなのではないだろうか？」

もしあなたにこうした不安や恐れがあるとすれば、あなたには〈拒絶による傷〉があると見て、間違いありません。その傷があるために、自分自身でいられなくなってしまっているのです。

私たちに心の傷があると、食生活にも影響が出てきます。というのも、人間は、〈感情体〉や〈精神体〉を養うのと同じやり方で、自分の〈物質体〉を養うからです。〈逃避する人〉は、基本的にあまりたくさんものを食べません。特に、不安が強いときには食欲をなくします。

傷を負った人の五つのタイプのうち、〈逃避する人〉が最も食欲不振に陥りやすいと言えるでしょう。食欲不振に陥ると、実際にはとてもやせているのに、自分は太っていると思い込んで、ほとんど何も食べられなくなります。また、時にはむさぼるようにガツガツ食べることもありますが、それは、食べることによって不安や恐れから逃避しようとしているのです。もっとも、〈逃避する人〉は、食べることに逃避することはあまりありません。むしろ、彼らは、アルコールやドラッグに逃避することのほうが多いのです。

また、不安が強いときに、甘いものを食べることがあります。不安や恐れは人からエネルギーを奪うので、甘いものを食べることによってエネルギーを補《おぎな》えると思い込むのです。でも、残念なことに、そんなことをしても一時しのぎにしかなりません。

私たちは、心に傷があると、自分自身でいることができません。心の傷は、心の中にブロックを作るために、そのままにしておくと私たちは病気になってしまいます。五つのそれぞれのタイプは、その心の態度によって、ある特定の不調や病気を引き寄せます。

以下に、〈逃避する人〉が引き寄せやすい不調や病気をあげておきましょう。

- まず**下痢**。これは、〈逃避する人〉が、自分を拒絶したり、自分のためになるかもしれない状況を拒絶したりするように、栄養となる食物を、栄養を吸収する前に拒絶してしまうからなのです。
- 次に**不整脈**。あまりにも心臓が早く打つので、心臓が口から飛び出すのではないかと思う人もいるほどです。これは、つらい状況から逃げ出そうとする別のやり方なのです。
- 少し前のところで、〈拒絶による傷〉によってあまりにもつらい思いをするために、〈逃避する人〉が自分の同性の親を憎むことさえある、と言いました。同性の親が幼い自分を苦しめたことをどうしても許すことができないのです。そして、親を憎んだ自分をなかなか許すことができません。あるいは、自分が親を憎んだことがある、または今でも憎んでいるという事実に直面することができない場合もあります。

こうして、自分が同性の親を憎んでいることを認められないと、**ガン**になることもありえます。孤独に苦しみ、人を恨んだり憎んだりした人はガンになりやすいからです。

もし、自分が親を憎んでいることを口に出すことができていれば、ガンにならずにすんだかもしれませんん。自分の激しい感情を親に対して言うことができていれば、何か別の重い病気になったかもしれませんが、少なくとも、ガンにはならなかったでしょう。

ガンは、自分を裁き、苦しんだ人がかかりやすい病気です。こういう人は、自分が親に恨みや憎しみを持っている事実を認めることができません。というのも、そんなことを認めれば、自分がとてもひどい人間だということを認めざるをえなくなるからです。親が自分を拒絶したことを責めている自分自身が、今度は親を拒絶しているということを認めざるをえなくなるからです。

〈逃避する人〉は、子どもであることを自分に許すことができなかった人です。拒絶されないためには、早く大人になるしかない、と思い込んでしまったのです。あまりにも早く大人になろうとしたために、発育に無理が生じ、その結果、からだの一部が子どものままで取り残されてしまったわけです。

ガンというのは、自分のインナー・チャイルド（内なる子ども）が苦しむことを許さなかった人がかかりやすい病気だと言えるでしょう。自分を苦しめた親を恨むことは、実に人間的なことであるにもかかわらず、〈逃避する人〉はそれを受け入れることができなかったのです。

- 〈逃避する人〉はまた、特にパニックに陥った時に、**呼吸器系**の不調や病気になりやすいと言えるでしょう。
- また、**アレルギー**になりやすいのも特徴です。アレルギーとは、ある種の食べものまたは物質に対する拒絶である、と言うことができます。
- ある人または状況に対する拒絶をあらわすために、**嘔吐**という方法を使う場合もあります。私は、若い人たちが次のように言うのを聞いたことがあります。「おふくろ（またはおやじ）のことを考えるとムカつくんだよ」〈逃避する人〉は、「吐き気がする」とか「ムカつく」という言葉をよく使います。何かあるいは誰かを拒絶したい時にそう言うのです。
- 〈逃避する人〉は、ある状況や人を避けるために、**めまい**や**気絶**を使うこともあります。

・事態がさらに深刻になると、〈逃避する人〉は**昏睡状態**に陥ることさえあります。
・また、〈逃避する人〉は、**広場恐怖症**にかかることもあります。これは、ある人や状況を前にしてパニックに陥ることを避けようとするためです（広場恐怖症に関する定義については第三章を見てください）。
・〈逃避する人〉が甘いものを食べすぎると、**糖尿病**や**低血糖症**にかかる可能性もあります。
・拒絶されたことにより、感情のレベル、精神のレベルで限界に直面してすごく苦しんだ、という理由で親に対する憎しみを募《つの》らせた場合、**うつ病**あるいは**躁《そう》うつ病**になる可能性があります。もしそういう人が自殺をしようと思い詰め、しかもそれを人に話さなかったとしたら、かなり高い確率で自殺することになるでしょう。自殺したいと人に話し、しかも自殺未遂で終わる人は、どちらかというと、拒絶ではなく、親に見捨てられて苦しむタイプの人です。そのタイプについては次の章で語ることにしましょう。
・親から拒絶されたために、自分をちゃんとした一人前の人間として確立できなかった人は、自分以外の別の人になろうとすることがあります。たとえば、マリリン・モンローを崇拝する女の子が、マリリン・モンローになろうとするようなことがあるのです。それが無理だと分かると、次のお手本を探し出し、際限なく同じことを繰り返します。それが極端になると、**精神に異常をきたす**ことさえあります。

もちろん、こうした不調や病気は、他のタイプの人たちにも見られるものです。しかし、特に、〈拒絶による傷〉で苦しんでいる人たちに多く見られるように思われます。

もしあなたが〈拒絶による傷〉を持っているとすると、おそらく、あなたと同性の親も、自分自身と同性の親から同じ仕打ちを受けているはずです。しかも、あなたのその親は、あなたからも拒絶されていると感じているはずなのです。とはいえ、それがはっきり意識されているとは限りません。いずれにしても、以上のことは、何千人にものぼる〈逃避する人〉たちを通して、私が実際に確かめてきた事実なのです。〈心の傷〉が治らない最も大きな原因は、他人に対して負わせた傷、あるいは自分に対して負わせた傷に関して、あなたが自分自身を許していないということなのです。自分を許すというのは、本当に難しいことです。というのも、自分を責めているということ自体に、私たちはなかなか気づくことができないからです。〈拒絶による傷〉が大きければ大きいほど、あなたが自分自身や他人、そしてある状況や目的を拒絶している、ということになります。

私たちは、本当は自分がしたことなのに、それを他人のせいにすることが非常に多いものです。しかも、そのことにまったく気づきません。

だからこそ、私たちは、自分が自分自身に対して、また他人に対して行なったことを気づかせてくれる人を身近に引き寄せるのです。

自分が、自分自身を拒絶している、あるいは他人を拒絶している、ということに気づくための他の指標は、自分が〈恥《はじ》〉の感覚を持っているかどうか、ということです。というのも、私たちが、自分のある振る舞いを隠そう、偽《いつわ》ろうと思うときには、必ず恥の感覚を持つからです。他人がやったら非難するであろう行為を自分がやったら、恥《は》ずかしくなるのが当然です。自分も同じ振る舞いをしていることを、その人には絶対に知られたくないと思うはずなのです。

〈逃避する人〉が苦しむのは、実は、そうすれば〈拒絶による傷〉の痛みから逃れられると錯覚して、〈逃避する人〉の仮面をつけることにしたからなのです。この仮面を、場合によっては週に数分間だけつけることもあれば、場合によってはほぼ永続的につけることもあります。

〈逃避する人〉に特有な振る舞いは、〈拒絶による傷〉を二度と経験したくないと思っているところから来ます。

ところで、これまで述べたさまざまな振る舞いのうち、そのいくつかを自分もしていると思ったかもしれません。ただし、そうした振る舞いを全部自分がしているとは思わなかったはずです。というのも、ある個人が、そうした振る舞いをすべて行なうことはもともとありえないからです。

それぞれの傷は、その傷に特有の心の態度と振る舞いを生み出します。そうした感じ方、考え方、話し方、行動の仕方は、経験することに対して自分が〈反応〉しているということを示しています。そして、そのように〈反応〉する人は、自分のハート、つまり自分の中心にいることができないので、快適に生きることができず、したがって幸福になることもできないのです。

だからこそ、自分が〈反応〉していることに気づく必要があるわけです。こうして自分に気づくことができるようになれば、あなたは、なすすべもなく不安にとらわれることがなくなり、自分の人生の主人公になることが可能となるでしょう。

私がこの章を書いたのは、〈拒絶による傷〉を持っている人たちに、その事実を自覚してもらいたかったからです。もしあなたが、そうした傷を持っており、〈逃避する人〉になっているのであれば、ぜひとも第七章を読んでください。そこには、そうした傷を癒やし、本当の自分を取り戻すための、あらゆる方法が紹介されています。

自分にはそんな傷なんかない、と感じた人は、それが本当のことだと思い込む前に、どうかあなたをよく知っているまわりの人たちに聞いて、あなたが〈逃避する人〉に特有の振る舞いをしていないかどうかを確かめてみてください。あなたがほんの小さな傷を一つだけ持っている、ということだってありえるのです。そういう場合には、あなたは、自分が〈逃避する人〉であることに気づきにくいかもしれません。ですから、そういう時は、〈逃避する人〉の肉体的な特徴のところを、もう一度注意深く読み直してみてください。というのも、肉体は決して嘘をつくことがないからです。

仮に、あなたの身近な人がそうした傷を持っていることに気づいたとしても、決してその人を変えようとしてはなりません。むしろ、この本で学んだことをもとにして、その人に対する思いやりを育《はぐく》むようにしましょう。その人の〈反応〉に対して、思いやりの気持ちをもって接するようにするのです。そして、もし、その人が、この本の内容に興味を持ったのなら、あなたがそれをあなたの言葉で説明するよりも、その人に直接この本を読んでもらった方がよいかもしれません。

〈拒絶による傷〉の特徴

いつ形成されるか：妊娠期間中から生後一年目にかけて。自分はいない方がいいんだ、と感じることにより、傷が作られる。

仮面：〈逃避する人〉の仮面

原因となる親：同性の親

からだの特徴：こわばっている、細い、脆弱、バラバラ。

目の特徴：不安に満ちた小さい眼をしている。目のまわりに隈がある場合もある。

よく使う言葉：「どうしようもない」「何にもならない」「意味がない」「消えてしまう」「いなくなってしまう」

性格の特徴：物質に無関心。完璧主義。知的。愛から憎しみへと極端に振れる。自分はいない方がいいと思っている。セックス面でのトラブルが多い。自分はどうしようもない人間だ、無価値な人間だ、と思っている。孤独を好む。影が薄い。まるでそこにいないように思われる。逃避するために、さまざまな手段を使う。簡単に低級霊界に入ってしまう。自分は人から理解されないと思っている。インナー・チャイルドが窒息しそうになっている。

最も恐れていること：パニック

食べものとの関係：不安になると、食欲がなくなる。食が細い。甘いもの、アルコール、ドラッグなどに逃避。食欲不振になりやすい。

かかりやすい病気：肌のトラブル。下痢。不整脈。ガン。呼吸器系のトラブル。アレルギー。嘔吐。めまい。気絶。昏睡状態。広場恐怖症。糖尿病。低血糖症。うつ病（自殺することもある）。躁うつ病。精神異常。

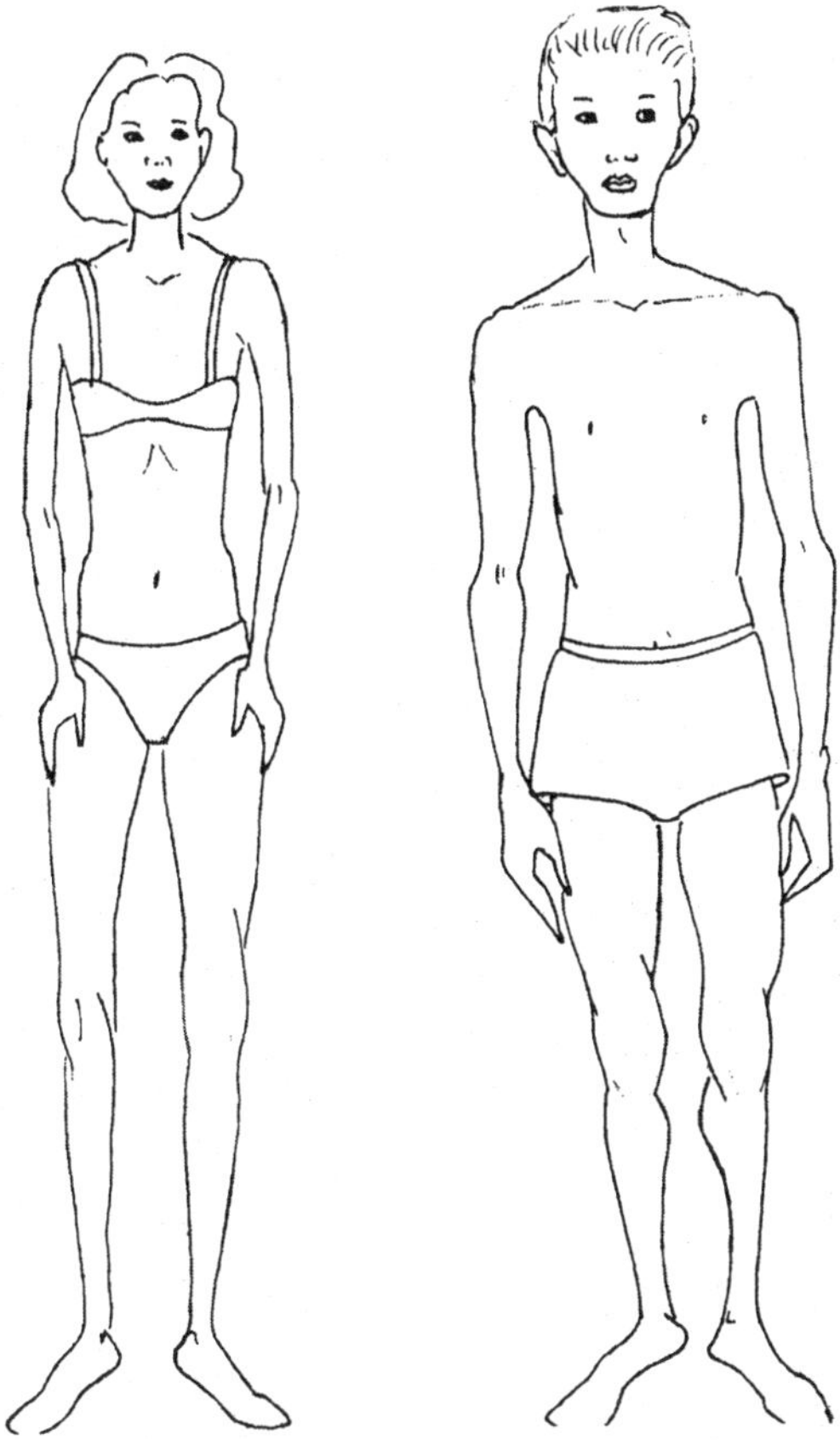

〈拒絶による傷〉を持っている人のからだ
（〈逃避する人〉の仮面）

Chapitre 3

〈見捨て〉による傷・〈依存する人〉の仮面

ちは、〈拒絶〉と〈見捨て〉を混同していますが、両者は、はっきりと異なっています。

例をあげて考えてみましょう。ここにあるカップルがいるとします。パートナーの一方が、他方を拒絶することにした場合、一緒に住んではいても、相手をそばに来させないようにします。それに対して、見捨てることにした場合、相手を置き去りにし、一時的に、あるいは永久にそこから立ち去ってしまいます。〈拒絶による傷〉が〈存在〉のレベルに属するのに対して、〈見捨てによる傷〉は、〈所有〉と〈行為〉のレベルに属します。次に、いくつかの例をあげて、どんなふうにして〈見捨てによる傷〉が作られるかを見てみましょう。

次のような場合に、子どもは自分が見捨てられたと感じます。

自分の下に赤ちゃんが生まれたために、お母さんが自分を放っておいてその子の世話にかかりきりになった時。その赤ちゃんが、病気であったり、からだに障害があったりして、世話を必要とすればするほど、その子の〈見捨てられ感〉は深くなる。お母さんは、自分を見捨て、これからずっと赤ちゃん（弟や妹）の世話をするんだ、と思い込んでしまう。もう前のようなお母さんはいなくなってしまった、という深い喪失感にさらされる。

両親が毎日外で働いており、子どもとほとんど一緒にいられない場合。

病院に入院して、一人きりにしておかれる場合。こういう時、子どもは、自分に何が起こったのかを、うまく理解できない。それに先立つ日々、自分がよい子ではなかったと思っていたとすれば、そしてそのために両親が自分のことを受け入れていないと感じていたとすれば、その分だけ、見捨てられたという感覚は強くなる。自分は、永久に、病院に見捨てられたのだ、と感じることさえある。仮に、両親が毎日会いに来てくれたとしても、自分は見捨てられたといったん思い込んでしまうと、その感覚が訂正されることはない。苦しみのあまり、この子どもは〈仮面〉をつけることになる。この仮面をつけていれば、もう二度とそんな苦しみにあうことはないと期待しながら……。

両親が、バカンスに行くために、ベビー・シッターに子どもを預けた場合。おばあちゃんに預けた場合でも、見捨てられたと感じることがある。

母親が病気がちであり、父親も忙しすぎて子どもの面倒を見られない場合。こんな時、子どもは一人で何でもやらなければならず、自分が見捨てられたと思い込む。

私が知っているある女性は、一八歳の時に父親をなくしたのですが、その時、ひどい不安に襲われました。この父親の死は、彼女にとって決定的な〈見捨てられ体験〉となったのです。というのも、何年も前から、母親が、「あなたは二一歳になったら、この家から出て行くのよ」と言い続けていたからです。この女性は、母親から拒絶されたと思い込み、不安になり、いつも次のように考えるようになっていたのです。「もし、パパがいなくなったらどうしよう？　誰も私の面倒を見てくれなくなるわ。どうしよう？　いったいどうしたらいいの？」

〈見捨てによる傷〉を持っている人の多くが、幼い頃、異性の親とのあいだに温かい交流が欠けていたと言っています。その親が心を閉ざしていると感じており、自分を同性の親だけにまかせっきりにしていることに対して、強い恨みの気持ちを持っていたのです。そして、自分はその親にとって何の意味も持たない存在だと思い込んでしまったのです。

私の長年の観察によれば、〈見捨てによる傷〉は、異性の親との関係によって作られます。さらに、見捨てられ体験によって苦しむ人の多くが、拒絶されたことによっても苦しんでいる、ということを知りました。幼い頃、同性の親に拒絶され、さらに異性の親に見捨てられるという体験をしているのです。自分の世話をしっかりして自分が同性の親から拒絶されるのを防ぐべきだった異性の親から見捨てられた、という経験をしているのです。

同性の親から見捨てられたと思い込む子どももいますが、実際には、その同性の親からは拒絶されたのです。その親自身が自分を拒絶しているために、自分と同性の子どもを拒絶することになったのです。自分を拒絶している親は、自分と同性の子どもを持つと、その子を拒絶することになります。というのも、その子が、自分のつらい経験を絶えず思い出させることになるからです。先にあげた一八歳の時に父親をなくした女性の例は、〈拒絶による傷〉と〈見捨てによる傷〉の両方を持っている人の典型だと言えるでしょう。

人間の性格に関する研究を深めていくと、ほとんどの人がいくつかの傷を持っている、という事実が明らかになります。とはいえ、それぞれの人の傷の深さは同じではありません。

見捨てられ体験をした人の多くは、肉体面でも充分な栄養を与えられていません。そして、この栄養不足が、さらに〈見捨てによる傷〉の原因となるのです。その傷はだいたい二歳くらいから作られます。そして、その傷を隠すために作られる仮面が〈依存する人〉の仮面なのです。

ですから、私は、〈依存する人〉という言葉を、〈見捨てによる傷〉に苦しむ人をあらわすために使います。

この仮面をつけている人は、活気を欠いています。からだが細く、ひょろっとしていて、猫背であることが多いのです。筋肉が発達しておらず、そのためにからだがすっきり直立していません。まさに心の中で起こっていることが、からだにあらわれていると言えるでしょう。

〈依存する人〉は一人きりでは何一つ満足にできないと思い込んでいます。そのために、いつも誰かに支えてもらいたいと感じているのです。からだも支えを必要としているように見えます。この人のインナー・チャイルドが助けを必要としている、ということが簡単に見て取れるでしょう。

〈見捨てによる傷〉を負った人の目は、大きくて、悲しみに満ちています。そのまなざしで、他の人の関心を引きつけようとしているのです。足は頼りなく、力がありません。腕は長すぎるように思われます。からだに沿って、垂れ下がっているような印象を与えるのです。特に、立っている時に人から見つめられると、その長い腕でいったい何をすればいいのか分からなくなる、といった感じです。

からだのどこかの部分が、平均より低い位置についている場合、それも〈依存する人〉の特徴だと見なすことができます。頬、肩、胸、お腹、お尻、陰嚢（男性の場合）などが、力なく垂れ下がっているような印象を与えます。

〈依存する人〉の最大の特徴は、その筋肉に力が感じられないことです。活力を欠いたからだを見れば、その人が、〈見捨てによる傷〉を隠そうとして〈依存する人〉の仮面をつけているということが分かります。傷が深ければ深いほど、仮面は厚くなります。非常に依存的な人は、これまで述べた特徴をすべて備えているかもしれません。そうした特徴をわずかしか備えていない人は、それだけ傷も浅いと言えるでしょう。

ある人が、太っていて、なおかつからだのある部分に活力を欠いているとすれば、その人には、〈見捨てによる傷〉の他に、別の傷もある、ということを示しています。その傷については、別の章で詳しく語ることにしましょう。

ここで、〈逃避する人〉と〈依存する人〉を区別する方法を述べておきましょう。今、あなたのそばに、やせた人が二人いるとします。一人は〈逃避する人〉であり、もう一人は〈依存する人〉です。二人とも、足首が細く、手首も細いとしましょう。二人がどちらのタイプに属するのかを見分けるには、からだの〈活力〉に注目する必要があります。〈逃避する人〉は、からだが細いとはいえ、からだに力があり、姿勢はしっかりしています。それに対して、〈依存する人〉は、からだに力がなく、猫背気味なのです。〈逃避する人〉の方は、筋肉がしまって、しっかりしているのに対して、〈依存する人〉の方は、からだがだらしなくゆるんでおり、力を感じさせません。

〈拒絶による傷〉と〈見捨てによる傷〉の両方を持っている人は、〈逃避する人〉の特徴と〈依存する人〉の特徴を兼ね備えています。そして、より深い方の傷の特徴が目立っているのです。

自分が出会う人たちの傷を推測してみるのは、直観を磨《みが》くためのよいエクササイズになります。からだというのは、その人の人となりを正直に告げるものなので、多くの人が自分のからだを、あらゆる方法を使って変えようとします。

たとえば、ある人たちは美容整形に走り、他の人たちはボディビルによって無理やり筋肉をつけようとするでしょう。私たちが、自分のからだのある部分を変形させて他の人からその本当の姿を隠そうとする時、私たちはその部分に関連する心の傷を隠そうとしているのです。

私たちは、自分の直観を通して、他の人がからだのどの部分を変形させたかを見抜くことができます。私は、今まで、何度もそうした経験をしています。

たとえば、ある時、カウンセリングを受けに来た女性のクライアントを見て、胸がしっかりと盛り上がっているのに気づきました。でも、その人を見た第一印象は、胸が力なく垂れている、というものだったのです。それはほんの一瞬の印象でした。私は自分の直感を信じていますので、彼女にこう言いました。「変なことを言ってごめんなさい。あなたの胸は豊かに盛り上がっているけれど、私の第一印象では、あなたの胸は小さくて垂れ下がっているように思えたの。もしかして、手術を受けたの？」すると、彼女は、自分の胸が嫌いだったので整形手術を受けたのだ、と告白したのです。

女性の場合には、ブラジャーを着けていたり、洋服の肩の部分にパッドが入っていたりするので、からだの特徴を見抜けないことがあります。そのために、印象に混乱が生じることもあるでしょう。でも、衣服を着けていない自分のからだを鏡に映してみれば、誤解が生じる余地はありません。他の人に対しても、自分の第一印象を大切にすることをお薦めいたします。

若い頃からボディビルでからだを鍛《きた》えている男性たちを何人も私は知っています。彼らは一見すると、すばらしい筋肉を備えているように思われますが、でも、本当の力強さに欠けていることが感じられます。彼らが鍛錬をやめた場合、しばらくするとからだの締まりがなくなるであろうことは、容易に想像できるでしょう。彼らはもともと〈依存する人〉なのです。からだを鍛錬して筋肉をつけたからといって、心の傷が癒やされるわけではありません。そのことは、第一章であげた指の傷のことを思い出せば明らかでしょう。絆創膏をまいても、手袋をしても、あるいはからだの後ろに隠しても、指の傷が治るわけではないのです。

五つのタイプのうち、この〈依存する人〉は最も〈犠牲者〉になりやすいタイプです。親のうちの一方、あるいは両親が二人とも犠牲者であったという可能性だってあります。

〈犠牲者〉とは、人生においてあらゆる種類の困難を作り出す人のことです。特に、他人の関心を引くために、健康上の問題を作り出します。自分は他人から充分な関心を与えられていないと思い込んでいる〈依存する人〉にとって、それは、自分の必要性を満たすための戦術なのです。〈依存する人〉はさまざまな方法を使って他人の関心を引こうとしますが、実際は、そのことによって自分の重要感を確かめようとしているだけなのです。

他人の関心を引くことができさえすれば、その人に頼ることができる、と信じ込んでいます。これは、〈依存する人〉が幼い頃に身につけた考え方です。〈依存する人〉は子どもの頃、もし自分が問題を起こしさえすれば、他の人がきっと助けに駆けつけてくれるに違いない、と考えるようになってしまったのです。

ですから、そういう人は、しょっちゅうトラブルを作り出します。ほんの些細なことが、大きな事件になってしまうのです。

たとえば、夫が、「今日は帰りが遅くなるよ」と電話しなかったとすると、夫がなかなか帰ってこないあいだに、夫の身に何かとんでもないことでも起こったのではないかと考え始めます。そして、電話さえしてくれればこんなに苦しまないのに、と考えてさらに苦しむのです。

犠牲者として振る舞う人たちを見ていると、どうして後から後からこんなにもたくさんの問題を作り出すのだろうかと、とても不思議になります。でも、〈依存する人〉にとって、それらは問題に見えないのです。むしろ、それらは、他人の関心を引くために自分に与えられた贈り物であるとさえ感じられるのです。

そうした問題のおかげで、自分は見捨てられていない、と思うことができるからです。見捨てられることが〈依存する人〉にとっては最もつらいことなので、そうならないために一生懸命、問題を作り出します。そのことを本当に理解できるのは、〈依存する人〉だけです。

こうして、犠牲者になればなるほど、〈見捨てによる傷〉は深くなっていきます。

私はまた、犠牲者が、実にしばしば〈救い手〉の役割を演じるのも目撃してきました。たとえば、〈依存する人〉は、自分の兄弟や姉妹に対して〈親〉の役割を果たすことがあります。あるいは、困っている人を見ると、ついつい助けたくなるのです。でも、これも実は、相手の関心を引くための巧妙な手口に過ぎません。

〈依存する人〉が、他人のために何かをする時は、ほめてもらったりして自分の重要感を得るためであるのです。しかし、そうした心の態度はしばしば背中の痛みを招き寄せます。というのも、自分のものではない責任まで〈背中に負う〉からです。

〈依存する人〉は、気分の変動が激しいと言えるでしょう。すべてがうまくいっているように思われて幸福の絶頂にあるかと思えば、突然落ち込んで悲しくなり、不幸感覚に襲われます。どうしてなのだろうと思うのですが、理由ははっきりしません。でも、心の中をじっくりと見つめれば、孤独になるのが怖いという強い思いがあることに気づくでしょう。

〈依存する人〉が最も欲しがるのが、他の人たちからの承認や支援です。自分でものごとが決められる人であっても、決められない人であっても、とにかく、何かを決める前に他人から「それでいいよ」と言ってもらいたがります。自分の決心を支える承認が欲しいのです。そんなわけで、〈依存する人〉は自分で何も決められない人のように見えるのですが、実際には、誰かの承認さえあれば自分で決めることができるのです。

〈依存する人〉は、いつも、相手が自分に何をしてくれるだろうかと考えています。とはいえ、それは物理的な支援であるよりも、むしろ精神的な支援であることの方が多いと言えるでしょう。自分を承認してもらえると、支えられ、愛されたと感じることができるのです。

〈依存する人〉は時に〈怠け者〉のように見えることがあります。というのも、一人きりでは、からだを動かしたり、仕事をしたりしないからです。一緒にいて支えてくれる誰かが必要なのです。

人のために何かをするとしたら、それは、見返りに何か愛情のしるしを求めているのです。誰かに対して気持ちよく何かをして、しかも欲しかった見返りが得られた場合、同じ状況が繰り返されることを望みます。そして、それが終わってしまうと、こう言うのです。「残念だわ！　もう終わってしまうのね」こうして心地良い状況が終わってしまうと、その場合でも見捨てられたと感じるはずです。

犠牲者の役を演じている〈依存する人〉は——特に女性の場合——、子どものような小さい声で、あれこれとたくさん質問する傾向があるようです。特に支援を求めている場合にそうするでしょう。拒絶されることが受け入れられず、しつこく食い下がるのです。「ノー」と言われるのがつらくて、あらゆる手段を使って自分の望む承認を手に入れようとします。ふくれてみたり、脅《おど》してみたりして、とにかく相手を自分の思い通りにあやつろうとします。

〈依存する人〉は、自分一人ではやれないと思われることに関して、しばしば助言を求めます。しかし、必ずしもその助言を受け入れるとは限りません。というのも、〈依存する人〉が本当に望んでいたのは助言ではなくて承認だったからです。

〈依存する人〉は、他の人たちと一緒に歩く時、彼らの後について歩くのを好みます。というのも、導いてもらう方が好きだからです。もし自分一人でうまくやってしまうと、今後誰も面倒を見てくれなくなるのではないかと、とても不安なのです。〈依存する人〉にとって、何よりも怖いのが〈孤立〉だからです。あらゆる方法を使ってそれを避けようとします。

そう、〈孤立〉こそ、〈依存する人〉にとっての最大の恐れのもとなのです。一人きりになってしまったらどうしようもない、と思い込んでいるからです。だからこそ、他人にしがみつくのです。他人の関心を引くためだったら、あらゆることをするでしょう。放っておかれないために、愛されるために、常に相手の顔色をうかがっています。一人きりにならないためなら、どんなつらいことでも耐え忍びます。「一人になってしまったら、どうすればいいのだろう？　一人になったら、いったいどうなってしまうのだろう？いったい何が私に起こるのだろう？」などと考えます。

〈依存する人〉は、常に内面の葛藤を感じています。というのも、一方では、他人の関心が欲しくてたまらないのに、一方では、自分がしつこすぎるのではないかと恐れているからです。あまりしつこくすると、見放される恐れがあるからです。

〈依存する人〉がある種の状況を受け入れるのを見ると、本当は苦しみを愛しているのではないか、と思われることさえあります。たとえば、アルコール中毒の夫と暮らしている女性や、暴力を振るう夫と暮らしている女性などです。きっと、夫と一緒にいて味わう苦しみよりも、夫と別れる苦しみの方が大きいのでしょう。実際、こういう女性は、ある種の希望を持っているようにさえ見えます。そして、自分に古傷があることを認めようとしません。なぜなら、それを認めたら最後、その痛みをまた思い出して再体験しなければならないからです。

〈依存する人〉は、夫婦間に問題があることを決して認めようとしません。見捨てられることを恐れているので、すべてがうまくいっていると思い込もうとするのです。夫が「別れよう」などと言ったら、とてつもない苦しみを味わいます。というのも、問題などないと思っていたので、夫がそんなことを言うなんて考えたこともなかったからです。

もしあなたが今そんな経験をしているとしたら――つまり、別れようと言い出した夫にしがみつき、あらゆる手段を使って夫を引きとめようとしているのなら――、あなたは自分の心の中に支えを見つけなければなりません。心の中に、あなたを支えてくれる何らかのイメージを作り出してください。

外部からの援助を得ることができなくて、絶望しそうになったとしても、決して自分を見限ってはなりません。一人きりでは問題を解決できないと思うかもしれませんが、絶対に大丈夫なのです。というのも、どんな問題にも必ず解決策があるからです。自分で自分を支えてください。そうすれば心の中に光が射《さ》してきて、必ず解決策が見つかります。

〈依存する人〉は、「それじゃあ、これで」という言葉を聞くと、ものすごく不安になります。それは、〈見捨てられる〉ことと同じ意味を持っているからです。たとえば、「それじゃあ、これでね。もう行かなくちゃならないので」と相手に言われると、心がとても淋《さび》しくなります。電話をしていてそう言われたとしても、まったく同じことです。

ですから、あなたがもし〈依存する人〉と話をしていて、そろそろ帰らなくてはならなくなった時は、その理由をはっきりと教えてあげなくてはなりません。理由を教えずに立ち去ったら、〈依存する人〉はものすごく苦しむでしょう。

〈依存する人〉は、自分が見捨てられたと感じると、自分に価値がないから相手の関心を充分に引けなかったのだと考えます。私は、普段、非常に過密なスケジュールをこなしているので、しょっちゅう時計を見るのですが、〈依存する人〉と一緒にいる時にそうしたところ、それだけで相手の顔色が変わるのに気づきました。それで、相手がどれほどつらい思いをしたかが分かったのです。その人は、私が、その人に会うことよりももっと重要なことをしたいと考えた、と思ったのです。

〈依存する人〉は、ある場所から立ち去ったり、あるいはある状況から立ち去ったりすることも、うまくできません。これから行く場所がもっと良いところであったとしても、今いる場所から立ち去るのがつらいのです。

たとえば、ある人が、これから数週間の旅行に出発しようとしています。でも、この人が〈依存する人〉だったとすると、家族、仕事、家を残して出発することをたぶんとてもつらいと感じるでしょう。ところが、いったん旅行先に行き、そして今度はいざ家に帰るとなると、旅行先の場所、そこで出会った人々と離れるのが悲しくなります。

〈依存する人〉が最も強く感じるのは〈悲しみ〉です。心の深いところからその感情が湧き起こってくるのですが、それがなぜなのか理解することも説明することもできません。悲しみを感じないようにするために、絶えず誰かと一緒にいたがります。あるいは、逆の方向に極端に振れることもあります。つまり、悲しさや孤独を感じさせる人や状況から逃げ出して、たった一人で引きこもってしまうのです。そして、そういう時、自分の方が相手を見捨てていることに気づきません。

時には、発作的に自殺しようと思うかもしれません。そして、それを人に話すでしょう。でも、本当に自殺することはまれなのです。というのも、その人は、サポートが欲しくてそんなことを言っているからです。仮に自殺しようとしても、自殺未遂に終わるでしょう。ただ、何度か自殺未遂したにもかかわらず、だれも助けてくれないとしたら、今度は本当に自殺してしまうかもしれません。

〈依存する人〉は、また、あらゆる〈権威〉を恐れます。権威主義的なしゃべり方をする人、また権威的に振る舞う人は、決して自分をサポートしてくれない、と思っているからです。そういう人は、心の冷たい、まわりに対して無関心な人だと思い込んでいるのです。ですから、自分自身は、無理をしてでも他人に対して温かく振る舞おうとします。そんなふうにすれば、他人も自分に対して温かく振る舞ってくれると考えているのです。

〈依存する人〉は、「一人きり」、「一緒にいてくれない」といった言葉をよく使います。たとえば、「幼い頃、よく一人きりにされていた」、あるいは、「お母さん（またはお父さん）が一緒にいてくれなかった」というような言い方をするのです。こういう人は、一人きりになってしまうのではないかと考えただけで、ものすごく不安になるでしょう。

一人きりで寂しいと感じて苦しくなると、気持ちが切迫してくることもあります。というのも、そんな気分でいると、自分の欲しいものが決して手に入らないのではないかと感じられるようになるからです。

孤立していると感じると、無意識のうちに、自分が望んでいるものや人に対して心を閉ざしてしまうものです。そうしたものや人を受け入れる心の余裕がなくなってしまうからでしょう。

〈依存する人〉は、自分が抱えている問題や試練について話をする時、すぐ泣いてしまいます。自分がそうした問題や試練に直面した時に、自分を放っておいた他人を非難するのです。時には、自分を見捨てた神を非難することさえあります。自分にはそうするだけの充分な理由があると考えるのです。

そして、本当は自分が他人を放っておいたのだ、ということになかなか気がつけません。さらに、自分がたくさんの計画を放りっぱなしにしてきた、ということにも気がつけません。それらはすべてエゴの仕業なのです。

〈依存する人〉は、他の人たちがそばにいてくれること、自分に関心を向けてくれることを望みますが、自分がしたいと思っていることを他人がするのをいやがります。たとえば、自分は一人きりで読書をするのが好きなのに、配偶者がそうするのはいやがります。自分が行きたいと思う場所には一人きりで行くことがあるのに、配偶者がそうすると、放っておかれた、あるいは見捨てられたと感じるのです。そして、「私のことなんかどうでもいいのね。だから一緒に連れて行ってくれないんだわ」と考えます。

また、ある会合に招待されなかったりすると、仲間はずれにされたような気分になり、ものすごく落ち込みます。

〈依存する人〉は、好きな人のからだにくっつきたがるものです。小さな女の子はお父さんに、小さな男の子はお母さんにくっつきたがります。夫婦であれば、〈依存する人〉は、配偶者の手を取りたがりますし、あるいは絶えず相手のからだに触ろうとします。立っている時は、壁や扉に寄りかかります。座っている時でさえ、からだをまっすぐに立てておくことができず、椅子の背中にもたれたりするのです。要するに、どんな場合でも、からだをまっすぐに保っていることができません。

ある大きな会合などで目立とうとする人がいた場合、その人のからだをよく観察してみるとよいでしょう。おそらく、〈依存する人〉のからだつきをしているはずです。

私のワークショップに参加する人たちの中には、ワークショップの前後の時間に、または中休みの時間に、個人的なことで相談をしてくる人が必ずいます。こういう人たちを観察すると、〈依存する人〉の仮面をつけていることが分かります。そんな時、私は、「ワークショップの最中に質問してください」と、お願いします。というのも、彼らの質問はとても良い質問なので、それに対する私の答えを他の参加者たちにも一緒に聞いてもらいたいからなのです。でも、実際にワークショップが再開されると、彼らはほとんどの場合、質問しません。彼らにとって大事なのは、私が個人的に彼らに関心を寄せることだからです。

他者の関心を引く別のやり方は、多くの人から注目されるような職業につくことです。たとえば、歌手、俳優、タレントなどがそうですが、こういう人たちの多くが、実は〈依存する人〉だということをあなたは知っていましたか？　多くの人の注目を集めることは、彼らにとってすごく気分のいいことなのです。〈依存する人〉に対して個人的なセッションを行なうと、彼らはすぐに〈転移〉をします。つまり、セラピストに対し、自分の親、あるいは配偶者の役割を押しつけてくるのです。それでは、ここで、セラピストをしている私の友人が語ってくれた面白い逸話をご紹介しましょう。

ある時、彼女が夫と一緒に二週間のバカンスに行くことになったので、そのあいだのセッションを同僚に受け持ってもらおうとしたら、その時の男性のクライアントが彼女に対してものすごく嫉妬《しっと》した、というのです。あとで、その人が〈依存する人〉タイプの人であることが分かった、と言っていました。

〈依存する人〉は、また、他人に融合しやすいのが特徴です。そのために、他人の幸不幸の原因は自分にある、と考えがちです――これは、もちろん、自分の幸不幸の責任は他人にある、と考える習慣からくるものですが――。

こういう人は、また〈霊媒体質〉でもあるために、他人の感情をダイレクトに感じ取って、その影響を受けてしまいます。その結果、〈広場恐怖症〉になってしまうことさえあります。それでは、私が書いた本の中から、〈広場恐怖症〉に関する説明を引用してみましょう。

「この病気にかかった人は、広い空間や公共の場所を極度に恐れます。恐怖症の中では最もポピュラーなものだと言えるでしょう。男性に比べて、女性の方が二倍この病気にかかりやすいことが分かっています。男性の場合、アルコール依存症にかかって〈広場恐怖症〉を覆い隠す傾向があるようです。自分が〈広場恐怖症〉であるなんて、とても恥ずかしくて言えないので、それよりもむしろアルコール依存症の仮面をつけるわけです。

〈広場恐怖症〉の人は、いつも不安や恐怖にさらされており、ときにはそれが昂《こう》じて、パニックに陥ることさえあります。強い不安を感じると、からだに、動悸《どうき》、めまい、緊張、脱力感、発汗、呼吸困難、吐き気、失禁などの症状が現われ、その結果としてパニックになってしまうのです。そして、外界に対して違和感を持ったり、自分をコントロールできなくなるのではないか、気が狂うのではないか、みんなの前で恥をかくのではないか、気を失うのではないか、死んでしまうのではないか、などと考えたりします。こうして、不安を感じさせる状況を避けるようになったり、あるいは、世話を見てくれる人がいる場所から離れられなくなったりするのです。また、〈広場恐怖症〉の人たちのほとんどが低血糖症に悩《なや》んでいます。

不安や恐れが昂じて、家から一歩も外に出られなくなる人もいます。でも、彼らが恐れる事態は、実際には決して起こりません。〈広場恐怖症〉の人は、未熟であったがゆえに自分の面倒をしっかり見てくれなかった母親に依存していることが多いのです。ですから、母親との問題を解決すれば、〈広場恐怖症〉も改善することがあります。

〈広場恐怖症〉の人が持つ不安のうちで、〝死ぬのではないか〟という不安と、〝気が狂うのではないか〟という不安が最も深刻です。私が開催するワークショップには、必ずと言っていいほど〈広場恐怖症〉の人が参加します。そういうわけで、私は〈広場恐怖症〉の人たちにたくさん会ってきました。その結果、ある気づきを得ることができ、その気づきによって何百人もの〈広場恐怖症〉の人を治してきたのです。

彼らの不安の原因は幼少期にあります。彼らが幼少期に孤立を経験したことが原因なのです。特に、幼い頃に近親者の死や発狂を経験した人が、〈広場恐怖症〉になりやすいようです。あるいは自分自身が死にかけた経験のある人もなりやすいですし、家族の中に死や狂気を恐れる人がいて、その人に影響された場合もなりやすいと言えるでしょう。

〈広場恐怖症〉の人が持つ死の恐怖には、あらゆる強弱の段階がありますが、本人はそのことをはっきりと意識していません。いかなる局面においてであれ、何かが変化することに耐えられないのですが、それは、その人にとって、変化が死を象徴するからです。それゆえに、どのような変化であっても、〈広場恐怖症〉の人にとっては不安の種となり、症状をいっそう深刻にするのです。そうした変化には、幼年期から思春期への変化、思春期から大人への変化、独身生活から結婚生活への変化、引越し、転職、妊娠、出産、事故、離婚、死などが含まれます。

そうした不安や恐れは、長いあいだ、はっきりと意識されていないことがあります。ところが、不安や恐れがあまりにも大きくなった時、ついに我慢の限界が来て、それが〈広場恐怖症〉としてはっきりした姿を現わすのです。

〈広場恐怖症〉の人の想像力は、しばしば常軌を逸《いっ》しており、コントロールできないほどになっています。想像が現実からどんどん離れていってしまうのです。自分が勝手に想像した結果を恐れるあまり、気が狂うのではないかと不安になったりします。しかも、他人からおかしいと思われるのが怖くて、それを口にすることができません。でも、そういう人が狂気に陥ることは決してないのです。そのことを知っておく必要があるでしょう。

ところで、ここまで書いてきた恐れや不安をあなたが持っていたとしても、あなたは決して狂っていないということ、また、不安や恐れのせいで死ぬことはないということを知ってください。あなたは、幼い頃に他人の感情に対して心を開きすぎたために、彼らの幸不幸の責任が自分にあると感じるようになってしまっただけなのです。あなたは、いわば〈霊媒体質〉になってしまったのです。だから、人がたくさんいるところに行くと、その人たちの感情をダイレクトに受け取ってしまうわけです。そんなあなたにとって大切なのは、〈責任〉という言葉の本当の意味を知ることです。どうか、あなたの間違った思い込みを本当の意味を知ることが基本になっています」

正してください。ちなみに、私が運営するETC（Écoute Ton Corps）センターの教えでは、〈責任〉の

私が今までお会いした〈広場恐怖症〉の人たちのほとんどが、同時に〈依存する人〉でもありました。〈広場恐怖症〉の人の特徴は、死ぬことおよび気が狂うことへの恐れでした。〈依存する人〉の場合、親しい人が死んだ時、見捨てられたと感じたのでした。そして、その後、どんな人の死であれ、受け入れられなくなってしまったのです。なぜなら、それぞれの死が、〈見捨てによる傷〉の痛みを呼び覚まし、〈広場恐怖症〉をさらに重症にするからです。

〈見捨てによる傷〉が深い人は、より多く死を恐れ、〈裏切りによる傷〉が深い人はより多く狂気を恐れる、ということが分かりました。〈裏切りによる傷〉に関しては、第五章でお話しする予定です。

依存するタイプの母親は、子どもと融合してしまい、「私は子どものことを愛している」と感じようとして、あらゆることをします。その結果として自分も子どもに愛されている、と思いたがるのです。そのことで、やっとまっすぐ立っていられるのです。私は、依存するタイプの母親がよく次のように言うのを聞きました。「家族の誰かに愛されていないという状況は、とうてい耐えられません。もしそんな状況になったとしたら、あらゆる手をつくしてそれを変えるでしょう」

〈依存する人〉が「しょっちゅう電話して、近況を教えてちょうだいね」と言う時、本当は、「あなたが電話をしてくれると、自己重要感が高まるの」と言っているのです。他者が自分のことを思ってくれている、自分を大切だと考えていてくれる、ということが何よりも重要なのです。自分だけではそんなふうに

思えないからなのです。

〈依存する人〉が自分の依存性によって問題を引き起こした場合には、依存するのはもうやめようと考えます。〈依存する人〉は、自分が依存しなくなったと思い込むと、それを他人にさかんに言いたがります。でも、そんなことをしても、〈見捨てによる傷〉が治るわけではありません。一時的に目をふさいでいるだけなのです。

たとえば、今ここに依存するタイプの男性または女性がいて、自分は〈独立〉を確保するために子どもを作らない、と考えたとしましょう。それが男性だったとしたら、その男性は、子どもができると奥さんに世話をしてもらえなくなる、ということをひそかに恐れているのです。それが女性だったとしたら、その女性は、子どもを世話することがわずらわしい、と考えているのです。

もし依存するタイプの女性が子どもを生んだとしたら、子どもたちが小さい時だけ――つまり子どもたちが彼女に依存してくれる時だけ――、かいがいしく子どもにつくすでしょう。自分に依存する子どもたちを世話することで、自分の重要感が高まるからです。〈依存する人〉は、〈自立〉よりも〈自律〉を求めるべきなのです。それについては、第七章で詳しく触れましょう。

セックス・ライフにおいても、〈依存する人〉は同じパターンで行動します。セックスを使って他者を自分に引きつけておこうとするのです。特に、それは女性に多く見られます。自分が他者に望まれていると感じると、自分を重要だと思えるのです。

人間の五つのタイプのうち、〈見捨てによる傷〉を持っているタイプの女性が、最もセックスを好みます。場合によっては、男性よりもセックスを好むでしょう。セックスが充分ではないと不満を持つのは、〈見捨てによる傷〉を持っている〈依存する人〉（女性）であることが多いように思われます。

依存するタイプの女性は、仮にセックスしたいと思わない場合であっても、それを相手に言いません。自分が望まれない状況はつらいので、あくまでもセックスしたいと思っているように振る舞うのです。〈依存する人〉は相手に見捨てられることを何よりも恐れます。だから、夫が隣《とな》りの部屋で他の女性とセックスしているのを知りつつも、なお同じ家に三人で暮らすことを受け入れている女性さえいます。また、奥さんが愛人を持っているのを見て見ぬ振りをしている〈依存する人〉タイプの男性もいます。この人たちにとっては、〈見捨てられる〉よりも、そうした屈辱的な仕打ちを受ける方が、まだましなのです。配偶者を失うことが何よりも恐ろしいのです。

ここまで述べてきたことから簡単に推測できるように、〈見捨てによる傷〉を持っている人たちは、コミュニケーションの仕方に問題があります。〈依存する人〉は、以下にあげるような恐れを持っているために、自分の考えや要求をはっきりと表現することができません。その恐れとは、泣き出してしまうことへの恐れ、幼稚に見られることへの恐れ、置き去りにされることへの恐れ、同意されないことへの恐れ、言ったことや頼んだことを無視されることへの恐れ、「ノー」と言われることへの恐れ、拒絶されることへの恐れ、期待したとおりに支援してもらえないことへの恐れ、相手の期待に添《そ》えないことへの恐れ、などです。もしあなたにこういう恐れがあるとすれば、あなたは自分を見失っているということになります。〈見捨てによる傷〉に支配されているのです。

食べ物に関しては、〈依存する人〉は、いくら食べても太りません。心の中で、どんなことがあっても満足していないので、それがからだにも伝わるのです。いくら食べても充分受け取ったと感じないのです。

心のパターンに従ってからだも反応します。ほんの少ししか食べないとしても、心で食べすぎたと思っていれば、からだはそのように反応します。つまり太ってくるのです。

第二章において、〈逃避する人〉は食欲不振になりやすいと述べました。それに対して、〈依存する人〉は食欲過多になりがちです。これは観察の結果から分かったことですが、依存するタイプの男性が食欲過多になる場合は、それによって母親からの愛情を補っているのです。それほど、母親に飢えているということなのです。それに対して、依存するタイプの女性が食欲過多になる場合、彼女に欠けているのは父親の愛情です。親の代わりをしてくれる人がいない時、こういう人たちは食べ物に走るのです。

〈依存する人〉は、硬い食べ物よりも柔らかい食べ物の方を好みます。また、私たちを養ってくれる大地の象徴であるパンをとても好みます。そして、他の人たちと一緒に食事をする時は、じっくりと時間をかけて食べることで、なるべく長いあいだ食べる喜びと他者の関心を得ようとします。

確かに、〈依存する人〉は、一人で食事をすることを好まない――特にレストランで――ように思われます。また、彼らは〈置き去りにする〉という言葉が好きではないので、お皿に何かを残しておくことができません。お腹がいっぱいでも無理に食べようとします。もちろん、そうしたことを意識しているわけではありませんが。

病気に関して言うと、〈依存する人〉は小さい頃、病弱で、しょっちゅう病気をすることが多かったはずです。〈見捨てによる傷〉を持つ人がかかりやすい病気を以下にあげておきましょう。

- **喘息《ぜんそく》**は、呼吸がしづらくなって、苦しくなる病気です。形而上学的に見ると、喘息にかかっている人は、奪おうとばかりしており、与えることができません。だから、息を吸ってばかりいて、吐き出すことができないのです。

・**気管支**のトラブルもよく見られます。というのも、気管支は、形而上学的には、家族にかかわっているからです。〈依存する人〉は、家族から充分に与えられていないと感じており、家族に依存しすぎているために、気管支のトラブルに見舞われるのです。家族の顔色をうかがってばかりいるのをやめて、家族の中にきちんと自分の位置を確保すべきでしょう。

・〈依存する人〉は、霊媒体質であり、他人と融合しやすいために、**低血糖症**や**糖尿病**といった**膵臓**《すいぞう》のトラブルをかかえがちです。また、**副腎**のトラブルにも見舞われやすいと言えるでしょう。自分は充分な食事を与えられていないと思い込んでいるために――これは、実際に与えられているかどうかとは関係ありません――、**消化器**系全体が弱くなっています。心が飢えているだけなのに、からだもそのように反応してしまうのです。

・**近視**も〈依存する人〉にはよく見られます。未来に対して恐れを持っているので――特に、一人きりで未来に直面することができません――、遠くを見ることができなくなってしまうのです。

・〈依存する人〉で犠牲者タイプの人は、**ヒステリー**になりやすいと言えるでしょう。心理学では、ヒステリーとは、見捨てられてミルクが飲めなくなった赤ちゃんが示す反応である、と言われています。ヒステリー患者が大声でわめくのはそのためなのです。

・自分が望むように愛情を得ることができず無力感を持ち続けると、やがて〈依存する人〉は**うつ病**になることがあります。うつ病は、他者の関心を引こうとする手段でもあるのです。

・**頭痛**に悩まされることがありますが、これは自分自身を見失っているからです。〈私でいること〉ができないのです。まわりの人間の顔色をうかがってばかりいるために、自分自身を見失い、他の人たちの影の中で生きているのです。

・さらに、〈依存する人〉は、**難病奇病**にかかることがありますが、これはまわりの人たちの関心を引くためです。でも、難病というのは、医学がまだ治す手段を発見していないだけである、ということを覚えておいてください。いずれはそうした病気も治せるようになるでしょう。

以上の病気や不調は、もちろん、他のタイプの人たちにも見られます。ただ、〈見捨てによる傷〉を持っている人たちに、より多く見られるのです。

もしあなたが〈見捨てによる傷〉を持っているとしたら、次のことを覚えておいてください。

つまり、その傷は、異性の親とのかかわりによって痛み、また異性の他人とのかかわりによっても痛む、ということです。ですから、その親や他人をあなたが恨んだとしても、それは当然であり、また人間的なことなのです。ただし、私の他の本にも書いてある次のことは、知っておいた方がいいでしょう。

親を恨み続けるかぎり（仮にそれが無意識的にであったとしても）、私たちは、その親と同性の人たちと、うまくつき合うことができません。

たぶん、その親自身も、異性の親——つまりあなたと同性の親——との関係で、あなたと同じ傷を負っているはずです。そのことを確かめてみることをお勧めします。つまり、同じ傷が、親から子へと、何代にもわたって引き継がれてきているのです。あなたが親とのあいだの愛を回復して、このカルマの環を断ち切らないかぎり、同じ傷があなたの子孫に受け継がれていきます。

〈心の傷〉が治らない最も大きな原因は、他人に対して負わせた傷、あるいは自分に対して負わせた傷に関して、あなたが自分自身を許していないということなのです。自分を許すことは確かに難しいと言えるでしょう。なぜなら、そもそも自分を責めているということ自体を自覚することができないからです。〈見捨てによる傷〉が深ければ深いほど、それはあなたが自分自身を見捨てている、ということを示しています。あるいは、あなたが、他者を、状況を、計画を見捨てているということなのです。私たちは、自分がしたことを見ないようにするために、他者を非難します。だからこそ、私たちは、自分が他者にしたことや自分自身にしたことを見せてくれる人たちを、自分のまわりに引き寄せるのです。

ですから、親との関係を清算することが何よりも大切です。そうすることによって、初めて、私たちは同じ状況を繰り返すのをやめることが可能となるからです。

医者や心理学者たちも、私たちが、同じ病気や振る舞い方を世代から世代へと引き継いでゆく、という事実を認めています。糖尿病も、心臓病も、ガンも、喘息も、そして暴力も、近親姦も、アルコール依存症も、こうして先祖から子孫へと伝えられてゆくのです。

あなたが〈依存する人〉であり、なおかつ異性の親から充分に愛情を与えられたと感じているとしたら、その愛情はあなたが望んだものではなかった、という可能性があります。もしかすると、その愛情のために、あなたは押しつぶされそうになっていたのではありませんか？

例として、私の長男をあげてみましょう。彼は〈見捨てによる傷〉を持っており、それが大人になっても、からだに現われていました。でも、実は、この子は、三人の子どものうちでは、最も私の愛情を受けていた子どもだったのです。というのも、当時、私は外で仕事をしていなかったので、いつも彼と一緒に家にいたからです。そして、非常に厳しく接していました。何をする時でも彼を見張り、目を離さなかったのです。というのも、彼を、私の目から見て完璧な人間に育てようとしていたからです。

現在から振り返ると、それは、彼が望んでいた愛情とは全く違っていた、ということがよく分かります。だから、〈見捨てによる傷〉を負ってしまったのです。小さい時に、彼は私を恨んでいましたが、それも今だととてもよく分かります。

それは彼の人生計画のうちに含まれていたのだ、ということも分かりました。私たちは、二人で、それを経験し、そして理解する必要があったのです。彼は、見捨てられたことを許すために、私という母親を必要としていたのです。私は私で、父との関係を見直して、清算し、完全なものにするために、彼という息子を必要としていたのです。そのことについては、〈裏切り〉を扱っている第五章でもっと詳しく触れるつもりです。

《スピリチュアルな法則》によれば、私たち人間は、ある出来事を愛の思いとともに受け入れることができなかった場合には、同じ経験をするために、ふたたび地上に生まれてくることになっています。同じ魂と、違った状況の下に生まれてくるのです。それまでの過去世において解決できなかった問題を、完全に解決するためにそのようなことをするのです。

この章で描かれた性格と行動は、見捨てられて苦しむ人が、こうすれば救われると思い込んで、依存の仮面をつける時にだけ現われます。傷の大きさと痛みの深さに応じて、この仮面は、ごくたまにつけられたり、あるいはしょっちゅうつけられたりします。

〈依存する人〉の振る舞いは、〈見捨てによる傷〉をもう二度と経験したくない、という思いによって特徴づけられます。あなたの場合はどうでしょうか？　あるものはあなたに当てはまるし、あるものは当てはまらないかもしれません。この章で描かれた特徴をすべて併《あわ》せ持つ人はまずいない、ということを知っておいてください。

すべての傷には、それにふさわしい心の態度と振る舞いが存在します。それぞれの傷に対応した感じ方、考え方、話し方、行動の仕方は、自分が経験したことへの反応として形づくられたのです。〈反応〉する人は、自分の中心から逸《そ》れてしまい、ハートで感じられなくなっているために、居心地が悪く、幸福に生きることができません。だからこそ、あなたは、自分が〈反応〉している時は、そのことに気づかなくてはならないのです。そうすることによって、はじめて、あなたは恐れに支配されることをやめ、自分の人生の主人公となれるからです。

私がこの章を書いたのは、〈見捨てによる傷〉を持っている人たちに、その事実を自覚してもらいたかったからです。もしあなたが、〈依存する人〉の仮面をつけているのでしたら、ぜひとも第七章を読んでください。そこには、そうした傷を癒やし、本当の自分を取り戻すための、あらゆる方法が紹介されています。

自分にはそんな傷なんかない、と感じた人は、それが本当のことだと思い込む前に、どうかあなたをよく知っているまわりの人たちにたずねて、あなたが〈依存する人〉に特有の振る舞いをしていないかどうかを確かめてみてください。あなたがほんの小さな傷を一つだけ持っている、ということだってありえるのです。そういう場合には、あなたは、自分が〈依存する人〉であることに気づきにくいかもしれません。ですから、そういう時は、〈依存する人〉の肉体的な特徴のところを、もう一度注意深く読み直してみてください。というのも、肉体は決して嘘をつくことがないからです。

仮に、あなたの身近な人がそうした傷を持っていることに気づいたとしても、決してその人を変えようとしてはなりません。むしろ、この本で学んだことをもとにして、その人に対する思いやりを育むようにしましょう。その人の〈反応〉に対して、思いやりの気持ちをもって接するようにするのです。そして、もし、その人が、この本の内容に興味を持ったのなら、あなたがそれをあなたの言葉で説明するよりも、その人に直接この本を読んでいただいた方がよいかもしれません。

〈見捨てによる傷〉の特徴

いつ形成されるか：一歳から三歳のあいだに、異性の親との関係で作られる。 愛情が不足していること、あるいは自分が望む愛情を与えられていないと感じることが原因である。

仮面：〈依存する人〉の仮面

原因となる親：異性の親

からだの特徴：細くて、長身。活力の欠如。猫背で、脚部が貧弱。腕が長すぎるように感じられる。からだに沿ってだらんと垂れ下がっている。しまりなく垂れている部分（頬、胸やお尻など）がある。

目の特徴：大きくて、悲しそうな目。人の視線を引きつける。

よく使う言葉：「一緒にいてくれない」「一人きり」「がまんできない」「時間を奪われる」「見捨てないで」

性格の特徴：犠牲者。自我の境界があいまいなので簡単に他人と融合してしまう。関心や支援を必要とする。他人に一緒にいてもらいたがる。一人で何かを決めたり、したりすることができない。助言を求めるが、必ずしもそれに従うとは限らない。子どもっぽい声を出す。「ノー」と言うことができない。「ノー」と言われると、とてもつらい。いつも悲しい。すぐに泣いてしまう。哀れみを乞う。感情の起伏が激しい。他の人のからだにしがみつく。霊媒体質。目立ちたがり屋。独立を求める。セックスが大好き。

最も恐れていること：孤立

食べものとの関係：食欲旺盛。過食気味。柔らかい食べ物が好き。ゆっくり食べる。

かかりやすい病気：背中の痛み。広場恐怖症。喘息、気管支炎。頭痛。低血糖症。糖尿病。膵臓、副腎のトラブル。消化器のトラブル。近視。ヒステリー。うつ病。頭痛。難病奇病。

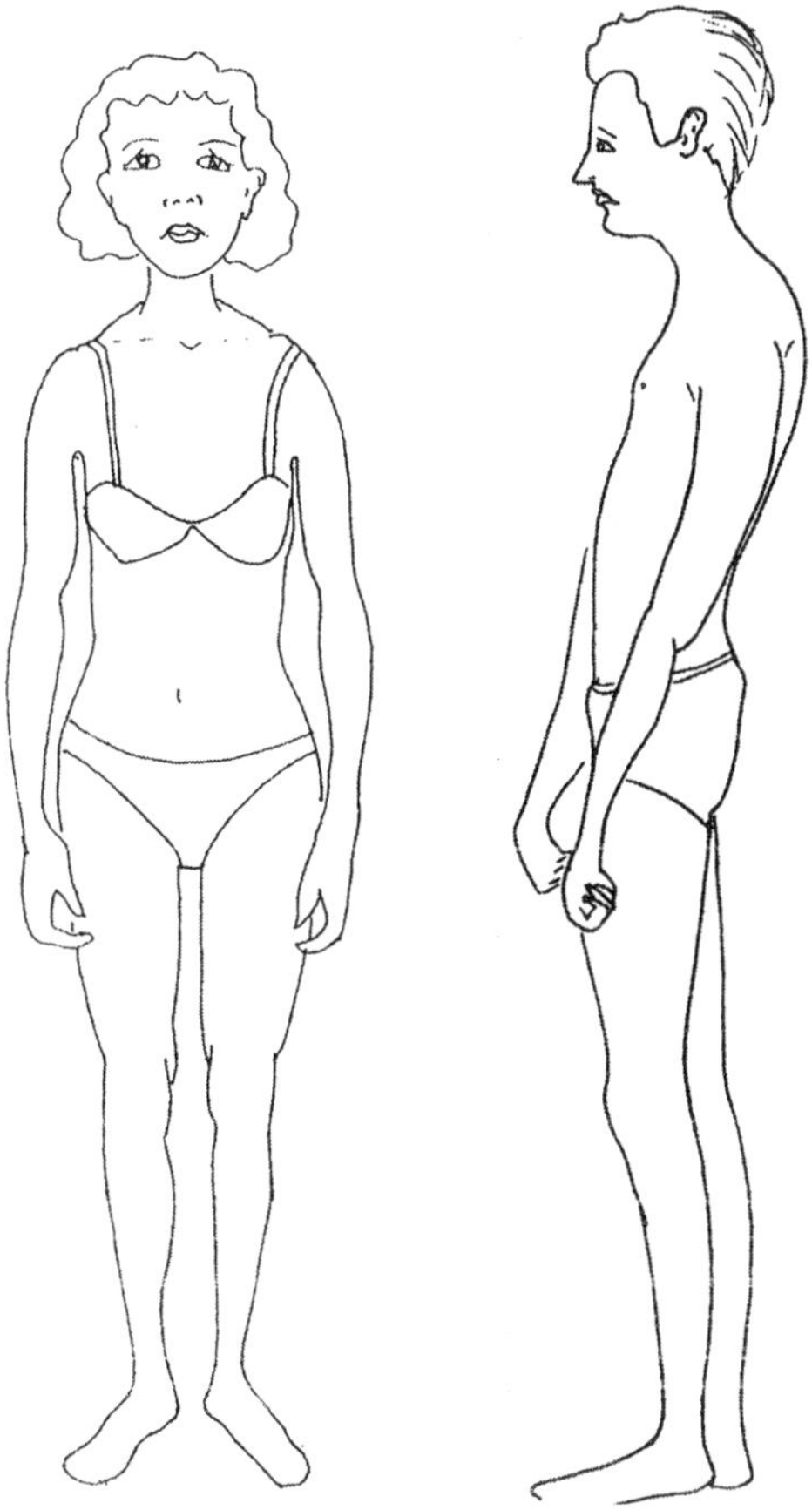

〈見捨てによる傷〉を持っている人のからだ（〈依存する人〉の仮面）

Chapitre 4

〈侮辱〉による傷・〈マゾヒスト〉の仮面

〈侮辱〉という言葉の意味を調べてみると、「自分の価値を下げられたと感じること。自分の価値を下げること。他人の価値を下げること」とあります。侮辱による傷は、一歳から三歳くらいまでのあいだに目覚めさせられます。今、〝目覚めさせられる〟という言葉を使ったのは、私たちは、生まれる時、癒やすべきさまざまな傷を持ってくるからなのです。過去世で受けた傷を持ってきて、それを今世において癒やそうとするのです。もっとも、生まれるとそのことをすっかり忘れてしまうのですが――。

〈侮辱による傷〉を癒やそうとして生まれてくる魂は、自分を侮辱することになる親のもとに生まれます。この傷は、この物質世界において、特に〈持つ〉ことと〈する〉ことをめぐって作られます。からだの機能が発達してきて、自分で食べる、顔を洗う、歯を磨く、トイレに行く、聞く、話す、といったことができるようになった頃に目覚め始めるのです。

たとえば、その子のからだが汚れた時や、公衆の面前でとんでもないことをした時などに、親がその子のことを恥ずかしいと思うと、この傷が徐々に目覚め始めるのです。それがいかなる状況であれ、自分の価値を下げられたと子どもが感じると、傷が目覚めて、大きくなり始めます。

たとえば、赤ちゃんが自分のウンチで遊んだとしましょう。母親がそのことを父親に語って、「まったく、おかしな子ね」などと言ったとしたら、とたんに傷が目覚め始めます。赤ちゃんがまだ小さくても、親の気持ちを敏感に感じ取り、侮辱されたと思うのです。

私自身が経験したことを語ってみましょう。私は六歳の頃には修道院の寄宿舎に入っていました。子どもたちは全員、大きな共同の寝室で寝ていました。そして、誰かがおねしょをすると、修道女がそのシーツを持って全部のクラスの子どもたちに見せてまわることになっていました。そうやって侮辱すれば、その子は、二度とおねしょをしなくなるだろうと考えていたのです。でも、私たち子どもは全員、それとはまったく逆になることを知っていたのです。そんなふうに侮辱すれば、事態がさらに深刻になるのを知っていました。〈侮辱による傷〉を癒やさなければならない子どもがそんな経験をすると、傷はさらに大きく広がってしまうのです。

セックスの領域でも、似たようなことが起こりやすいと言えるでしょう。たとえば、小さな男の子が自分の性器をいじっているのを見た母親が、「なにやってるの！　汚いじゃないの！　そんなことをしたらだめでしょ！」などと言ったとしたら、その男の子はものすごく侮辱されたと思うでしょう。ことによると、将来、セックス面でうまくいかなくなるかもしれません。

また、両親が性行為をしている部屋に入ってしまい、両親がひどく困惑しているのを見た子どもが、その場にいたたまれなくなり、性行為は良くないことなのだと思い込んでしまうこともあります。

こうして一歳から三歳くらいのあいだに、さまざまな領域において、〈侮辱による傷〉が目覚めさせられ、うずき出すのです。子どもは、肉体のレベルで、親にコントロールされた、行動の自由を奪われた、自分の思い通りに動くことができなかったなどと感じると、自分の価値を下げられたように思うものです。

たとえば、お客さんが来る直前に、子どもが泥んこ遊びをして、おろしたての服を汚してしまったとしましょう。この親が、子どもを叱っただけでなく、子どもがいる前で、来客に向かってそのことを話したとしましょう。こんな時、その子が感じる侮辱はいっそう大きなものとなるはずです。この子は、そのことで親が嫌いになるかもしれません。そうすると、親を嫌った自分を今度はさらに恥ずかしく感じるものです。こうして、屈辱感がますます深刻なものとなります。

〈侮辱による傷〉に苦しむ人たちが、そうした体験談を語るのを聞いていると、彼らは、子ども時代に、わざとそうした体験を求めたようにさえ感じられることがあります。侮辱されるような状況に自分から身を置いたように思われるのです。

他の四つの傷が、子どもの性別に対応した親によって作られるのに対し、この〈侮辱による傷〉だけは、主として母親によって作られます。もっとも、父親が、子どものからだの汚れなどを母親のように注意した場合にはこの限りではありません。また、性的な面、清潔さに関する面で母親がこの傷を作るのに対し、言葉を覚えたり、何かを学んだりすることに関しては、父親がこの傷を作る場合もあるでしょう。

侮辱された子どもは、〈マゾヒスト〉の仮面をつけることになります。〈マゾヒスト〉とは、苦しむことに満足、さらには喜びさえ感じる人を指します。どんな場合でも無意識のうちに、侮辱され、苦しむことを求めてしまうのです。相手がそうしようと思う前から、相手に痛めつけられ、罰せられることを望みます。

今後、私が〈マゾヒスト〉という言葉を使う場合、それは、侮辱に伴う苦しみを避けるために〈マゾヒスト〉の仮面をつける人のことを指す、ということを覚えておいてください。

侮辱されたにもかかわらず、〈侮辱による傷〉を目覚めさせない人もいます。一方で、〈マゾヒスト〉は、拒絶されただけなのに、侮辱されたと感じることがあります。

五つのタイプの人たちは、それぞれ、自分がされたくないと思っていることを、他者に対して自分が行なっている現場を誰かに押さえられた時、最も強い屈辱感を持ちます。そして、〈侮辱による傷〉を持っている人こそが、最も屈辱感を持ちやすいのです。

さて、ここで、〈屈辱感〉と〈罪悪感〉を区別しておきましょう。

私たちは、自分のしたこと、あるいはしなかったことを良くないと考えて自分を裁いた時に、罪悪感を持ちます。一方、自分がしたことが適切でなかったと思った時に、屈辱感を持つものです。屈辱感――つまり恥の感覚――の反対は〈誇り〉です。

私たちは自分に誇りを感じることができないと、恥の感覚を持ちます。そして、自分を責め、どこかにこそこそ隠れたくなるのです。罪悪感には必ずしも屈辱感は伴いませんが、屈辱感には必ず罪悪感が伴います。

さて、〈マゾヒスト〉の仮面をつけている人の肉体的特徴ですが、こういう人は、自分を、汚い、だめな人間だ、他者よりも劣る、などと考えているので、どうしてもからだが太ってしまいます。そして、そのことでさらに屈辱感を覚えるのです。

太ったからだというのは、筋肉質のからだとは違います。自分の〈正常〉な体重を二〇キロ超過していても、それが筋肉によるものであれば、太っているとは見なされません。丸々としているのは脂肪が多いために、太っているということになります。一方、〈マゾヒスト〉のからだは、後ろから見ても、太っていることが分かります。それに対して、筋肉質の人は、からだの横幅があり、後ろから見た場合にはそれほど筋肉がついていることが分かりません。これは、男性にも女性にも当てはまるでしょう。

からだの一部、たとえば、お腹、お尻、あるいは胸だけが太っている場合、〈侮辱による傷〉はそれほど深刻ではありません。

〈マゾヒスト〉の仮面をつけている人の肉体的な特徴は以下のようになります。

からだが全体的に短く感じられ、首が太く、胸や骨盤が張っています。顔が丸く、目は、子どもの目のように無邪気に見開かれています。こうした特徴をすべて備えている人は、かなり深刻な傷を抱え込んでいると言えるでしょう。

〈侮辱による傷〉は、五つの傷のうち、見抜くのが最も難しいかもしれません。私は今まで、何百人もの〈マゾヒスト〉——特に女性が多い——のカウンセリングを行なってきました。そのうちのある人たちは、自分が屈辱感を持っており、〈マゾヒスト〉の仮面をつけているのを認めるまでに、一年以上もかかりました。

もしあなたが〈マゾヒスト〉特有のからだを持っており、しかも自分に〈侮辱による傷〉があることを認められないとしても、それはそれでよいのです。どうか、じっくり時間をかけて問題と取り組んでください。ゆっくり進むこともまた〈マゾヒスト〉の特徴なのです。反応や動作がゆっくりしているのです。ですから、自分に合ったスピードで進むようにしましょう。

ある種の人たちは、体重をコントロールすることによって、自分が〈マゾヒスト〉であることを上手《じょうず》に隠します。あなたが、食事制限をしないとすぐに太るタイプの人である場合、あなたは〈侮辱による傷〉を持っている可能性があります。でも、今のところ、それは隠されているのです。自分を厳しくコントロールする人に関しては、第六章で詳しく説明しています。

こういう〈マゾヒスト〉は、自分を有能かつ頑丈に見せたいので、また他人にコントロールされたくないので、多くの仕事を背負い、たくさんの成果をあげようとします。そして、そのために、背中をもっと丈夫にするのです。

例をあげてみましょう。ある婦人が、夫を喜ばせるために、義母と一緒に住むことにしました。しばらくして、その義母が病気になると、自分が世話をしなくては、と思います。こうして、〈マゾヒスト〉は、他の人の世話をする立場にみずから進んで身を置くのです。そして、自分のことをますます忘れていきます。その結果、ますます多くの荷物を背中に負い、そのために体重がどんどん増えてゆくのです。

〈マゾヒスト〉が、他人のために尽くさなくては、と思う時、実際には、自分にとっての制約や義務を作り出しているに過ぎません。そして、他の人たちのために働いているあいだ、自分は彼らに利用されていると感じて、屈辱感を持つのが普通です。自分がしたことに対して、他の人たちからお礼を言われることはまずありません。

私は、〈マゾヒスト〉の女性たちから、何度も、「もう召使いみたいに働くのはうんざり！」という言葉を聞いています。しかし、そうは言っても、彼女たちは、その状況を変えようとしません。というのも、そういう状況を作り出しているのは自分自身である、ということを自覚していないからです。

また、「三〇年間も酷使しておきながら、あげくの果てにゴミみたいに放り出すのよ！　こんな会社、信じられる？」というような言葉を聞いたこともあります。

こういう人は、自分では献身的だと思っているのですが、それを人から認められることはほとんどありません。それに、表現の仕方に、屈辱感が埋め込まれているのも興味深いと言えるでしょう。〈マゾヒスト〉でない人なら、〈ゴミ〉などという言葉を使わずに、「三〇年間も酷使しておきながら、いきなりやめさせるのよ」と言うでしょう。

〈マゾヒスト〉は、実は、他の人たちのために奉仕することによって、彼らの価値を下げ、彼らを辱《はずかし》めている場合があります。なぜなら、〈マゾヒスト〉がいないと、彼らは自分たちだけでは何一つできない、と感じることになるからです。しかも、〈マゾヒスト〉は、当人の前で、そのことを確認したがります。そういうわけで、その人は、二重に辱められることになります。

また、〈マゾヒスト〉は、身近な人たちの人生において、自分がそれほど大きな場所を占めていることを認めたがりません。自分でもそのことを自覚していないことさえあります。というのも、非常に巧妙にそれをやってのけるからです。だからこそ、からだが太ってくるのです。自分は人生でこれくらいの空間を占めるべきだ、という気持ちがからだに現われるのです。その信念を、からだが表現しているというわけです。もし、本当に自分が重要で、多くの場所を占めていると思うことができていれば、それをからだによって証明する必要はなかったのです。ですから、自分の重要感を実感することができれば、からだも元に戻るはずなのです。

〈マゾヒスト〉はなんでもかんでもコントロールしたがるものですが、その動機は、自分自身および家族に関して屈辱感を感じたくない、ということなのです。この種のコントロールは、第五章で扱うことになっている〈裏切りによる傷〉を持つ人のコントロールとは明らかに異なります。〈マゾヒスト〉の母親は、子どもと夫の衣服、外見、清潔さなどをコントロールしようとするのです。この種の母親は、自分の幼い子どもたちがいつも清潔でいるようにコントロールします。そして、それがうまくいかないと、母親としての自分を恥ずかしく思うのです。

〈マゾヒスト〉の人は、男性も女性も、母親と一体化しがちなので、母親を恥ずかしくさせないためにあらゆることをします。母親は母親で、〈マゾヒスト〉の子どもに対して、無意識的にですが、絶大なる支配力を及ぼします。そのために、子どもの方は、母親を、背に負う重い荷物のように感じています。そして、そのせいで、子どもの背中はさらに頑丈になるのです。母親が死んだ後でも、この支配力はなくなりません。

母親が死ぬと、ほとんどの〈マゾヒスト〉は、ほっとします——もちろん、そんな自分を恥ずかしく思いますが。というのも、母親がいることによって、自分の自由が拘束されていたからなのです。母親の影響から脱するためには、〈侮辱による傷〉を癒やさなければなりません。

一方、母親とあまりにも一体化していた〈マゾヒスト〉は、母親の死によって、自由になるどころか、強烈な〈広場恐怖症〉の発作に見舞われることさえあります。残念なことに、そうした人々は、うつ病と見なされるのが普通です。治療の方向が間違っていますので、立ち直るのに非常に時間がかかる可能性があります。

〈マゾヒスト〉は、自分が本当に望むことを口にすることができません。というのも、幼い頃から、恥ずかしい思いをするのがいやで、あるいは家族に恥ずかしい思いをさせるのがいやで、それを口にしないできたからなのです。

〈マゾヒスト〉の子どもの両親は、子どもに対して、家の中のことは決して外の人にしゃべってはならないとしょっちゅう言います。したがって、子どもは、そういったことをすべて自分の心の中にしまいこむことになります。家の中で起こった恥ずかしいことや、恥ずかしい家族のことは、秘密にしなければならないのです。たとえば、刑務所に入っている叔父さんのこと、精神病院に入っている叔母さんのこと、ホモセクシャルの兄のこと、自殺をした姉のことなどは、決して外でしゃべってはならないのです。

これはある男性が話してくれたことなのですが、その人は、幼い頃、母親の財布からお金をとったことで、母親を苦しめたのをとても恥ずかしく思っていた、ということでした。子どものためを思って必死に節約していた母親を苦しませるなんて、とても許されることではなかったのです。今までそのことは誰にも話さなかった、と言っていました。この男性は、おそらく、そうした細々《こまごま》とした秘密をたくさん抱え込んでいたのでしょう。だからこそ、いつも喉が圧迫されるような気がして、声がうまく出なかったのです。

幼い頃、母親が生活必需品さえ我慢して買わないのをそばで見ていながら、自分が何かを欲しくなったということをとても恥ずかしく感じた、と言う人はたくさんいます。この人たちは、自分がそれを欲しがっていることを誰にも——特に母親には——言えませんでした。ほとんどの〈マゾヒスト〉が、こうして、自分の欲求を表現できなくなっています。というのも、そんなことをしたら、母親を苦しめることになったからです。母親を喜ばせたくて仕方がなかったので、母親に許容される欲求しか表現できなかったのです。

〈マゾヒスト〉は、一般的に神経過敏であり、ほんの些細なことから影響を受けてしまいます。そのために、自分では、決して他人を傷つけないように心を砕くのです。誰かが——特に自分の愛する人が——不幸だと感じると、自分にその責任がある、と感じてしまいます。自分が何かまずいことをしたのではないかと思うのです。

そんなふうに他人の機嫌《きげん》を気にしてばかりいるので、自分のことはすっかりお留守になってしまいます。〈マゾヒスト〉は、自分の欲求には気がついていても、それに耳を貸しません。自分の欲求に耳を貸さない、という点では、五つのタイプの中でもトップクラスでしょう。自分の欲求に耳を貸さないために苦しみますが、こうして〈侮辱による傷〉を維持し、〈マゾヒスト〉の仮面をつけ続けるのです。そして、とにかく、人のために役立とうとばかりするのです。そのことによって、自分の傷に対して目をふさぐことができると思っており、侮辱によって苦しまずにすむと信じ込んでいるのです。

したがって〈マゾヒスト〉は、自分を笑いものにして、他の人たちを笑わせるのが得意です。自分がやった馬鹿なことを語る時に、とても生き生きしてくるのです。これは、自分の価値を低め、自分を侮辱する、無意識のやり方なのです。そのようにして人を笑わせる言動の影に、屈辱を感じることへの恐れが潜《ひそ》んでいることを見抜ける人間はごくわずかでしょう。

〈マゾヒスト〉は、ほんのちょっとでもけなされると、侮辱されたと感じるものです。もっとも、自分自身、自分の価値をおとしめることがとても得意なのですが。実際の自分よりも、自分のことをつまらない人間だと思っています。他の人たちが自分のことを素晴らしい特別な人間だと考えることなどありえない、と思い込んでいます。

彼らは、「小さい」「少し」「狭い」「わずか」「つまらない」と言った言葉をよく使います。たとえば、「ほんの少しお時間をいただけますか？」、「私の少ない脳味噌」、「つまらない考えですが」、「ほんのわずかですが」などと言うのです。小さい字を書き、狭い歩幅で歩き、小さい車に乗り、小さい家に住み、小さい置物を置き、少しずつ食べるのが彼らの特徴です。

もしあなたがこれまで述べた〈マゾヒスト〉の特徴をそなえており、しかも自分の言葉のクセを自覚していないのなら、身近な人たちにそのことを聞いてみてください。おそらく、自分が右に上げた言葉をよく使っている、ということに気づくでしょう。

〈マゾヒスト〉が、「大きい」「すごい」「とんでもない」などという言葉を使うときは、自分の価値をおとしめるためであることが多いようです。たとえば、食事中に、食べ物で洋服を汚してしまうと、「とんでもなくドジなことをしてしまった」などと考えるものです。

私は、ある晩のパーティで、〈マゾヒスト〉の女性と一緒になりました。彼女は素敵な服装をし、豪華なアクセサリーをつけていました。私がそれをほめると、彼女はこう言ったものです。「私って、すっごい成金みたいでしょ⁉」

自分をおとしめては苦しんでばかりいる人は、何かにつけては自分を責め、他人のミスまで引き受けようとします。そうすることで、自分を良い人間だと思うことができるのです。

ある〈マゾヒスト〉の男性が語ってくれたのですが、奥さんが何かのことで自分を責めると、すぐにそれが自分のせいだと思ってしまう、ということでした。たとえば、奥さんから買い物のリストを渡されて、スーパーに買い物に行くのですが、ある時、奥さんが毎週買う品物の名前をリストに書き忘れたことがありました。彼は、用事の済んだリストを捨てて、買い物から帰ってきます。すると、奥さんがこう言うのです。「○○を忘れたのね。毎週買っているんだから、買わなきゃいけないことくらい、分かるでしょ?」そこで、彼は自分がそれを忘れたことで自分を責め始めるのです。でも、本当は、奥さんは、それをリストに書き忘れたことで自分を責めているのです。仮に彼女が、「リストに書き忘れてしまって、ごめんなさい」と言ったとしても、おそらくそれを買い忘れたことで自分を責めたでしょう。

今度は同じタイプの女性の例をあげてみましょう。夫が車を運転しており、二人でおしゃべりをしていました。ところが、夫が、奥さんの方を向いてしゃべっているあいだに、ハンドル操作のミスをして事故を起こしてしまいました。夫は、お前が話しかけたからいけないのだ、と言います。すると、彼女は悪いのは自分だと思ってしまったのです。私が、「本当に夫の言ったとおりで、あなたが悪かったのですか？」と聞くと、実はそうではなかった、ということが分かりました。でも、夫が、悪いのはお前だ、と言ったのでそう思い込んでしまったのです。

以上の例を見ると、〈マゾヒスト〉タイプの人間が、本当は自分の責任ではないことまでしょい込んで自分を責めるということがよく分かるでしょう。ところが、人の責任を背負い込んで謝《あやま》ったところで、事態はいっこうに改善されません。そして、同じ事態に至ると、またしても自分を責めるのです。自分のやっていることを自覚しない限り、これが延々と続きます。

他人が私たちに罪悪感を持たせることはできません。罪悪感とは、私たちの内側からしかやって来ないものなのです。

〈マゾヒスト〉は、愛する人、自分の身近な人といると、しばしば自分が無力であると感じます。しかも、自分を非難されると――実は、無意識のうちにそういう事態を引き寄せているのですが――、なんと言って反論すればいいのか分からずに、あっけにとられてしまいます。そして、自分を責めるのです。時には、その場を立ち去ったりします。そうして一人きりになって言い訳を考え、心を落ち着かせようとするのです。

もっとも、〈マゾヒスト〉だけが罪悪感を感じる、と言っているわけではありません。五つのタイプの人間は、それぞれ、異なる理由で罪悪感を持ちます。ただ、〈マゾヒスト〉は特に屈辱感を持ちやすく、その結果、人の顔色をうかがっては罪悪感を感じるのです。

〈マゾヒスト〉にとって、自由は非常に大きな意味を持ちます。〈マゾヒスト〉にとっての自由とは、誰にも負い目がなく、言い訳する必要がなく、誰からもコントロールされておらず、自分の好きなことを、好きなときにすることができる、という状態のことです。

〈マゾヒスト〉は、幼い頃、両親とのかかわりにおいて、ほとんどの時間、自由ではないと感じていました。たとえば、両親は、自由に友だちのところに遊びに行くことを禁じ、自分の好きなように外出することを禁じ、家の仕事——たとえば妹や弟の世話をするというような仕事——を押しつけたのです。ただし、〈マゾヒスト〉は、他人から強制されなくても自分からさまざまな義務を作り出す、ということを忘れてはなりません。

〈マゾヒスト〉は、自分を自由だと感じることができ、誰からも邪魔されないと感じると、本当に自由に自分の人生を生き、心の底から楽しむことができます。まるで限界などないかのようです。しかし、場合によっては、ある領域において、ついついやりすぎてしまうことがあります。食べすぎる、食べ物を買いすぎる、料理をしすぎる、飲みすぎる、人を助けすぎる、働きすぎる、お金を使いすぎる、しゃべりすぎる、などなど。

しかし、そうしているうちに、自分のことを恥ずかしいと感じ始めます。他の人たちの視線を感じるからです。ですから、限界のない状況に入ることを非常に恐れます。そんなことになると、性的な面であれ、社会的な面であれ、買い物に関してであれ、外出に関してであれ、自分が恥ずかしいことをしてしまう、と思い込んでいるからです。それに、自分のことばかりやりすぎると他人の役に立てなくなる、と感じるのです。こうして、幼い頃、他人の責任を拒否した時に感じた屈辱感を思い出すのです。

こんなわけなので、〈マゾヒスト〉のからだには、ブロックされた部分がたくさん見つかります。屈辱感も罪悪感も持たずに、まったく自由に、好きなときに好きなことができるようになれば、おそらくそうしたブロックが解除されて、からだが細くなるでしょう。それほど、〈マゾヒスト〉は、からだの中にエネルギーを溜め込んでいるのです。

ということで、〈マゾヒスト〉が最も恐れているのは、実は自由である、ということになります。本当に自由になってしまうと、自分が何をしでかすか分からない、と思っているのです。ですから、無意識のうちに、自分が自由にならないようにします。ほとんどの場合、自分でそう決めるのです。

自分でそう決めることによって、他人からコントロールされていない、と感じるのですが、しかしその結果、ますます多くの義務と制約を作り出し、自分が望んだのとは反対の結果になります。

愛する人たち全員の面倒を見ることで、自分が自由であると感じたいのです。こうして、コントロールの主体は自分であると思い込んでいるのですが、実際には自分を檻《おり》に閉じ込めています。例をいくつかあげてみましょう。

• ある男性が、たくさんの愛人を作りました。そうすることで、自分が自由であると感じたかったのです。ところが、愛人の全員にひんぱんに会い、しかもそれぞれに対して、他には愛人がいないと思わせようとしたために、時間が足りなくなり、混乱が起こり、やがてどうしようもなくなってしまいました。

・ある男性が、支配的な奥さんと一緒に家にいるのがいやになりました。まるで檻に閉じ込められているような気分だったのです。そこで、副業を始め、夜のあいだも家にいないようにしました。こうして自由になったつもりでしたが、実際には、自分のための時間も、子どもと一緒に過ごす時間もなくなってしまったのです。

・ある女性が離婚しました。そして、自由を満喫しようと、家を買ったのです。ところが、家の維持のためにやることが多すぎて、自由な時間がすっかりなくなってしまいました。

このように、〈マゾヒスト〉は、自分をある領域において自由にしようとした結果、別の領域において不自由になります。さらに、日常生活において、自分のしたいこととは関係のない数多くの面倒な仕事を作り出してしまいます。

〈マゾヒスト〉のもう一つの特徴は、相手を罰しようとして、かえって自分を罰する結果を招いてしまうということです。ある婦人が語ってくれたのですが、彼女はしょっちゅう夫とケンカをしていました。というのも、夫がいつも友人たちとつき合ってばかりいて、彼女をほったらかしにするからでした。

ある時いつものように、夫が外出する、しないで、もめていたのですが、彼女はついに我慢ができなくなり、夫を罰しようと思ってこう言ってしまいました。「家にいるのがそんなにいやなの？　それならとっとと出て行けばいいでしょう！」夫は、これ幸いとばかりに、コートを羽織ると外に出て行ってしまいました。こうして、彼女はまた一人きりになったのです。そして、ますます〈マゾヒスト〉の資質に磨きをかけることになりました（笑）。

〈マゾヒスト〉はまた、他の人から罰される前に自分を罰してしまう傾向があります。まるで、他の人から鞭《むち》で打たれる前に、その痛みに慣れようとして、自分で自分を鞭打つかのようです。特に、自分が何かを恥ずかしいと思っている時、または他人の前で恥をかきたくないと思っている時に、そのような状況を招くようです。

また、自分を喜ばすことがうまくできません。何かをしていて楽しくなると、そのあとでいつまでもそうやって自分が楽しんだことを責めるのです。自分は楽しんでもいいのだ、と思うことがどうしてもできません。こうして、自分が楽しんだことを責めれば責めるほど、からだはその機会を利用して太っていきます。

ある若い母親が次のように言っていたのが印象的でした。「楽しむ時間を自分に与えないように、本当にさまざまな工夫をしてしまうのです。また、何かをする時には、決してそれを楽しまないようにします」彼女はさらに次のようにつけ加えました。「夜になって、主人と子どもたちがテレビを見ていると、時々立ち止まって一緒にテレビを見ることがあります。でも、面白い内容に惹《ひ》かれても、絶対に座っては見ません。座ってテレビを見る母親なんて、怠け者に決まっているからです。そんなことでは、ちゃんとした母親ではなくなってしまうでしょう?」

〈マゾヒスト〉にとっては〈義務〉で何かをすることが大切なのです。

〈マゾヒスト〉はまた、二人の人間のあいだに立って、二人の関係を取り持つことがよくあります。つまり、二人のあいだのクッションになるわけです。これがまた太るための格好の理由になります。

さらにさまざまな状況において、〈マゾヒスト〉はスケープゴートになろうとします。たとえば、〈マゾヒスト〉の母親は、子ども、父親、先生のあいだに起こった問題に介入して犠牲となり、それぞれが自分の責任を果たすのをさまたげます。あるいは、会社で働く〈マゾヒスト〉人間は、自分が犠牲になって、同僚たちが快適に働けるようにします。

〈マゾヒスト〉のしるしは、からだに現われます。荷物を背負いすぎるために背中が痛くなったり、首をすくめすぎるので、肩が相対的に高い位置に来てしまったりするのです。

〈マゾヒスト〉の服装を見ると、とてもそうは思えないのですが、彼らにとって外見はとても大切な要素です。ただ、自分は苦しまなければならないと思い込んでいるので、素敵な洋服を着ることを自分に禁じています。

〈マゾヒスト〉が、贅肉《ぜいにく》を目立たせるような服を着ている場合には、その傷が深刻であることを知らなければなりません。そうやって、さらに自分を苦しませているのです。一方、〈マゾヒスト〉が、自分のからだに合った、良質の、素敵な服を買い始めたら、傷が癒やされつつあるしるしだと見てよいでしょう。

〈マゾヒスト〉は、自分に恥をかかせるような人とか状況を引き寄せる特別な才能を持っています。例をあげてみましょう。

- 〈マゾヒスト〉の女性は、お酒を飲みすぎるとみんなの前でとんでもないことをやり出す男性をひきつけます。
- 〈マゾヒスト〉の女性は、自分の目の前で絶えず他の女性たちにちょっかいを出す男性と結婚します。
- 〈マゾヒスト〉の男性は、同僚たちがいる前で非常に無作法なことをする女性を引きつけます。

- 〈マゾヒスト〉の女性は、おしっこを漏らしたり月経の血を漏らしたりして、洋服を汚してしまいます。
- 〈マゾヒスト〉は、食事中にみんなの前でよく洋服を汚します。男性なら、ネクタイを汚し、女性なら胸のあたりを汚すのです。そんな時、この女性は、「胸が大きすぎて、食べるのに苦労するわ」というようなことを言います。本当は、自分の傷に気づくためにそうした状況をみずから招き寄せているのに、そのことに決して気づこうとしません。私は、今までどれくらい、〈マゾヒスト〉の女性がこう言うのを聞いたか分かりません。「あら、また粗相《そそう》をしてしまったわ！　まったく、私ったら、なんてドジなんでしょう！」そして、その汚れをナプキンで拭けば拭くほど、汚れがさらに広がってしまうのです。
- ある男性が失業します。そして、失業保険をもらうために列の後ろに並んでいると、かつての同僚や知り合いがどういうわけかそこを通りかかるのです。

〈マゾヒスト〉の人たちだけが、このような状況で〝侮辱された〟と感じて苦しみます。他のタイプの人たちは、同じような状況で、拒絶された、見捨てられた、裏切られた、不当に扱われた、と感じて苦しむのです。

ですから、あなたが経験したこと自体があなたを苦しめているのではない、ということを知ってください。あなたがその経験をどう解釈し、それに対してどのように反応するか、ということがあなたを苦しませるのです。そして、その解釈や反応の仕方は、あなたの傷がどんなものであるかによって異なります。

〈マゾヒスト〉はしばしば〈嫌悪〉を体験します。自分に対して嫌悪感を持っていますし、他人から嫌悪されることもよくあります。よく、何か、または誰かに対して嫌悪を感じ、その対象を拒絶します。

私は、自分の親を嫌悪している〈マゾヒスト〉にずいぶんたくさん会ってきました。なまけもので、下品で、太りすぎで、汚《きたな》らしい母親を嫌悪している〈マゾヒスト〉。アル中で、ヘビー・スモーカーで、浮気ばかりしている臭い父親を嫌悪している〈マゾヒスト〉。こうした〈マゾヒスト〉たちは、子どもの頃に、友だちを自宅に招待することができませんでした。そのせいで、友だちの数が減ってしまったのです。〈マゾヒスト〉は、自分自身の欲求を大切にしません。そして、自分のためには決してしないことを、他人のためにしてばかりいるのです。例をあげてみましょう。

• ある父親は、息子のマンションの壁塗りは手伝ってやるのに、自分の家の壁塗りは、したことがありません。

• ある女性は、来客がある時だけ家をきれいに掃除します。自分のために家をきれいにすることはありません。でも、本当は、きちんと片付いた、きれいな家に住むのが好きなのです。自分を大切にしていないので、自分をきれいな家に住まわせてあげられないのです。

• きちんとした身なりをするのが好きな女性が、客がある時だけそうします。一人きりの時は、いつもくたびれた服を着ているのです。そんな折りに不意の来客でもあれば、恥ずかしくて隠れたくなるほどです。

どんな傷を持っている場合でも同じですが、私たちは、なるべくそうした傷を自覚しないようにします。傷を自覚すると、痛みを思い出すからです。

〈マゾヒスト〉は、価値ある人間になることで、傷を自覚すまいとします。そして、実際に、「〜する価値がある、」とか「〜する価値がない、」という表現をよく使うのです。特に、「〜する価値がない」という言い方をしょっちゅうします。たとえば、「私は愛される価値がない」とか、「私は認められるだけの価値がない」などと言うのです。ですから、自分を喜ばせることができずに、自分を苦しめてばかりいます。そして、そのことにまったく無自覚なのです。

セックス面では、〈マゾヒスト〉は一般的にうまくいきません。というのも、自分を恥じているからです。子どもたちは、セックスに関して、あらゆるタブーを教え込まれるものですが、特に〈マゾヒスト〉の子どもたちは、セックスを恥ずかしいもの、汚いもの、罪あるものと考えるようになってしまいます。

例をあげてみましょう。今、ある人が、シングルマザーの子どもとして生まれました。もし、母親が、この子のことを〈恥ずべき子ども〉と考えていたとしたら、生まれてまもなくすると傷が目覚め始めるでしょう。あまりにも早くこの傷が目覚めたために、大人になってからそれはきわめて深刻な影響をこの人に及ぼします。この母親は、妊娠が分かった瞬間から、自分がセックスしたことを悔やむかもしれません。その場合、お腹にいるときから、この赤ちゃんはセックスについての誤った観念を植えつけられることになるでしょう。

確かに、以前に比べて今日《こんにち》では、セックスに関して私たちは自由になっているように思われます。しかし、表面的なことに惑わされてはなりません。セックスは恥ずかしいものだという観念が、世代から世代へと伝えられており、それは、私たちが〈侮辱による傷〉を完全に癒やさない限り、決してなくならないと言っていいのです。

これは私が長年の経験から確かめたことですが、〈侮辱による傷〉を持つ人がいる家族の場合、その家族の全員が、セックスに関して癒やしを必要としています。彼らは、《波長同通の法則》によって同じ家族に引き寄せられた、同じ傾向性を持つ魂たちなのです。

〈マゾヒスト〉の若い女性は、支配的な母親に恥をかかせまいとして、特にセックスの面で自分をコントロールしようとします。思春期の頃に、母親から、セックスは嫌悪すべきものである、と教えこまれてしまったのです。のちのち、こういう人は、この〈思い込み〉を解除するためにセラピーを必要とすることになるでしょう。

ある若い女性が語ってくれたのですが、彼女は、一四歳の時に、男の子に愛撫され、キスをされたのですが、それをものすごく恥ずかしいことだと感じた、ということでした。翌日学校に行くと、まわりのみんながそのことを知っていて彼女に注目しているように思われたそうです。

どれほど多くの少女たちが、月経が始まった時、また胸が大きくなり始めた時に、恥ずかしい思いをしていることでしょう。中には、自分の胸を平たく見せようとして胸に布をまいている子さえいるほどです。〈マゾヒスト〉の男の子も、セックスの面でコントロールされていると感じています。マスターベーションをしている時に、母親に見つけられるのではないかと非常に恐れるのです。マスターベーションが恥ずかしいことだと思えば思うほど、それをやめなければと思い、そう思えば思うほど、マスターベーションをせずにはいられなくなります。こういう男の子は、セックスに関して、親や友だちの前でしょっちゅう屈辱的な状況を味わうことになるでしょう。

特に、女の子の方が、セックスに関して屈辱を味わうことになります。セックスを汚くて恥ずべきものだと思えば思うほど、幼年期や少女期に、より頻繁に痴漢にあったり、性的虐待にあったりするようになります。そして、あまりにも恥ずかしいので、誰にもそのことを話せないのです。

何人かの〈マゾヒスト〉の女性が語ってくれたのですが、ある時、勇気をふりしぼって、母親に、自分が性的虐待にあっていることや、近親姦にあっていることを話したことがあるそうです。そうしたら、母親からこう言われたということでした。「それはあなたが悪いのよ。あなたが変な色気を出すからでしょ！」、「あなたが挑発したんでしょ！」、「誘うようなそぶりでも見せたんじゃないの？」こういう反応は、娘にいっそうの屈辱感と罪悪感を与える結果にしかなりません。女性が、腰や、お尻や、お腹に――つまり性的器官のまわりに――余分な脂肪をたくさんつけている場合には、その人は、なんらかの性的辱めを受けていると考えた方がよいでしょう。

性的欲望が意識される思春期になると、急に太り出す人たちがいます。こういう人たちは、自分が望まれないように、性的辱めを受けないように、あるいは、無意識のうちに性的な喜びを味わえないようにしているのかもしれません。

私は本当にたくさんの女性から次のように言われました。「もし私のからだが、もっとほっそりしていて魅力的だったら、きっとたくさんの男性を引きつけて、浮気をしてしまうに違いありません」

確かに、私の経験からすると、太った人たちの多くは――男性でも女性でも――非常に官能的です。ただ、自分が、喜びに値《あたい》する人間だと思っていないので、性的な領域においても自分に喜びを与えようとしないのです。

もしかすると、〈侮辱による傷〉を持っている人は、数多くの性的幻想を抱いているかもしれません。でも、それを誰かに話すことは決してないでしょう。なぜなら、その人にとって、それはとても恥ずかしいことだからです。

〈マゾヒスト〉の人たちは、官能的であるだけでなく、きわめて性的でもあります。この人たちが、ありのままの自分を認めて、自分の欲望を意識することができたとしたら、きっともっと頻繁にセックスをすることでしょう。こういう人たちは、自分が性的な欲求を感じても、パートナーにそれを言うことができません。自分の喜びのために他の人間に迷惑をかけるなんて、とんでもないことだと思っているからです。〈マゾヒスト〉の男性も、一般的に、自分の望むセックス・ライフを享受していません。内気すぎるために自然に振る舞えないということもありますし、取りつかれたようにセックスのことばかり考えているということもあります。勃起不全、あるいは早漏ということもあります。

〈マゾヒスト〉の女性は、自分のセックス好きを受け入れ、また理想の配偶者に恵まれたとしても、それでもなお、セックスを心ゆくまで楽しめないことが多いかもしれません。自分がどんなふうにしたいのかを言うことができないし、また声を上げることができないからです。声を上げたら、自分がどれほどセックス好きかが分かってしまうと考えているのです。

かつてキリスト教で行なわれていた〈告解《こっかい》〉も、性的な屈辱感を育む大きな原因となっていました。特に、若い女性にとっては、男性である神父様に自分のセックス・ライフを告白しなければならないのですから、本当に大変でした。また、セックス・ライフについてのみならず、自分がセックスについて考えたことまでも告白しなくてはならなかったのです。特に、〈マゾヒスト〉の若い女性にとって、結婚前にセックスをしたことを告白するのがどれほど困難であったか、想像するだけでも彼女たちがかわいそうになります。

特に信仰深い女性にとっては、そんなことは神様を失望させるだけですから、大変だったと思います。神父様にだけでなく、神様にまでそんな恥ずかしいこと告白しなければならないなんて！　その屈辱感たるや、とてつもないものであったはずです。それを消し去るのに、その後どれほどの年月がかかったことでしょう。

また、〈マゾヒスト〉にとって――それが男性であれ女性であれ――、明るい部屋で、配偶者の視線を受けつつ裸になるのはとても難しいことです。他人に自分の裸を見られるのがとても恥ずかしいのです。でも、いったん、自分にそれを許すと、実は〈マゾヒスト〉こそ裸になるのが最も好きだということが分かるでしょう。

〈マゾヒスト〉はおおむね官能的な資質を持っているので、セックスをとてもいやらしいことだと考える場合があります。そして、自分も、もっといやらしい存在になりたいと思うのです。これは、たぶん、〈マゾヒスト〉ではない人間には理解しがたいことでしょう。でも、〈マゾヒスト〉だったらよく分かるはずです。

そういうことは、あらゆるタイプの心の傷に関して言えることです。その傷を経験した人でないと、その傷の痛みは本当には分かりません。

今まで述べてきたことから、〈侮辱による傷〉が私たちのコミュニケーションの仕方に深刻な影響を与えることが充分わかったと思います。〈侮辱による傷〉を持っている人は、以下にあげるような恐れを持っているために、自分の考えや要求をはっきりと表現することができません。

その恐れとは、相手を傷つけるのではないかという恐れ、自分の欲求を優先させてエゴイストと思われるのではないかという恐れ、自分の価値をおとしめられるのではないかという恐れ、侮辱されるのではないかという恐れ、ゴミのように扱われるのではないかという恐れ、自分のことを無価値だと感じさせられるのではないかという恐れ、などです。もしあなたにこういう恐れがあるとすれば、あなたは自分を見失っているということになります。〈侮辱による傷〉に支配されているのです。

〈マゾヒスト〉がかかりやすい不調や病気を次にあげておきましょう。

- **背中の痛み**。それから、肩が重い感じがします（確かに、重い荷物を背負っているのです）。背中の痛みは、自分には自由がないと思っていることから来ています。背中の下の方が痛い場合は、物質面に問題があり、上の方が痛い場合は、愛情面に問題があります。
- 他人の問題を抱え込んで息がつまりそうになっている場合には、**呼吸器系**にトラブルが起こります。
- 足に、**静脈瘤**《りゅう》、**捻挫**《ねんざ》、**骨折**などのトラブルが起こりやすいと言えるでしょう。自分は動けなくなるのではないか、という恐れがあるために、そのような肉体的なトラブルを引き寄せてしまうのです。
- **肝臓**のトラブルも起こりやすいようです。というのも、他人のことであれこれ心配することが多いからです。
- **喉の痛み**、**口峡炎**、**喉頭炎**なども多く見られます。これは、自分の言いたいことを言わず、要求をはっきり口に出さないためです。

• 自分の欲求を自覚せず、要求を口に出さないでいると、**甲状腺**のトラブルに見舞われる可能性があります。

• さらに、自分の欲求に耳を貸さないでいると、**皮膚がかゆくなる**ことがあります。「～したくてウズウズする」というのは、「～したくてたまらない」という意味ですが、〈マゾヒスト〉は、自分に対してそう感じることを禁じます。というのも、自分に喜びを与えるのは恥ずかしいことだと考えているからです。その結果、からだがそうした思いを体現することになるのです

• 〈マゾヒスト〉は、**膵臓**の機能が低下することもあります。この場合、**低血糖症**や**糖尿病**になります。これらの病気は、自分に優しくしてあげられない人、または優しくしてあげたとしても、そのあとで罪悪感を持ったり、屈辱感を持ったりする人がかかりやすいのです。

• 〈マゾヒスト〉は、また、**心臓**のトラブルにも見舞われやすいと言えるでしょう。というのも、自分を充分に愛していないからです。自分を大切だと考えていないので、自分に喜びを与えることができません。心臓は、自分に喜びを与える能力、生きることを楽しむ能力と直接関係しています。

• さらに、〈マゾヒスト〉は、自分が苦しむことを当然だと思っているので、**何度も手術を受ける**ことになる場合があります。

もし、あなたがこれらの不調や病気をいくつか持っているとしたら、あなたはおそらく〈マゾヒスト〉の仮面をつけています。もちろん、これらの病気は、他の傷を持っている人にも見られます。でも、〈侮

辱による傷〉を持っている人たちに最も多く見られるのです。

食べ物に関しては、〈マゾヒスト〉は、しばしば極端に振る舞います。むさぼるように食べるか、あるいは、ほんの少ししか食べません。ほんの少ししか食べないのは、自分が小食であると思い込んで、恥の感覚から逃れるためです。もっとも、多くの種類を少しずつ食べるので、結果としてはたくさん食べることになります。

場合によっては、過食に走ることもありますが、その場合、何を食べるかについてはほとんど気にしません。

立ったまま食べることが多く、たとえば台所のカウンターの近くで立ったまま食べます。しっかり座って時間をかけて食べるよりも、そうやって食べる方が、食べる量が少なくなると思っているからです。どちらかというと、脂っこい食べ物を好みます。

自分が何かを食べることに罪悪感と恥辱感を持っています。特に、体重を増やすことになると思われるチョコレートなどを食べることに、罪悪感や恥辱感を持ちます。

これは、セミナーに参加したある女性が語ってくれたのですが、彼女は、スーパーで買い物をする際に、レジのところで自分の買い物カゴを見ると、甘いものがいっぱい入っているので、まわりの人たちがいったいどう感じるだろうかと思って、とても恥ずかしい、と言っていました。意地汚い、と思われることを恐れているのです。

自分は食べすぎる、と思っていることは、体重の減量には何の役にも立ちません。というのも、あなたもすでにご存じの通り、〈信念が現実になる〉からです。

自分は食べすぎたと考えて罪悪感を持てば持つほど、食べたものは脂肪となってからだに蓄積されます。もし、いくら食べても体重が増えない人がいるとしたら、その人は、別の考え方をしており、別の信念を持っているのです。

科学者であれば、それはその人たちの代謝のシステムが違うからだ、と言うかもしれません。たしかに、代謝のシステムは違うでしょう。しかし、私に言わせれば、まず特定の信念体系があって、それが代謝のシステム、各種の腺の働き方、また消化器系の機能を決めたのです。その逆ではありません。

〈マゾヒスト〉は、残念なことに、自分にごほうびをあげるときに食べ物を使います。食べ物こそが自分を祝福する手段であり、最後の頼みの綱なのです。でも、他の手段を使うようになれば、きっと食べ物に頼ることは少なくなるはずです。

ただし、自分が食べ物に頼ることを責めてはなりません。というのも、食べ物があったからこそ今まで生きてこられたのですし、これまでやって来られたからです。

統計によると、ダイエットをした人たちのうち九八パーセントが、ダイエットのあとで、元の体重を取り戻すか、あるいは元の体重以上に太るということです。

ダイエットをする人は、「体重を〈減らしたい〉」とよく言いますが、人間というのは、その本性からして、減らしたものは元に戻したい、と思うものなのです。ですから、〈体重を減らす〉という言葉を使わないで、〈スリムになる〉というふうに言った方がいいでしょう。

これまで、ダイエットを行なった数多くの人々を観察してきましたが、その結果、次のことに気がつきました。つまり、体重を減らしてはまた増やすということをしていると、やがて体重を減らすのがますます困難になり、その一方で体重はますます簡単に増えるようになるということです。からだが、強制的な作業に少しずつ疲れていくようなのです。

ダイエットをするよりも、自分の体重をまずありのままに受け入れ、それから〈侮辱による傷〉を癒やすことに専念した方が、はるかに効果は高いと思われます。その方法に関しては、第七章に詳しく書いてありますのでご覧ください。

〈侮辱による傷〉を自覚するには、〈マゾヒスト〉は、自分が、どんな点で、どれほど自分自身そして身近な人のことを恥ずかしいと思っているかに気づかなければなりません。さらに、自分で自分を無価値だと感じる時、自分の存在に意味がないと感じる時に、そうしている自分を意識化しなければなりません。〈マゾヒスト〉は、もともとなんでも極端に行ないますので、最初は、自分はぜんぜん恥ずかしいと思っていないと感じ、それから、自分は恥ずかしいと思ってばかりいるというふうに感じるものです。そして、ショックを受けるのですが、その期間がすぎると、あまりに馬鹿ばかしい自分の反応がおかしくて、それを笑えるようになります。癒やしが始まったのです。

意識的になるもう一つの方法は、自分は、他の人たちの責任や約束まで引き受けて、背負っていないかどうかをチェックしてみることです。

もしあなたに〈侮辱による傷〉があることに気づいたとしたら、あなたは魂のレベルでワークをして、その傷から解放される必要がある、ということを思い出してください。あなたが単に肉体のレベルでワークをするだけであれば、つまり、もっとやせようとか、これ以上太るまいとか思ってダイエットをするだけであれば、あなたは自分の人生計画をきちんと果たしていないことになります。したがって、次の転生においても、太ったからだに宿ることになる可能性がかなりあるわけです。この地上にいるあいだに、魂を解放するためのワークをしておく必要があるのです。

おそらく、あなたのお父さんあるいはお母さんも〈侮辱による傷〉のために苦しんでいるだろうと思います。あなたと同性の祖父あるいは祖母からそれを引き継いでいるのです。あなたの親が〈侮辱による傷〉に苦しんでいることに思いやりを持てば、あなたは自分自身に対しても思いやりを持てるようになるでしょう。

〈心の傷〉が治らない最も大きな原因は、他人に対して負わせた傷、あるいは自分に対して負わせた傷に関して、あなたが自分自身を許さなかったということです。自分を許すのはとても難しいでしょう。なぜなら、私たちは、自分で自分を責めていることになかなか気づけないからです。

あなたの傷は、あなたが、自分を他人と比較して自分自身の価値を下げれば下げるほど深くなります。あるいは、あなたが、他人を恥ずかしく思うことによって、他人の価値を下げれば下げるほど深くなります。

私たちは、自分から相手にひどい仕打ちをしておきながら、相手が悪いと言って非難します。そして、その事実に気づこうとしません。だからこそ、私たちは、自分が他者や自分自身にしたことを私たちにして見せてくれる人々を自分のまわりに引きつけるのです。そのことによって、自分が何をしているかに気づくためです。

さきほど、自分が〈マゾヒスト〉の仮面をつけていることに気づくのが最も難しい、と言いました。もし、あなたがこの仮面を持つ人特有の体型を持っているとしたら――そして他の仮面特有のからだの特徴をまったく持っていないとしたら――、これから数カ月のあいだ、何度も繰り返してこの章を読んでみてください。そうすれば、あなたがどんなふうに自分を恥じているかが徐々に分かってくると思います。この傷が自分にあるのを認めるにはだいぶ時間がかかると思います。その時間を自分にあげましょう。

この章で描かれた性格と行動は、ある人が、そうすれば屈辱感を持たなくてすむだろうと考えて、〈マゾヒスト〉の仮面をつけた時にだけ現われるものなのです。傷の大きさと、痛みの深さに応じて、この仮面は、ごくたまにつけられたり、あるいはしょっちゅうつけられたりします。

〈マゾヒスト〉の振る舞いは、〈侮辱による傷〉をもう二度と経験したくない、という思いによって特徴づけられます。あなたの場合はどうでしょうか？　あるものはあなたに当てはまるし、あるものは当てはまらないかもしれません。この章で描かれた特徴をすべて併せ持つ人はまずいないと思います。

それぞれの傷には、それにふさわしい心の態度と振る舞いが存在します。それぞれの傷に対応した感じ方、考え方、話し方、行動の仕方は、自分が経験したことへの反応として形づくられたのです。〈反応〉する人は、自分の中心から逸れてしまい、ハートで感じられなくなるために、居心地が悪くなり、幸福に生きることができません。だからこそ、あなたは、自分が〈反応〉している時は、そのことに気づかなくてはなりません。そうすることによって、あなたは恐れに支配されることをやめ、自分の人生の主人公となれるからです。

私がこの章を書いたのは、〈侮辱による傷〉を持っている人たちに、その事実を自覚してもらいたかったからです。もしあなたが、〈マゾヒスト〉の仮面をつけているのでしたら、ぜひとも第七章を読んでください。そこには、そうした傷を癒やし、本当の自分を取り戻すための、あらゆる方法が紹介されています。

自分にはそんな傷なんかない、と感じた人は、それが本当のことだと思い込む前に、どうかあなたをよく知っているまわりの人たちに聞いて、あなたが〈マゾヒスト〉に特有の振る舞いをしていないかどうかを確かめてみてください。あなたがほんの小さな傷を一つだけ持っている、ということだってありえるのです。そういう場合には、あなたは、自分が〈マゾヒスト〉であることに気づきにくいかもしれません。ですから、そういう時は、〈マゾヒスト〉の肉体的な特徴のところを、もう一度注意深く読み直してみてください。というのも、肉体は決して嘘をつくことがないからです。

仮に、あなたの身近な人がそうした傷を持っていることに気づいたとしても、決してその人を変えようとはしないでください。むしろ、この本で学んだことをもとにして、その人に対する思いやりを育むようにしましょう。その人の〈反応〉に対して、思いやりの気持ちをもって接するようにするのです。そして、もし、その人が、この本の内容に興味を持ったのなら、あなたがそれをあなたの言葉で説明するよりも、その人に直接この本を読んでいただいた方がよいかもしれません。

〈侮辱による傷〉の特徴

いつ形成されるか：一歳から三歳のあいだに、自分のからだの面倒を見てくれる親（だいたいは母親）との関係で作られる。この親にコントロールされることによって屈辱感を持つことが原因である。自分は自由ではないと感じるようになる。

仮面：〈マゾヒスト〉の仮面

からだの特徴：太っており、丸々としている。背は高くない。首が太く、ふくらんでいる。あご、胸、腰が張っている。顔は丸くて、開けっぴろげな感じがする。

目の特徴：丸くて、大きく見開かれている。子どものように無邪気。

よく使う言葉：「価値がある」「価値がない」「小さい」「太った」

性格の特徴：自分自身または他の人たちのことを恥ずかしいと思っている。または、他の人に恥ずかしい思いをさせることを恐れている。早く進むことが好きではない。自分の欲求は知っているが、それに耳を貸さない。多くの荷物を背負っている。屈辱感を感じないようにコントロールする。
自分を、汚い、他者よりも劣るだめな人間だ、と考えている。自我の境界があいまいで、他者と融合しやすい。自由になることを恐れている。というのも、自由は無制限なので、自分が自由になると、何をしでかすか分からないからである。母親のように振る舞いたがる。過敏。他人を罰することで自分を罰している。自分が価値ある人間だと思いたがる。嫌悪感を持っている。セックスを恥ずかしいことだと思っているが、非常に官能的。自分の性的欲求に耳を貸さない。食べ物を自分に対するごほうびにする。

最も恐れていること：自由

食べものとの関係：脂っこい、滋養に富む食べ物を好む。特にチョコレートが好き。過食気味。あるいは、多くの種類を少しずつ食べる。甘いものを買ったり、食べたりすることを恥ずかしいと思っている。

かかりやすい病気：背中、肩のトラブル。呼吸器系のトラブル。足のトラブル、たとえば静脈瘤や捻挫、または骨折。肝臓のトラブル。喉のトラブル。口峡炎。喉頭炎。甲状腺のトラブル。皮膚のかゆみ。膵臓のトラブル、たとえば低血糖症、糖尿病。心臓のトラブル。

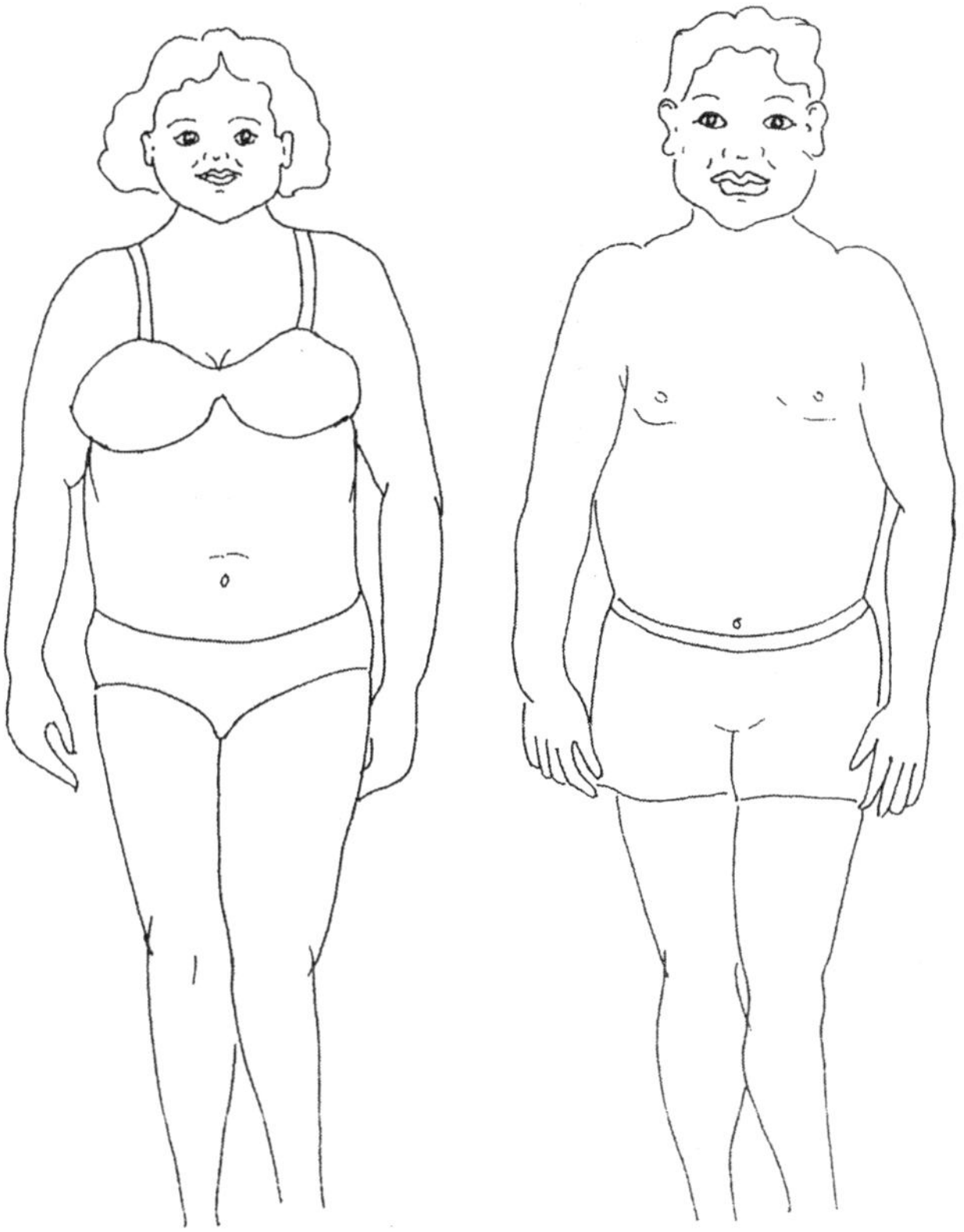

〈侮辱による傷〉を持っている人のからだ（〈マゾヒスト〉の仮面）

Chapitre 5

〈裏切り〉による傷・〈操作する人〉の仮面

私たちは、さまざまなやり方で人を裏切ることがあります。辞書によれば、〈裏切る〉とは「ある人に対して誠実であることをやめる、信頼に背《そむ》く、期待に応《こた》えない」ということになります。

裏切りに関するキーワードは〈誠実〉ということになるでしょう。〈誠実である〉とは、約束を守る、忠実である、献身的である、ということです。私たちは、誠実な人を信頼することができます。この信頼が損なわれると、私たちは裏切られたと感じて苦しむのです。

〈裏切りによる傷〉は二歳から四歳の頃、すなわち性的エネルギーが発達する頃に目覚め始めます。その結果として、エディプス・コンプレックスが生じるのです。この傷は、異性の親とのあいだで作られます。この傷を癒やしたいと思っている人は、異性の親に非常に強く惹かれます。お互いに、ものすごく惹き合うのです。そのためにエディプス・コンプレックスが生じます。

エディプス・コンプレックスは、精神科医のフロイトによって提唱されましたが、そのことについて、もう少し詳しく語ってみましょう。

フロイトによれば、私たちは、全員がこのエディプス・コンプレックスを経験しますが、その程度は人によってまちまちです。子どもは、二歳から六歳くらいのあいだに、異性の親――あるいは異性の親の代わりをしている人――に恋をします。というのも、その年頃には、性的エネルギーが発達してくるからです。その年頃になると、性的エネルギー、つまり生命エネルギー――すなわち創造のエネルギー――とコンタクトし始めるのです。

赤ちゃんは、生まれた直後からお母さんと一体化し、お母さんの世話や関心を必要とします。一方で、お母さんは、それまでと同じように、家族の他のメンバーの世話もし続けなければなりません。お母さんがあまりにも赤ちゃんの世話を焼きすぎると——つまり赤ちゃんのあらゆる気まぐれに応えていると——、赤ちゃんはお父さんと入れ替わってお母さんを独り占めできると錯覚し始めます。この場合、フロイトによると、赤ちゃんは正常にエディプス・コンプレックスを通過することができなくなり、心の成長が阻害されます。その結果、大人になった時に、心理的、性的に健全な生活が送れなくなるのです。

エディプス・コンプレックスを正常に通過するために、赤ちゃんは、自分が生まれるためにはお父さんがどうしても必要だった、ということを知らなければなりません。仮に、お父さんが一緒に暮らしていなくても、お母さんは、子どもに対し、お父さんはあなたと同じくらいに大切な人なのだ、ということを教えなくてはならないのです。

自分が生まれるためには、お父さんとお母さんが結びつく必要があったのだ、ということを理解した赤ちゃんは、異性の親に対して興味を持ち始めます。そして、異性の親とのあいだで赤ちゃんを作りたい、という無意識の欲望を持ち始めるのです。その欲望と同時に、想像力も育ち始めます。

そのために、女の子は父親を誘惑し、男の子は母親を誘惑するのです。異性の親の愛情を得るためだったらあらゆることをやるでしょう。そして、自分の望む愛情を獲得できずに失望したとしても、異性の親を一生懸命に守ろうとします。同性の親が異性の親を傷つけると、子どもは非常につらい思いをします。場合によっては、同性の親が死ねばいい、と思うことさえあるのです。

残念なことに、ほとんどの場合、子どもはエディプス・コンプレックスの時期を正常に通過することができません。なぜなら、母親は息子を、父親は娘を独占しようとするからです。特に、家庭における父親の地位が低い場合、エディプス・コンプレックスを解決することは非常に難しくなるでしょう。大きくなってから裏切りに苦しむ人たちのほとんどが、エディプス・コンプレックスを解決していないことを私は知りました。

これは、彼らが異性の親に今なおしがみついているために、そのことが、恋人との愛情関係や性的関係に強い影響力を及ぼすからなのです。彼らは、パートナーを絶えず自分の異性の親と比較します。あるいは、自分が異性の親から受け取れなかったものを、パートナーに対してあれこれと要求します。セックスをする際には、自分を性行為にゆだねることがなかなかできません。相手に支配されることを恐れるからなのです。

〈裏切りによる傷〉を癒やそうとしている子どもは、どちらかというと、自分を誘惑しがちな親、つまりエゴイスティックな親を選んで生まれてきます。こういう親のもとに生まれてくると、子どもは親が自分を必要としていると感じ、その異性の親が気分よくいられるようにあれこれと気を使うことになります。その親のお気に入りになるためだったら、どんなことでもするでしょう。

〈裏切りによる傷〉に苦しむある若い男性が語ってくれたのですが、彼が小さい頃、母親と二人の姉から、彼だけが上手に靴を磨いて光らせることができる、上手に床を磨いて光らせることができると、さかんにほめられたということでした。そのために、その二つのことをすると、彼は、自分が三人に気に入られていると感じることができたのです。もちろん、三人から〈誘惑〉されている——つまり、いいように扱われている——、などとは思ってもみませんでした。私たちが、幼い時に、どのようにして無意識のうちに裏切りを経験するか、ということの典型的な例がここにあります。

子どもは、異性の親が約束を守らない時に、あるいは自分の信頼に応えてくれない時に、裏切られたと感じるものです。特に、その親に愛情の面または性的な面で強く惹かれている場合、裏切られたという感覚は強くなります。

例をあげてみましょう。近親姦があった場合、ほとんどの子どもは親に裏切られたと感じます。また、同性の親が異性の親に裏切られた場合、自分もまた裏切られたと感じるものです。本当に自分が裏切られたと感じるのです。また、幼い女の子は、弟や妹が生まれたために父親の関心がそちらに向くと、自分は裏切られたと感じるものです。

自分が裏切られたと感じると、他の傷を受けた場合と同様に、子どもは自分を守るために仮面をつけます。〈裏切りによる傷〉を受けた場合につけるのは、〈操作する人〉の仮面です。そして、〈操作する人〉がコントロールしようとする理由は、〈マゾヒスト〉がコントロールしようとする理由とは同じではありません。

〈マゾヒスト〉は、恥をかかないために、あるいは他の人に恥をかかせないためにコントロールしようとしますが、〈操作する人〉は、忠実であろうとして、責任を取ろうとして、約束を守ろうとして、あるいは他の人たちに約束を守らせようとして、コントロールするのです。

〈操作する人〉のからだは、まるで力を誇示するかのような印象を与えます。「私は責任感あふれる人間です。あなたは私を信頼していいのですよ」とでも言いたげなのです。

男性が〈操作する人〉である場合、肩の幅の方が腰の幅よりもずっと広いものです。仮に、肩の幅が腰の幅よりも広くなくても、あなたの第一印象を大切にしてください。もしも、ひと目見て、下半身よりも上半身の方が強いエネルギーを発散しているとしたら、その人は、〈裏切りによる傷〉に苦しんでいるはずです。そして、上半身の筋肉が非常に発達しており、Tシャツなどを着てそれを誇示しているようであれば、その人は〈裏切りによる傷〉によって深刻に苦しんでいると見てまず間違いありません。

女性が〈操作する人〉である場合、力は、むしろ、腰、お尻、お腹、太ものあたりに感じられます。半ズボンでもはいていれば、まず間違いなく〈操作する人〉でしょう。腰まわりが、上半身に比べて発達しているのです。下半身が発達していればいるほど、〈裏切りによる傷〉は深刻であると言えます。

もちろん、右で述べたのとは反対のケースもありえます。下半身の方が発達した男性、上半身の方が発達した女性が、〈操作する人〉であるケースもあるのです。ただし、この場合、彼らの傷は、異性の親とのあいだで作られたのではなく、同性の親とのあいだで作られたものであるようです。彼らは、異性の親とのあいだで正常なエディプス・コンプレックス期を過ごしていないのです。同性の親に、より強く惹かれており、そのために異性の親を無視したのです。もっとも、こうしたケースはかなりまれです。ですから、この章では、異性の親とのあいだで傷を作った〈操作する人〉を扱うことにしました。

一般的に見て、〈操作する人〉は存在感が強く、肉体がとても発達しています。「私を見て！」「僕を見て！」という気持ちが見え見えです。体重が平均をかなり超えていても、太っているという感じを与えません。むしろ、頑丈な感じなのです。特に、後ろから見たときは、まったく太った感じがしません。ただ、正面から見ると、お腹が出た感じがする場合もあるでしょう。この出っ張ったお腹によって、「私は有能だ」と主張しているように思われます。

心の中でひそかに、自分には居場所がない、と思っている人は、体重を増やす傾向にあるようです。でも、だからといって、体重の多い人が、自動的に、第四章で扱った〈マゾヒスト〉であるとは限りません。

〈マゾヒスト〉にとっては、体重を増やすことが、自分の屈辱感をさらに募らせる手段になっているということなのです。

他の傷を持っている人の場合、体重を増やすのは、もっと多くの場所を占めたいと思っているからであることが多いようです。〈逃避する人〉や〈依存する人〉はとてもやせていますが、それは彼らがもうこれ以上場所を占めたくないと思っているからです。〈逃避する人〉はやせていれば目立たないと考え、〈依存する人〉はやせていれば弱く見えるために人から助けてもらえると考えています。

〈操作する人〉の視線は引き込むような魅力を持っています。〈操作する人〉にじっと見つめられると、自分が特別重要な人間になったような気分になるものです。彼らはすべてを素早《すばや》く見ます。自分のまわりに起こっていることを一瞬で見抜きます。

〈操作する人〉が防衛にまわった時は、視線の力で人を近づけないようにします。また、視線の力で、人をその場に釘付けにすることも可能です。そんなふうにして、自分の弱さ、傷つきやすさ、無力感を人に見せないようにするのです。

これまで述べた特徴のうち、ごくわずかしか持っていないとすれば、その人の傷はそれほど深刻ではありません。その人のからだの、どの部分に力やエネルギーが感じられるかによって、その人がどんな領域で裏切られるのを恐れ、それを防衛しようとしているかが分かります。

たとえば、男性でも女性でもそうですが、腰まわりがたくましく発達しており、またお腹が何かを守ろうとするように突き出している場合、その人には、異性に対する怒り、特に性的な面での怒りがあると考えられます。幼い頃、性的虐待を受けている可能性がかなり高いと言えるでしょう。だから、性的な面に関してひどく防衛的になるのです。

もしあなたが〈操作する人〉に特有の体つきをしており、なおかつ自分が内向的であると感じるのなら、以下に述べる振る舞い方の特徴が自分にあると認めることは相当難しいに違いありません。というのも、あなたのコントロールの仕方は非常に手が込んでおり、したがってそれを意識化するのが難しいからです。

そのような場合には、あなたをよく知っている身近な人たちに、これから述べる点をあなたが持っているかどうか尋ねてみてください。そうすれば、あなたが〈操作する人〉の仮面をつけているかどうかが分かります。その人が外向的であればあるほど、コントロールの仕方は表面に現われるので、はっきりそれと分かるものです。

〈操作する人〉の態度と考え方に関しては、〈力〉ということがキーワードになります。彼らにとって、力そして勇気を誇示することが非常に大事なのです。自分自身に対する要求がとても高く、自分が有能であることを他人に見せつけようとします。彼らにとって、卑怯《ひきょう》な態度、つまり勇気の欠如は、裏切りに他なりません。計画を放棄すること、最後までやり遂げないことは、彼らにとっては我慢のならないことなのです。他の人たちが卑怯な態度を見せることを極端に嫌います。

それがどんなものであれ、自分自身の裏切り行為、また他人の裏切り行為を受け入れることができないので、どんなことをしてでも、自分が責任のある、強い、特別で重要な人間であることを証明しようとします。そんなふうにして、自分がどれほど自分を裏切り、また他人を裏切っているかを絶対に見たくないと思っている自分のエゴを満足させようとするのです。

〈操作する人〉は、自分がどれほど裏切りを働いているかを直視しようとしません。裏切りは決してあってはならないことなので、自分も裏切ることがあるなどとは、絶対に考えられないのです。たとえば、約束を破って相手を裏切った場合など、あらゆる口実を考え出し、時には嘘さえついて、その苦境をなんとか切り抜けようとします。

もし私たちが他人に傷つけられたとしたら、それは私たちが自分自身または他人を傷つけているという事実を私たちに思い出させるためなのだ、ということをここでふたたび確認しておきましょう。ただし、エゴは、この事実をどうしても受け入れようとしません。あなたが〈操作する人〉の仮面をつけており、かつ、ここに書かれていることを読むのに抵抗を感じているとしたら、それはあなたのハートではなく、あなたのエゴがそうさせているのだ、ということを知ってください。

五つの傷を持つ人たちのうちで、〈操作する人〉が他者に対して最も多くを期待します。というのも、〈操作する人〉は、あらゆることを見越した上で、あらゆることをコントロールしようとするからです。

第三章で、〈依存する人〉も他者に多くを期待している、と述べました。ただ、〈依存する人〉の場合、〈見捨てによる傷〉があるために他者に援助してもらいたくて、その結果他者に多くを期待するのでした。彼らは、他者にサポートしてもらえると、自分が重要な人間であると感じることができるのです。

一方、〈操作する人〉が他者に期待するのは、自分はやるべきことをちゃんとやっている、相手は自分を信用してくれている、と思わせてくれることなのです。そのためもあって、〈操作する人〉は相手の期待を見抜くのがとても上手です。そして、相手の期待に応えるようなことをしょっちゅう言うのですが、本当にその期待に応えるつもりがあるかといえば、決してそうではないのです。

〈操作する人〉はとても押しが強いものです。自分の信念をはっきりと打ち出しますし、他者がその信念に賛同することを期待します。ある人やある状況に対する自分の考えを素早く作り上げ、しかもその考えが常に正しいと思い込んでいます。自分のものの見方こそが正しいと言い張り、あらゆる手段を使って他者を言い負かそうとします。

自分の考えが相手に理解されているかどうかを確かめるために、「お分かりですね？」としょっちゅう言います。相手が理解した時、相手は自分の言うことに賛成したのだ、と考えますが、残念なことにそれは事実ではありません。

私は、多くの〈操作する人〉に会って確かめたのですが、彼らは自分の意見を言う時、躍起《やっき》になってそれを私に認めさせようとするのですが、自分がそうしていることをまったく自覚していません。

どの仮面をつける人にも共通の特徴があります。すなわち、〝自分が仮面をつけていることに気づいていない〟ということです。それとは逆に、まわりの人たちには、その人が仮面をつけているのがとてもよく分かるものです。

〈操作する人〉は、自分がコントロールできないような状況に身を置くことをとてもいやがります。自分よりも判断が速くて強い人間と一緒にいると、なるべく早目にそこから身を引こうとします。

〈操作する人〉は素早く行動します。何でも速く理解し、また、理解したいと思っています。ですから、誰かが何かを説明する時に、ぐずぐずすることがどうしても許せません。相手がまだ話し終わっていないのに答えを言ったり、相手の話をさえぎったりすることがしばしばあります。その一方で、他の人から同じように扱われると、むきになって「まだ私の話は終わっていませんよ！」などと言います。

〈操作する人〉は多才で、結果を早く出します。そのために、仕事の遅い人のことが我慢できません。ですが、本当は、寛大な心でそういう人たちを受け入れる必要があるのです。他者をコントロールしたい、と感じるときこそ、彼らにとっては自己変容のチャンスなのです。

例をあげてみましょう。〈操作する人〉は、ゆっくり走る車の後ろについて走っていると、イライラし始め、やがて怒り出します。

〈操作する人〉は、自分の子どもにしょっちゅう「早くしなさい！」と言い、何をするのでもせかしてばかりいます。そうして、自分の思うように物事が速く進まなかったり、また思いがけないことが起こって邪魔をされたりすると、たちまち怒り出すのです。どんなことでも、一番はじめに終えようとします。競争して負けるのが、絶対いやなのです。物事をしっかり行なうことよりも、とにかく人より早く終える方を優先させます。時には、自分に有利になるように、それまでの規則を変えてしまうことさえあるでしょう。

物事が自分の思い通りに進まないと、すぐ攻撃的になるくせに、自分が攻撃的であることをまったく自覚していません。むしろ、自分のことを、強くて自信に満ちた、人のまねなど決してしない人間だと思っているのです。

〈操作する人〉は、五つのタイプのうちでは、最も気分の変動が激しいと言えるでしょう。愛にあふれ、思いやりに満ちているかと思うと、一瞬あとには、ほんのささいなことで激しく怒り出します。そのために、まわりの人間はいつもビクビクしています。まわりの人にとって、〈操作する人〉の振る舞いは、しばしば裏切りと感じられるものです。

ですから、〈操作する人〉は、もっと忍耐心と寛容さを身につける必要があるでしょう。特に、予測していなかったことが起こったり、自分のやり方で自分の思い通りに物事が進まなかったりした場合に、忍耐心と寛容さを発揮する必要があるのです。

たとえば、病気になった際など、早く治って職場に復帰したいと焦《あせ》りますが、こんな時こそ忍耐心が大事なのです。また、同僚や部下、あるいは取引先の人が病気になると、イライラしてどうしようもなくなりますが、こういう時にこそ寛容さを発揮しなければなりません。

〈操作する人〉は、未来のことをなんでもあらかじめ知りたがります。エゴが活発なのです。〈裏切りによる傷〉が大きければ大きいほど、傷の痛みを感じないようにするために、すべてを見越して、すべてをコントロールしようとします。こうした態度がなぜまずいかと言うと、すべてが自分の思い通りに進むことを望み、未来に対してあれこれと要求しますので、今という瞬間を生きることができなくなるからなのです。

たとえば、仕事をしていると、来月のバカンスのことが気になり、バカンスに行くと、帰ってからの仕事のことが気になる、という具合です。いつもこれから起こることばかり気にしているので、現在がすっかりお留守になってしまうのです。

〈操作する人〉は、待ち合わせがあると、誰よりも早く現場に到着します。すべてをコントロールしていると思いたいためです。自分の遅刻を許せないのと同様に、他の人の遅刻も許せません。自分が仕事を期限までに終えられないとイライラしますが、他の人が約束の期限までに仕事を終えないことに対してもイライラします。

特に相手が異性の場合に、このイライラはさらに募ります。自分に対しても、人に対しても、仕事を終えるのに必要な時間を充分に与えません。

また、他人を信頼して仕事を任せることがなかなかできません。そして、自分の期待通りに仕事が進んでいるか、しょっちゅう確かめようとします。

また、人に何かを教えようとして、その人がなかなかそれを理解しないと、とたんにイライラし始めます。とにかく、時間を無駄にしたくないのです。

全部自分でやるか、あるいは、人に任せる場合、その人の一挙手一投足まで監視せずにはいられません。何かを頼んだ人が約束どおりにしないと、そのたびに、〈裏切りによる傷〉がうずくのです。

〈操作する人〉は、自分のことを有能で、責任感にあふれた、仕事熱心な人間だと思っていますので、自分に対しても、人に対しても、怠けることを許しません。怠けるのが許されるのは、やるべき仕事をすべてきれいに片付けた時だけです。

他の人間——特に異性——が、怠けているのを見ると、ものすごくいらだちます。その人を邪険に扱い、決して信用しません。一方で、自分がどれほど見事に、どれだけの量の仕事をこなしたかをみんなに吹聴し、自分が責任感のある、信用するに足る人間であることを分からせようとします。人から信頼されないことは、〈操作する人〉にとっては耐えられないことだからです。しかし、自分がどれだけ人から信頼されていないか、ということには決して気づこうとしません。

〈操作する人〉は他人を信頼することがなかなかできません。自分の信頼感が利用されるのではないか、と疑ってしまうからです。しかし、人から信じてもらうためには、まず自分がその人のことを信じなければならないのです。

〈操作する人〉は、他人の言うこと、することにやたらとくちばしを突っ込みたがります。たとえば、母親が子どもを叱っているとします。そうすると、〈操作する人〉タイプの父親は、そばに行って、子どもに対し、「お母さんの言ったことが分かったかい?」と聞くのです。本当は、自分には関係ないのに、そうやって余計なおせっかいを焼くのです。

こんな時、子どもが〈パパ大好き〉タイプの女の子であり、父親がこの子の味方をしなかったとすれば、この女の子は裏切られたと感じる可能性が相当高いと言えるでしょう。

一般的に言って、〈操作する人〉はどんな場面でも自分の言葉で締めくくりたがります。だからこそ、いつも最後に余計な言葉をつけ加えるのです。

〈操作する人〉は、また、他人の仕事に手を出したがります。自分のまわりで起こっていることを素早く見抜きますし、自分はみんなよりも有能だと思っていますので、どんなことでも簡単に引き受けてしまいます。まわりの人たちの生き方にまで口を出しますが、そうやって自分が他人の生き方までコントロールしようとしていることには気づきません。いつ、どんなふうに仕事をすべきであるかまで、自分の思い通りにコントロールしようとするのです。

〈操作する人〉が他人の問題にかかわろうとする時、他人は自分ほど有能ではないと思っています。これは、自分の能力を見せつけたいと思っている、ということなのです。他の人たちが自分の能力を信じていない場合、どんなことをしてでもそれを信じさせようとします。たとえば、一番仕事ができない人たちの面倒を見る、というのがその方法の一つです。

また、〈操作する人〉は、本当はとても感じやすいのですが、いつも自分の力を誇示しようとしていますので、その感じやすさはおもてに現われません。

私たちはこの本の前の方で、〈依存する人〉が、他の人たちのサポートを得るために彼らの面倒を見ること、そして、〈マゾヒスト〉が、他の人たちからいい人と思われたいために、また他の人たちに恥ずかしい思いをさせないために彼らの面倒を見ることを確認しました。

それに対して、〈操作する人〉は、他の人たちから裏切られないようにするために、また、彼らを自分の期待通りに動かすために彼らの面倒を見る、ということが言えます。あなたが、自分の愛する人たちの生き方にまで責任を持たなくては、と考えているタイプの人であったとしたら、どうかその本当の動機について一度じっくりと考えてみることをお勧めいたします。

誰かが〈操作する人〉のすることに文句を言ったとすると、たちまち〈操作する人〉のエゴがおもてに出てきて支配的になります。というのも、〈操作する人〉は他の人から――特に自分以外の〈操作する人〉から――あれこれ言われることに我慢できないからです。特に、権威的な人には我慢できません。相手が自分をコントロールしようとしている、と感じるからです。

〈操作する人〉は、常に自己正当化し、どんなことでも自分流のやり方でやろうとします。自分が恐れを持っていることを認めようとせず、自分の弱さについて語ろうとしません。小さい頃から、「僕は何でもできるんだから、やりたいようにやらせて」と言います。何でも自分のやりたいようにやる一方で、みんなが自分に注目し、自分を認めて賞賛することを求めるのです。

〈操作する人〉は、自分の弱さを決して見せようとしません。人がそれを利用して自分をコントロールするのではないか、と恐れているからです。したがって、あらゆる機会を利用して、自分が、勇気のある、強い人間であることを見せつけようとします。どんなことでも自分のやりたいようにやろうとするのです。

〈操作する人〉は、いつも自分の思い通りにしようとします。

例をあげてみましょう。ある時、私と夫は、家の工事をある人に頼んだのですが、その人は典型的な〈操作する人〉でした。私が、その人に、何をやってもらいたいか、どこから手をつけてもらいたいかを言ったところ、彼は明らかに不満顔でした。自分はプロだと思っているので、私からあれこれ指示されるのがいやだったのです。そして、私たちの都合などまったく考慮に入れないで、自分のやり方を押しつけようとしました。

私は、「あなたのやり方があるのは分かりますが、私たちは別のやり方を望んでいるのです」、と言いました。「分かりました」と彼は言いました。

しかし、二日後に、彼が完全に自分の思い通りに仕事をしていることに気づいたのです。「それでは困る」ということを伝えたのですが、彼はあらかじめ考えておいた言い訳を並べ立てました。そして、いまさらやり直すには遅すぎる、と締めくくったのです。

先ほど、〈操作する人〉は権威的な人が好きではないと言いました。そのくせ、自分ではあれこれ命令するのがとても好きです。何でも自分で勝手に決めたがるのです。

私は、レストラン、ホテル、病院、デパートなどで管理職についている〈操作する人〉タイプの人たちを観察するのがとても好きです。彼らはまわりで起こっていることをすべて知ろうとします。求められもしないのに、自分の意見を押しつけます。部下のやることなすことにいちいちコメントをつけずにいられません。

ある時、あるレストランで、私は、〈操作する人〉タイプのウェイターが、典型的な〈逃避する人〉タイプのウェイターにあれこれ文句を言っているのを興味深く観察していました。〈逃避する人〉は、空を仰いで嘆《なげ》いていました。私がそのことを夫に話し、きっとあの二人はケンカを始めるに違いない、と言っている時、〈逃避する人〉タイプのウェイターが私たちのテーブルにやってきて、自分がどれほど耐えがたい思いをしているか、ということを語り始めました。そして、近いうちにこの店を辞めるつもりだと言ったのです。

私にはそれぞれの傷を持っている人がどう振る舞うかがすっかり分かっていたので、彼がそう言ってもぜんぜん驚きませんでした。〈逃避する人〉は〈拒絶による傷〉を持っており、自分が拒絶されたと感じると、事態に直面するよりもそこから逃げ出すことが多いのです。

このレストランのケースで特に興味深いのは、〈操作する人〉タイプのウェイターが、〈逃避する人〉タイプのウェイターの上司でもなんでもない、ということです。二人とも普通のウェイターだったのです。それにもかかわらず、〈操作する人〉タイプのウェイターは相手よりも上に立って、相手をコントロールし、教育しようとしているのです。自分の方が優れていると思っており、自分が相手をコントロールしようとしていることにまったく気づいていません。そして、チーフディレクターに自分が良いウェイターであることを一生懸命印象づけようとしています。しかも、〈逃避する人〉タイプのウェイターが自分に感謝するのは当然だと思っているのです。なぜなら、自分は相手に仕事の仕方をしっかり教えてやっているからです。私たちが〈コントロール〉と呼ぶ行為を、〈操作する人〉自身は〈サポート〉だと思い違いしています。

私と夫はよく旅行するので、あちこちでレストランに入りますが、そんな時、〈人間の五つのタイプ〉についてよく知っていることが、とても役に立ちます。お店の人たちにどう接すればよいかがよく分かるからです。

たとえば、私が、もし〈操作する人〉タイプのウェイターに批判的なことを言ったり、あるいは間違いを指摘したりしたら、彼はすぐに自己正当化を始め、自分の立場を守ろうとするでしょう。ことによったら、嘘さえついて体面を守ろうとするかもしれません。もし私の態度が操作的であったとすると、私は思い通りのサービスを受けることができないでしょう。彼は、サービスとは自分が自発的に行なうものであって、相手に強制されて行なうものではない、と固く信じ込んでいるからです。私は今まで、ものすごく長い時間待たされたことが何度もあります。それは、〈操作する人〉タイプのウェイターが、最終的な決定権は自分にあるのだ、ということを私に思い知らせるためにわざとやったことでした。

〈操作する人〉に対して、新しい考え方・やり方を提案すると必ず強い抵抗にあいます。彼らは、いきなり何かを突きつけられることがすごく嫌いなのです。どんなことに対しても、あらかじめ備える時間を必要とするからです。準備していないと、相手をコントロールできず、結果として自分がコントロールされてしまうからです。

準備なしに新たな事態に直面することは、〈操作する人〉にとっては絶対に受け入れがたいことなので、そんな場合には、まず一歩下がって、警戒します。どんなことに対しても準備をし、あらゆる可能性に対応できるようにしておきたいのです。それにもかかわらず、自分自身はしょっちゅう考えを変え、土壇場のところで方針を変えて、まわりの人間をヒヤヒヤさせます。決定権が自分にあるかぎり、どんな変更があっても大丈夫なのです。

〈裏切りによる傷〉を持っているあるご婦人が、次のように語ってくれました。幼い頃、彼女は、お父さんの思いがけない反応をあらかじめ見抜こうと、いつもビクビクしていたというのです。まずいことをしでかしたので、きっとたたかれると思っていると、お父さんは彼女ににっこり微笑《ほほえ》みかけるのです。また、試験で良い点を取ったので、きっとほめられるだろうと思っていると、いきなり怒り狂って彼女をたたくのでした。もちろん彼女にはその理由が分かりません。

この例からも分かる通り、このご婦人は、〈裏切りによる傷〉を持っていたために、自身も〈裏切りによる傷〉を持っているお父さんを引き寄せ、裏切られるという経験を繰り返すことになったのです。このお父さんは、まるで、娘の予想や期待を裏切ることに邪悪な喜びを感じているかのようです。娘の予想や期待をことごとく見抜いているように思えるのです。これは、実は、娘と父親が完全に一体となって融合していることから起こるのです。親が示すまったく予想できない反応は、〈操作する人〉タイプの子どもに裏切られたという感情を抱かせます。

〈操作する人〉は、また、警戒心が異常に強いため、他の人たちをすぐに〈信用できない人間〉と考えがちです。しかし、実際には、自分自身がしょっちゅう人をあやつろうとしますので、他の人たちから〈信用できない人間〉と思われている場合が多いのです。たとえば、〈操作する人〉は、物事が自分の思い通りに進まないと、すぐに怒り出し、その原因と思われる人物の悪口を言いふらします。その時、自分自身が〈信用できない人間〉になっていることがどうしても分かりません。

〈操作する人〉は、他の人から嘘をつかれるのをとても恐れます。「嘘をつかれるくらいなら、顔を殴られた方がまだましだ」と考えているかもしれません。しかし、その一方で、自分自身はよく嘘をつきます。もっとも、自分ではそれが嘘だとは思っていないのですが。真実をゆがめるために、実に簡単に〈言い訳〉を考え出すのですが、自分ではそれを〈正当な理由〉だと思っています。そうした〈方便〉は、自分が目的を達成するために、あるいは自分が正しいことを確認するために、どうしても必要なものなのだと考えるのです。

例をあげてみましょう。すでに言ったように、〈操作する人〉は、他の人たちがしてほしいと思っていることを簡単に見抜きます。そしてそれをしてあげよう、と簡単に請け負うのです。しかし、残念なことに、いつもその約束を守るとは限りません。というのも、本当に自分ができるかどうかを確かめずに約束してしまうからです。

そこで、あらゆる種類の言い訳を考え出します。場合によっては、「約束したことを覚えていない」と言うことさえあります。他の人たちはそれを〈嘘〉と見なし、自分が裏切られたと感じます。しかし、〈操作する人〉にとって、それは〈嘘〉でも〈裏切り〉でも何でもありません。単に、自分の力に限界があった、ということに過ぎないのです。

そして、これはまことに逆説的なことですが、〈操作する人〉は、他の人が自分を信じてくれないということに強烈なショックを受けます。他の人から信用されないと、裏切られたと感じるのです。したがって、自分を信じさせるためだったら、どんな手段も厭《いと》いません。

私が行なっているワークショップで、数多くの女性たちが、自分は夫にあやつられている、嘘によってコントロールされている、とこぼします。私は、そうした夫たちのほとんどが〈操作する人〉であることを確認しました。もちろん、〈操作する人〉が全員嘘をつくとは限りません。しかし、〈操作する人〉が嘘をつく確率は非常に高いのです。

〈操作する人〉は、また、〈いかさま〉を許すことができません。しかし、その一方で、例えば自分がトランプでいかさまをやった場合には、それは冗談だとか、相手がそれを見抜けるかどうかを試しただけなのだとか言い張ります。また、税金の申告でいかさまをやった場合、自分だけではなくてみんなやっている、と言うでしょう。

さらに、〈操作する人〉は、自分の同僚などの振る舞いや仕事の仕方をひそかに上司に報告しなければならなくなることをとても嫌います。誰かが、自分に関してそのようなことをすれば、自分が裏切られたと感じることを知っているからです。ですから、自分もそのようなことはしたくないのです。

今から数年前に、ETCセンターで、新しいスタッフが電話相談の係として働き始めた時、何度も不適切な対応をしたことがありました。そんなことが数週間続いたあとで、あるスタッフからそのことを告げられたのでした。そこで、私は、彼女のすぐ近くの席で働いている別のスタッフに、そのことに気がついていたかどうか聞いてみました。すると、彼は、最初から気がついていたが〈告げ口〉は自分の仕事ではないので黙っていた、と言いました。もちろん、ETCセンターの評判をとても気にしている私の中の〈操作する人〉が強い怒りを感じたことは、あなたにも容易に想像できるでしょう。

実際、〈操作する人〉にとって、他の人たちからの評価というのはとても大きな意味を持っているのです。

ある人が自分の評判を維持したいと考えている時に、他の誰かがその評判を傷つけるようなことを言うと、その人は侮辱されたように感じ、ひどく怒ります。というのも、重大な裏切りにあったように感じるからです。

そんな場合、自分の評判を守るためだったら、平気で嘘をつくでしょう。自分が、仕事のできる、有能な、信頼できる人物である、という評判は、彼にとって何よりも大事なのです。ですから、自分について語るときは、自分に都合のいいことしか言いません。自分の評判を落とすようなことは決して言わないのです。

〈操作する人〉は、また、他人の借金の保証人になることも嫌います。そんなことをして、もしその人が借金を払わなかった場合には、自分の評判が傷つくと考えるからです。諸条件を勘案し、じっくり考えて保証人になった場合でも、もし相手が借金を返さないと、〈操作する人〉はそれを自分に対する重大な裏切りと感じ、それを受け入れることがなかなかできません。

また、〈操作する人〉は、借金をすることも好みません。仮に借金をした場合でも、できるだけ早く借金を返そうとします。もちろん自分の評判を維持するためです。

〈操作する人〉タイプの親は、子どもたちの幸福よりも、むしろ自分たちの評判の方を優先させます。親は、子どもたちに向かって、「これはあなたたちのためなのよ」と言いますが、子どもはそれが嘘であることを、ただちに見抜きます。親が自分たちの都合を優先していることを感じ取るのです。子どもたちの幸せを本当に願う親が、子どもたちの望みを知るためにじっくり時間をかけるのに対して、〈操作する人〉タイプの親は、何事も自分たちの都合を優先させて決めます。

〈操作する人〉は、自分が答えられない質問を受けるような状況に身を置くことを非常にいやがります。だからあらゆる知識を貪欲《どんよく》に吸収しようとするのです。そして、自分の知らないことを質問されると、どんなことをしてでも、その質問に答えようとします。「知りません」と言うことができないのです。しかし、質問をした側は、相手が答えを知らないことに気づくので、自分が嘘をつかれたように感じます。

誰かが、「それは知りませんでした」と言うと、〈操作する人〉は必ず、「ああ、私は知っていましたよ」と答えるでしょう。しかし、それはほとんど嘘なのです。「ああ、それなら知っていましたよ」というのは、〈操作する人〉が本当によく使う言い回しです。

〈操作する人〉はまた、他の人が自分の許可を得ずに自分のプライベートな事柄に介入することをとてもいやがります。そんな時は、自分が侮辱されたと感じるのです。たとえば、誰かが、許可を得ずに自分宛てのメールを読むと、たぶんものすごく怒るでしょう。また、自分がいるにもかかわらず、他の人が自分への質問に答えると、やはり侮辱されたと感じます。自分の能力を疑われていると思うからです。自分はしょっちゅうそんなことをしているのですが、そのことをまったく自覚していません。

たとえば、〈依存する人〉タイプの女性と結婚した〈操作する人〉タイプの男性は、いつも奥さんに、「こういうわけだから、これをしなさい」「こんなふうにあれをしなさい」と命令し続けます。そして、不幸なことに、奥さんの方は、黙ってそれに従うのです。

配偶者の一方が〈操作する人〉で、もう一方が〈依存する人〉である場合、前者は後者の弱さ、あるいは依存性に依存しているのが普通です。相手をコントロールしているので自分は強い人間だと思い込んでいますが、実はそれも依存のもう一つの形態に他ならないのです。

夫婦が二人とも〈操作する人〉である場合には、熾烈《しれつ》な権力争いが展開されます。

ここまで述べた状況は、〈操作する人〉にとってはすべて〈裏切り〉と感じられます。あなたがそのことに驚きを感じるとしたら、〈裏切り〉という言葉に対するあなたの定義の仕方が狭すぎたのです。

私は、何年ものあいだ探求を続けてようやくこの認識を持つに至ったのです。私は、自分のからだの中に、〈裏切りによる傷〉があることは自覚していました。しかし、その傷と私の人生に起こったこととの関係がずっと分からなかったのです。特に、自分が父親とのあいだに非常に重大なエディプス・コンプレックスを持っている、ということになかなか気づけませんでした。父親を非常に尊敬していると思い込んでいたので、自分が父親に裏切られたと感じており、しかもそのことを恨んでいる、ということがなかなか自覚できなかったのです。

そしてついに、私の父が、「理想の男性であってほしい！」という私の期待に応えていなかったことに気づいたのです。私の家系では女性たちが強くて、女性が決断し、男性が女性を補佐する、ということが多かったのです。叔父や叔母のところでもそうでしたし、もちろん我が家でもそうでした。

私は、家庭では女性がすべての責任を引き受けるものだと思い込んでいたのです。それだけ女性たちが強く、また有能だったからです。そして、私の目には、男性たちはだらしなく見えていました。彼らは何ひとつ取り仕切ることができなかったからです。

しかし、実際には、私のものの見方は間違っていました。というのも、ある人が決断をしないからといって、責任を引き受けていないわけではないからです。私は、〈約束〉と〈責任〉という言葉を定義し直さなければならなかったのです。

幼い頃のことをじっくり思い返してみて、私には新たな発見がありました。それは、我が家では、ほとんどのことは母が決めていましたが、父はいつも約束を守り、きちんと自分の責任を取ってきた、ということです。母の決断が最良のものではなかった場合でも、父は母親と一緒にその結果を引き受けていたのです。ですから、父は、責任をちゃんと引き受ける人間であったのです。

〈責任〉という言葉がどんな意味を持つのかを理解するために、私は最初の夫と二人の息子を引き寄せました。私は彼らを無責任な人間と見なし、長いあいだ完全にコントロールしようとしていたのです。私は男性全般に対しても同じ考え方をしていました。〈操作する人〉は例外なく異性に対してガードを固めるものですが、私も例外ではなかったのです。

〈裏切りによる傷〉から完全に癒やされるために、私は、私と同じく〈裏切りによる傷〉を持っている男性を二人目の配偶者として引きつけました。私は彼との日常生活を通して、徐々に気づきを深め、自分の心を成長させていきました。その結果、〈裏切りによる傷〉もまた徐々に癒やされていったのです。別れた夫に対してしていたことを、二人目の夫に対してはしなくてすむようになりました。

〈操作する人〉は約束することを怖がりますが、それは約束を解消することが怖いからです。〈操作する人〉にとって、約束を解消することは裏切りに等しいのです。したがって、いったん約束した以上、どんなことがあってもその約束を守ろうとし、その結果、約束に縛られて窒息しそうになります。ですから、そうならないようにするために、最初からなるべく約束をしないのです。

私が知っているある人は、自分からは決して電話をしようとせず、いつも他の人たちに電話をさせます。しかも、何日の何時に電話をしてくるかを約束させるのです。もし相手が電話をするのを忘れると、その人を、約束を守らない人と見なすのです。そして、自分が他の人たちに多くのことを強制しており、しかも自分では責任を引き受けていない、ということに気づこうとしません。

この人を観察していて、すべてをコントロールしようとするには膨大なエネルギーを必要とする、ということを実感しました。このやり方を続ける限り、〈裏切りによる傷〉が癒やされることは決してありません。

裏切りに苦しむ人たちは、異性の親が約束を守ってくれなかったことに苦しんでいますが、実は、それは、自分がその親に対して、自分が作った理想の親のイメージを押しつけ、そのイメージに基づいて過大な要求をしていたからである、ということに気づいていません。

私が特に深い印象を受けた男性がいます。その男性――Aさんと呼ぶことにしましょう――は、六〇歳を越えた今でもたった一人で暮らしていますが、幼い頃、母親と二人きりで暮らしていたのです。この母親は、しょっちゅう相手を変えては外出してばかりいました。それらの男たちは、彼女のためだったら惜しげもなくお金を使いました。Aさんが一五歳になった時、母親は、ある一人の男性のもとに走りました。この男性が、すべての財産を彼女に贈ることにしたからです。そして、Aさんは寄宿舎に入れられたのです。この出来事のせいで、Aさんは見捨てられたと感じ、〈裏切りによる傷〉のせいで深く苦しみました。

大人になったAさんは、女性を惹きつけるためにはひたすらお金を使うしかない、と考えるようになり、事実そのようにしました。そして、どんな女性とも深くかかわろうとしませんでした。そのことによって、母親に復讐しているつもりだったのです。しかし、実際には、母親をお金で誘惑していた男性たちと同様に、〈裏切りによる傷〉によって苦しんでいただけなのです。本当は、まず、その傷を癒やさなければならなかったのです。

私が主催しているワークショップに参加する女性たちの中には、結婚を約束してくれない男性とのあいだに子どもができた結果、その男性から中絶を強要された、という経験を持つ人がかなりいます。そういう女性たちは、その経験によって、さらに〈裏切りによる傷〉を深くしてしまいます。相手の男性が、生まれたがっている子どもの責任を引き受けないことに、非常に強いショックを受けるのです。

私は、少し前のところで、〈操作する人〉は人をそんなに簡単には信じない、ということを指摘しました。ただ、相手に対して性的な興味を持っていない場合には、相手を信頼しやすいと言えるでしょう。〈裏切りによる傷〉が深い場合には、異性と恋愛関係になるよりも、友人関係を結ぶことを好みます。友人の方が信頼できるからです。

異性を操作するために〈誘惑〉という手段をよく使いますが、ほとんどの場合、そのことに成功します。誘惑の手段を選ぶことが非常に巧みなのです。

たとえば、〈操作する人〉は、言葉巧みに取り入って、奥さんのお母さんの〈お気に入りの婿《むこ》〉になることがよくあります。一方で、自分をたぶらかそうとする人をとても警戒します。誰かが自分を〈誘惑〉しようとすると、ただちにそれを見抜いて、有効な手段を行使します。ここで〈誘惑〉と言っているのは、単に性的な面におけるものだけではありません。人生のあらゆる面において〈誘惑〉ということがありえるのです。

〈操作する人〉が最も恐れるのが、どんな形であれ人間関係が破綻《はたん》することです。したがって、〈操作する人〉にとって、離婚というのは最も耐え難《がた》いことの一つとなります。それは、〈操作する人〉にとっては極めて深刻な事件なのです。原因が自分にある時は、相手から裏切り者として責められることをとても恐れます。また、原因が相手にある場合は、相手を裏切り者として激しく責めます。離婚によって、自分が人間関係をコントロールできていない事実に直面させられるからです。

とはいえ、実は、離婚を最もよく経験するのが〈操作する人〉たちなのです。彼らは相手と深くかかわることを恐れますが、それは実は別れを恐れているからなのです。そして、この恐れがあるために、妙に窮屈《きゅうくつ》な恋愛関係を結んでしまうのです。しかし、そうすることによって、実は、自分たちがお互いに相手に深くかかわることができない、という事実に目をふさごうとしているのです。

夫婦が二人とも〈操作する人〉であり、しかも二人の関係がうまくいっていない時、二人とも「別れた方がよさそうだね」となかなか言うことができません。〈操作する人〉が二人一緒に暮らしている場合、完全に一体になるか、完全に切り離されるかのどちらかです。そして、〈操作する人〉にとって、「切り離される」というのは、まさしく「引き裂かれる」ことに等しいと言えます。

事実、〈操作する人〉は、しょっちゅう「切り離される」という言い方をします。たとえば、「私は、からだから切り離されているように感じます」と言ったりするのです。

あるご婦人が語ってくれたのですが、彼女は、夫とのあいだに何か行き違いがあると、身を二つに切られたような感じがし、別れることが怖くて絶望的になる、ということでした。そんな時には、まったく自分を信じられなくなる、というのです。このご婦人には〈見捨てによる傷〉もあったので、そのためにいっそう離婚が怖かったのでしょう。

私の観察によると、〈操作する人〉のほとんどが、〈裏切りによる傷〉よりも前に〈見捨てによる傷〉を負っているように思われます。幼い頃に、自分が依存しているのを受け入れることができなかった人は、一生懸命〈見捨てによる傷〉を隠すための力を発達させます。その際に、〈操作する人〉の仮面を作るのです。こういう人をよく観察すれば、その目の中に〈依存する人〉の仮面を発見することができるでしょう――つまり、〈悲しい目〉あるいは〈垂れた目〉を発見するかもしれないのです。あるいは、口が垂れていたり、からだの一部が垂れていたり、からだの一部が力を欠いていたりするのを発見するかもしれません。

見捨てられた子ども、あるいは充分な関心を払われなかった子どもが、あらゆる手段を使って異性の親の気を引き、〈誘惑〉しようとすることは充分に想像できるでしょう。おりこうさんにしていれば、親が自分を特別扱いしてくれるだろうと考えるのです。

こういう人が大人になると、自分の期待を満たすためにパートナーに対して同じことをします。そして、自分の期待が満たされないと、相手に裏切られたと感じるのです。そして、ますます相手を操作しようとし、力の〈鎧《よろい》〉を身につけます。そうすることによって、裏切り、または見捨てによる痛みを感じなくてすむ、と考えるからです。こうして〈依存する人〉は相手から独立しようとするのです。

ある人たちの場合には、〈見捨てによる傷〉の方が〈裏切りによる傷〉よりも目立っており、またある人たちの場合にはその逆になっています。後者の場合には、〈操作する人〉の仮面をつけているように感じられるものです。

〈見捨てによる傷〉について述べた第三章の中で、ボディビルによって筋肉を発達させた男性について述べました。こういう人が訓練をやめると、そのからだはたちまちブヨブヨとなって力を失ってしまいますが、まさにこういう人こそ、〈裏切りによる傷〉や〈見捨てによる傷〉を持っている人の典型なのです。

自分は〈操作する人〉であって、〈依存する人〉ではないと感じられたとしても、〈依存する人〉である可能性がまったくないわけではありません。あなたは、〈裏切りによる傷〉だけではなくて、〈見捨てによる傷〉も持っている可能性があるのです。日常生活でいちばんよく痛む傷が、最も大きな傷なのです。長年にわたる観察の結果、私は、次のことを確かめました。つまり、裏切りによっては苦しまず、見捨てによって苦しんでいる人がいる一方で、裏切りと見捨ての両方によって苦しんでいる人もいる、ということです。

また、幼い頃に〈見捨てによる傷〉を受けた人が、大きくなるに従って〈裏切りによる傷〉を持った人の特徴を発達させることがある、ということも確かめました。その逆もまた起こりえます。からだは常に変化しており、私たちの内面で起こっていることを常に教えてくれるのです。

すでにお気づきのことと思いますが、見捨てを恐れる人と裏切りを恐れる人には共通する点がいくつかあります。これまでに述べた点の他に、両者ともに他者の関心を引きたがるという点があります。〈依存する人〉は、自分の世話を焼いてもらうために他者の関心を引きますが、〈操作する人〉は状況をコントロールするため、自分の力を誇示するため、自分を強く印象づけるために他者の関心を引こうとします。〈依存する人〉のタイプが役者や歌手に多く見られる一方で、〈操作する人〉のタイプは人を笑わせるコメディアンや漫才師などに多く見られます。両者とも演じることが好きなのですが、その理由は異なります。

また、〈操作する人〉はより多くの〈空間〉を占めたがります。そして、パートナーが自分よりもたくさん空間を占めることを好みません。

ワークショップに参加してくれたある女性が語ってくれたのですが、夫と自分が協力し合って仲良くビジネスをやっている限り、すべてがうまくいくのだそうです。ところが、彼女が自分で判断し、自分の責任でビジネスを行ない、夫よりも良い業績を上げ始めると、とたんに二人の関係がぎくしゃくするのです。夫は自分が裏切られたと感じ、彼女は自分が夫を見捨てたと感じて自分自身を責めることになるからです。

〈操作する人〉のもう一つの特徴は、ある選択によって何かを失う可能性があると、とたんに選択ができなくなる、ということです。そうなると、状況をコントロールできなくなるからです。そのために、〈操作する人〉は場合によっては優柔不断に見えることがあります。ただし、自分に自信があり、自分が状況をコントロールできている限り、何の問題もなく決断することができます。

〈操作する人〉は、仕事の場面においても、何かをうまく手放すことができません。もし〈操作する人〉が会社を経営しているとすると、状況がかなり難しくなり、借金が相当かさんでも、なかなか会社を手放すことができないのです。

また、〈操作する人〉が雇われている場合、管理職になっていることが多いのですが、そういう人はなかなか会社を辞めることができません。そんな場合、〈操作する人〉である経営者の方もその人を手放すことができず、その人に対して怒りを感じ、攻撃的になることが多いようです。

〈操作する人〉は、一般的に、リーダーとしての素質を持っています。他の人たちを指導するのが好きな魂なのです。コントロールするのをやめることができないのですが、それは、コントロールをやめるとリーダーとしての資格を失ってしまうように思われるからです。でも、本当はまったく反対なのです。他の人たちをコントロールするのをやめて、指導することだけに専念すれば、もっとずっと素晴らしい指導者になることができるのです。

〈コントロールする〉ことと〈指導する〉ことは本質的に違います。〈コントロールする〉というのは、恐怖に支配されて、他者を自分の思い通りにあやつろうとすることです。一方、〈指導する〉とは、無私の状態で、他の人たちに進むべき方向性を示すことです。エゴがしゃしゃり出てくることはありません。リーダーでありつつ、しかも部下から学び続ける、ということが理想的な生き方だと言えるでしょう。

〈操作する人〉はリーダーの魂を持っているために、企業においても社長になることが多いのですが、部下に対して過大な期待をし、部下をコントロールしようとするために、多くのストレスを感じます。コントロールを手放すことが難しければ難しいほど、逆にそれを実践していかなければなりません。

〈操作する人〉が恐れるもう一つのことは、相手から〈否定〉されることです。〈操作する人〉にとって、否定されるのは裏切られることに等しいからです。一方で、自分が多くの人たちを、自分の人生から排除することによって否定していることにはまったく気づいていません。たとえば、〈操作する人〉は、ある人に対する信頼をなくすと、その人にもう一度チャンスを与えるということをしません。話しかけなくなることさえあります。自分の期待通りにことが進まないために怒りを感じると、会話の最中であっても、相手に背を向けることがありますし、電話の最中なら、がちゃんと電話を切ってしまうでしょう。

この章の前の方で〈操作する人〉は、臆病な人、嘘をつく人、そして偽善者を許さないと指摘しました。

そういう人を、徹底的に否定するのです。特に、誰かと別れたあとでその人を否定します。私は今まで、〈操作する人〉たちが、「あの人とは、もう、これ以上いっさいかかわりたくありません」と言うのを実にしばしば聞いています。〈操作する人〉は、そんなふうにして相手を否定していることにまったく気がつきません。

〈操作する人〉は〈誘惑者〉でもあるために、幸せなセックス・ライフを送ることができません。誘惑の直後だけしか満足できないのです。そのため、〈操作する人〉は〈恋に落ちる〉ことが大好きです。恋愛の情熱的な部分だけを好むのです。そして、自分の情熱が冷め始めると、あらゆる手練手管を用《もち》いて、相手から別れ話を持ちかけたくなるように仕組みます。そうすれば、自分は裏切ったと感じなくてすむからです。

〈操作する人〉タイプの女性は、しばしば男性に支配されていると思いがちです。そのために、とてもガードが固いのです。そして、自分がセックスしたい時だけセックスします。あるいは、相手の誘いに乗ることを自分に許した時だけセックスをするのです。それ以外の場合だと、自分が負けたと感じてしまうからです。

〈操作する人〉タイプの男性もまた、自分がセックスしたい時だけセックスします。

〈操作する人〉は、男性も女性も、自分がセックスしたい時に相手に拒まれると、裏切られたような気分になります。自分を愛してくれているはずの相手が、自分とセックスをして融合してくれないことがどうしても理解できないのです。

〈操作する人〉の場合、異性の親との一体化があまりにも強すぎること――つまり、エディプス・コンプレックスがきちんと解決されていないこと――が、数多くの性的な問題を引き起こします。異性の親をあまりにも理想化しているために、それと比較して自分のパートナーがひどくつまらない人間に見えてしまうのです。自分の期待に充分応えてくれると思えないのです。

そういう性的な問題を抱えており、裏切られたと思って苦しんでいるにもかかわらず、〈操作する人〉たちは、人一倍、恋人を持ちたがります。そうして、同じことを繰り返しているにもかかわらず、どれだけ自分が〈裏切りによる傷〉を深くしているかに気づかないのです。

したがって、〈操作する人〉は、セックスに関するブロックを作ってしまいます。この章の最初のところで触れたように、〈操作する人〉は強い性的エネルギーを持っているのですが、長年にわたって作り上げてきた恐れが原因となって、そのエネルギーの大部分をブロックしてしまうのです。そのため、そういう人は、骨盤のあたりがふくれてくるのです。また、〈操作する人〉は、手ごろな理由を考え出して、セックスを自分の生活から完全に閉め出してしまうこともあります。

ここまで述べてきたことから簡単に推測できるように、〈裏切りによる傷〉を持っている人たちは、コミュニケーションの仕方に問題があります。〈操作する人〉は、以下にあげるような恐れを持っているために、自分の考えや要求をはっきりと表現することができません。

その恐れとは、相手を打ち負かすことができないのではないかという恐れ、嘘をつかれることへの恐れ、嘘つきだと思われることへの恐れ、相手が怒り出すことへの恐れ、自分が怒り出すことへの恐れ、意中を打ち明けることへの恐れ、自分の傷つきやすさをさらすことへの恐れ、傷つきやすい人間だと思われることへの恐れ、相手にあやつられることへの恐れ、誘惑されることへの恐れ、約束して義務を背負い込むことへの恐れなどです。もしあなたにこういう恐れがあるとすれば、あなたは自分を見失っているということになります。〈裏切りによる傷〉に支配されているのです。

食べ物に関しては、〈操作する人〉は食事をするのがとても速いと言えるでしょう。ゆっくり食べて時間を無駄にしたくないからです。仕事に没頭して食事をするのを忘れることもあります。ものを食べることなんか大事じゃない、と言う人さえいます。

一方で、いったん食べることにした場合は、たくさん食べますし、また食事に喜びを見出します。時にはコントロールを失い、からだが要求する以上に食べてしまうこともあります。

〈操作する人〉は、自分の好みで食べ物に塩やコショウをかけることがあります。中には、食べてもみないうちから塩をかける人さえいるほどです。会話において自分が決定権を握っていると思いたいのと同様に、食事においても最後の決定権は自分にあると思いたがっています。だから、調理済みの料理に自分で塩を振りかけるわけです。

〈裏切りによる傷〉を持つ人がかかりやすい病気を以下にあげておきましょう。

- 〈操作する人〉は、〈依存する人〉と同様、他者と融合しようとする傾向があるために、**広場恐怖症**にかかりやすいと言えるでしょう。もっとも、同じ広場恐怖症であっても、〈依存する人〉の場合は死を恐れるのに対して、〈操作する人〉の場合は特に狂気を恐れます。
- 〈操作する人〉は、からだの**関節の硬直症**にかかりやすいように思われます。特に、膝関節の硬直に見舞われることが多いようです。

- **出血、下痢、性的不能**といったような、からだのある機能のコントロールを失うことに由来する病気に最もかかりやすいのが〈操作する人〉であると言えます。
- 〈操作する人〉は完全な無力感を感じると、**全身麻痺**になることもあります。
- 消化器系の病気、特に**肝臓**と**胃**のトラブルに見舞われます。
- 〈操作する人〉は、他の四つのタイプの人たちに比べて、**最後に〈炎〉という言葉がつく病気**にかかりやすいと言えるでしょう。最後に〈炎〉という言葉がつく病気にかかりやすいのは、相手に対して多くを期待するために、すぐいらだちや怒り、フラストレーションに襲われるからです。
- 〈操作する人〉はまた、**口腔ヘルペス**にかかることがよくあります。これは、意識的にであれ、無意識的にであれ、異性のことを「ひどい」「ムカつく」「汚い」というような言葉を使って非難する時に現われてくる病気です。そんなふうに考えることによって相手を拒絶しているわけです。

以上の病気や不調は、もちろん、他のタイプの人たちにも見られます。ただ、〈裏切りによる傷〉を持っている人たちに、より多く見られると言えるでしょう。

あなたは異性の親との関係でこの傷を作ったわけですが、その親自身もまた同じ傷を異性の親との関係で作っているはずなのです。そのことについて、親に聞いてみることをお勧めします。親が小さかった頃、自分自身の親とのあいだでどんな葛藤を経験したかを話してもらうのは、あなたにとって、とてもためになる経験となるでしょう。

〈心の傷〉が治らない最も大きな原因は、他人に対して負わせた傷、あるいは自分に対して負わせた傷に関して、あなたが自分自身を許さなかったということなのです。自分を許すのはとても難しいと言えるでしょう。なぜなら、私たちは、そもそも自分が自分を責めていること自体になかなか気づけないからです。〈裏切りによる傷〉が深いということは、あなたが他人や自分自身を頻繁に裏切っているということを語っています。自分を信じないから、あるいは自分との約束を守らないから、そんな結果を招き寄せることになるのです。

私たちは、自分から相手にひどい仕打ちをしておきながら、相手が悪いと言って非難します。そして、その事実に気づこうとしません。だからこそ、私たちは、自分が他者や自分自身にしたことを私たちにして見せてくれる人々を自分のまわりに引きつけるのです。そのことによって、自分が何をしているかに気づくためです。

自分が自分や他人を裏切っているのかどうかを知りたければ、自分に〈恥〉の感覚があるかどうかを確かめてみればいいのです。私たちは、自分のある振る舞いを隠そうとする時に、あるいは、糊塗しようとするときに、恥の感覚を持つものです。他者がやったとしたら非難するようなことを、もし自分がやったとしたら、私たちは当然自分を非難するはずです。そして、自分も彼らと同じようなことをしているのを知られたくない、と思うのは当然のことでしょう。

この章で描かれた性格と行動は、ある人が、そのようにすれば裏切られないだろうと考えて〈操作する人〉の仮面をつけた時にだけ現われるものです。傷の大きさと痛みの深さに応じて、この仮面は、たまにつけられたり、あるいはしょっちゅうつけられたりします。

〈操作する人〉の振る舞いは、〈裏切りによる傷〉をもう二度と経験したくない、という思いによって特徴づけられます。あなたの場合はどうでしょうか？　あるものはあなたに当てはまるし、あるものは当てはまらないかもしれません。この章で描かれた特徴をすべて併せ持つ人はまずいないと思います。

それぞれの傷には、それにふさわしい心の態度と振る舞いが存在します。それぞれの傷に対応した感じ方、考え方、話し方、行動の仕方は、自分が経験したことへの反応として形づくられたのです。〈反応〉する人は、自分の中心から逸れてしまい、ハートで感じられなくなるために、居心地が悪くなり、幸福に生きることができません。だからこそ、あなたは、自分が〈反応〉している時は、そのことに気づかなくてはなりません。そうすることによって、あなたは恐れに支配されることをやめ、自分の人生の主人公となれるからです。

私がこの章を書いたのは、〈裏切りによる傷〉を持っている人たちに、その事実を自覚してもらいたかったからです。もしあなたが、〈操作する人〉の仮面をつけているとしたら、ぜひとも第七章を読んでください。そこには、そうした傷を癒やし、本当の自分を取り戻すための、あらゆる方法が紹介されています。

自分にはそんな傷なんかない、と感じた人は、それが本当のことだと思い込む前に、どうかあなたをよく知っているまわりの人たちに聞いて、あなたが〈操作する人〉に特有の振る舞いをしていないかどうかを確かめてみてください。あなたがほんの小さな傷を一つだけ持っている、ということだってありえるのです。そういう場合には、あなたは、自分が〈操作する人〉であることに気づきにくいかもしれません。ですから、そういう時は、〈操作する人〉の肉体的な特徴のところを、もう一度注意深く読み直してみてください。というのも、肉体は決して嘘をつくことがないからです。

仮に、あなたの身近な人がそうした傷を持っていることに気づいたとしても、決してその人を変えようとはしないでください。むしろ、この本で学んだことをもとにして、その人に対する思いやりを育むようにしましょう。その人の〈反応〉に対して、思いやりの気持ちをもって接するのです。そして、もし、その人が、この本の内容に興味を持ったのなら、あなたがそれをあなたの言葉で説明するよりも、その人に直接この本を読んでいただいた方がよいかもしれません。

〈裏切りによる傷〉の特徴

いつ形成されるか：二歳から四歳のあいだに、異性の親との関係で作られる。この傷は、愛情面または性的な面で、信頼感を破壊されたために、あるいは期待に応えてもらえなかったために形づくられる。

仮面：〈操作する人〉の仮面

からだの特徴：パワーを誇示するようなからだつき。男性の場合、腰に比べて肩の幅が広い。女性の場合、肩に比べて腰の方が広く、また力強い。胸やお腹が垂れている。

目の特徴：強く、誘惑的な眼差し。素早く動いて状況をただちに察する。

よく使う言葉：「お分かりですね？」「私にはできる」「一人でできますよ」「それなら知っていました」「私を信じてください」「あんな人は信じられません」

性格の特徴：自分を、強い、信頼に足りる人間だと思っている。特別な人間、重要な人間になろうとする。約束を守らない。あるいは無理をしてまで約束を守ろうとする。すぐ嘘をつく。他人を操作したり、誘惑したりする。人に多くを期待する。気分が変動しやすい。いつも自分が正しいと思っており、他人を打ち負かそうとする。いらだちやすい。不寛容。素早く理解し、素早く行動する。注目されようとして、派手な動きを見せる。俳優の素質を持つ。自分を信じることができない。自分の傷つきやすさを隠す。疑い深い。約束を取り消すことができない。

最も恐れていること：切り離されること。別れ。否定。

食べものとの関係：食欲旺盛。食べるのが速い。食べ物に塩やコショウをふりかける。忙しい時には食欲を抑えるが、そのあとでコントロールを失う。

かかりやすい病気：広場恐怖症。関節の硬直症。出血、下痢、性的不能といった、からだの機能をコントロールできなくなる病気。消化器系の病気。肝臓と胃のトラブル。最後に〈炎〉がつく病気。口腔ヘルペス。

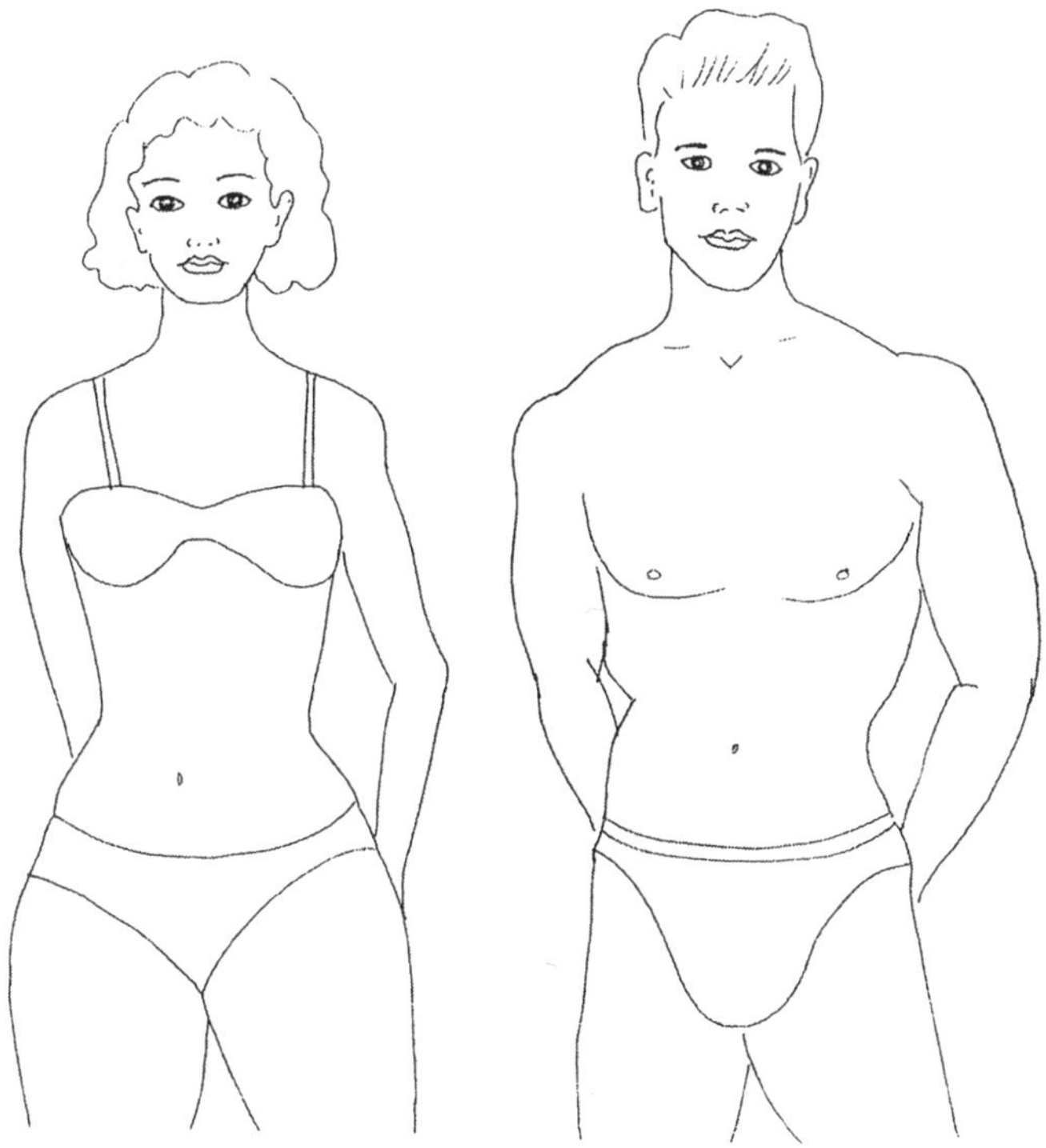

〈裏切りによる傷〉を持っている人のからだ
（〈操作する人〉の仮面）

Chapitre 6

〈不正〉による傷・〈頑固な人〉の仮面

〈不当〉というのは、何かがおかしい時、何かが欠如している時に感じられる気持ちです。それに対して、〈正当〉というのは、評価されたり、感謝されたり、尊重されたりするときに感じられる気持ちです。〈正当〉に近い言葉としては、正しさ、正義、公平、公正などがあるでしょう。

不当な扱いに苦しむ人は、自分が正当に評価されていない、尊重されていない、受け取るべきものを受け取っていない、と感じているのです。また、自分が受け取るべきだと感じている以上のものを受け取った時も、不当に扱われたと感じて苦しみます。

ですから、自分は他の人と同じくらい受け取っていない、あるいは他の人よりもたくさん受け取りすぎていると感じた時に、〈不正による傷〉は作られる、と言ってよいでしょう。

〈不正による傷〉は、だいたい子どもが四歳から六歳の頃、つまり、ものごころがつく年頃に作られるようです。この頃になると、自分が、他の人たちとは違った個性を持つ一人の人間である、という意識を持つのです。

子どもは、自分の個性をうまく統合できない時、あるいは自分であることをうまく表現できない時に、不正である、不当であるという感覚を持ちます。〈不正による傷〉は、特に、同性の親との関係で作られると言ってよいでしょう。同性の親が、自分を感じることができず、したがって自分を表現できない時に、子どもはその親を〈冷たい〉と感じて苦しみます。

もちろん、私は、不正に苦しむ子どもたちの親が全員実際に冷たいと言っているわけではありません。少なくとも、子どもはそのように感じている、ということなのです。

子どもはまた、親の権威主義、批判、厳しさ、不寛容、体制順応主義などに苦しみます。そして、ほとんどの場合、その親自身、同じ苦しみを持っているのです。もちろん、親の傷と子どもの傷はまったく同じではありませんし、育った環境も違うでしょう。しかし、親もまた〈不正による傷〉を持っており、子どもはそのことを感じているのです。

私は、〈頑固〉な人たちを何人も知っているのですが、彼らは、繰り返し、自分は親とすごくうまくいっており、まるで友だちどうしのようにつき合っている、と語ってくれました。しかし、実際には、それはごく表面的な関係でしかないのです。子どもも親も、本当の気持ちを伝え合っていません。〈不正による傷〉を持っている魂は、その傷にもう一度触れさせてくれるような親を選んで地上に生まれてきます。その場合、親の一方、あるいは両方ともが〈不正による傷〉を持っているものです。

子どもは、不正を経験すると、自分の気持ちから自らを切り離してしまいます。そうすることによって、苦しみから逃れられると思うからです。その時作られるのが〈頑固な人〉の仮面なのです。

自分の気持ちから自分を切り離したとしても、だからといって何も感じていないということにはなりません。むしろ、〈頑固な人〉はとても感じやすいのです。ただ、その感じやすさを押し殺し、それを他人に見せなくなってしまっただけなのです。こうして、自分は何も感じていない、と思い込むようになったのです。そのために、こうした人たちは、冷たくて、何も感じていないように見えます。

五つの傷を持った人たちの中で、この〈不正による傷〉を持った人は、最も頻繁に腕組みをします。そうすることによって、太陽神経叢《そう》（みぞおちのあたり）の部分を外界からブロックするのです。

感覚を遮断するもう一つのやり方は、黒い洋服を着ることです。〈逃避する人〉も黒い服を着るのが好きですが、その理由は違います。〈逃避する人〉は、自分を消してしまいために黒い服を着るのです。

〈拒絶による傷〉と〈不正による傷〉を両方とも持っている人は、したがって、黒い服をよく着たがります。

〈頑固な人〉は、正しさだけを求めます。そのために、しばしば完璧主義者になるのです。自分の言うこと、することが完璧であること――つまり、正しいこと――を望みます。そして、自分なりの正しさの基準にのっとって完璧に振る舞うことが、しばしば他者にとっては不当な仕打ちになる、ということを理解しません。

不当な扱いに苦しむ人は、自分ほど不当に扱われていない人を見るとうらやましく感じます。また、自分以上に不当に扱われている人たちは、自分のことをうらやましく思うだろうと考えます。

〈依存する人〉や〈操作する人〉はよく嫉妬します。〈依存する人〉は見捨てられることを恐れるために嫉妬し、〈操作する人〉は裏切られることを恐れるために嫉妬するのです。

〈頑固な人〉の仮面をつけた人のからだは、まっすぐに硬直しており、できるだけ完璧であろうとしています。肩の幅と腰の幅が同じで、非常に均整が取れており、体重が増えることもありますが、からだのバランスを崩すことはありません。そういう人の体重がなぜ増えるかについては、第五章で述べました。

さて、ここで、体重が増えるのを最も恐れているのは〈頑固な人〉である、ということを言っておかなくてはなりません。〈頑固な人〉は、太らないためならばどんなことでもするでしょう。特に、お腹が出ることをいやがります。立った姿勢では、お腹を引っ込めようとするでしょう。頑固な女性は、お腹が平らな女性は自然ではない、ということを認めたほうがいいと思います。女性の体はもともと丸みを帯びているものだからです。そうでなければ、女性的とは言えません。

〈頑固な人〉は、女性も男性も、丸くて美しいお尻をしています。女性たちは、概して、小さなからだをしています。

〈頑固な人〉は、からだを締めつける洋服を好み、またベルトをきつく締めるのを好みます。そんなふうに太陽神経叢のあたりを占めつけることによって、いろいろなことをあまり感じなくてすむようにしたいのです。

〈頑固な人〉たちも、本当は、生身の、感情を備えた人たちなのです。それなのに、彼らのからだは、硬直していて柔軟性を欠き、閉ざされています。特に、腕組みをしている姿勢にそのことが表われています。皮膚は明るい色をしており、眼差《まなざ》しは輝いて生き生きとしています。あごをしっかりと噛《か》み締めており、首はまっすぐ、誇り高く伸ばしています。

もし、あなたが、こうした肉体的特徴をすべて備えているとしたら、あなたは〈不正による傷〉によって非常に苦しんでいるはずです。もしそのうちのいくつかしか備えていないとすれば、あなたの苦しみはそれほどではないでしょう。

幼い頃から、〈頑固な人〉は、条件つきで愛されてきました。つまり、自分の存在そのものを愛されたのではなくて、何かを達成することによって愛されてきたのです。そのために物事の達成能力を磨き、なんでも自分一人で素早くやり遂げるようになりました。どんなことをしてでも問題を解決しようとします。そして、たとえ山のように問題を抱えていても、まったく問題などないかのように振る舞います。そうすることで、苦しみを感じないようにするのです。

非常に楽観的であり、時にはあまりにも楽観的でありすぎることがあります。「大丈夫、うまくいきます」と言いさえすれば、問題が解決すると思い込んでいるのです。もっとも、そのためにあらゆることをするのも事実です。にっちもさっちも行かなくなるまで、人に助けてもらおうとしません。

思いがけないことが起こったり、失望したりしても、「大丈夫、うまくいきます」と言い続けます。そうやって、自分が感じていることを他の人たちに隠し、平然とした様子を装うのです。

〈頑固な人〉は、〈操作する人〉と同様、時には時間不足に見舞われますが、その理由は異なります。〈頑固な人〉が時間不足に見舞われるのは、すべてを完璧にやろうとするからです。それに対して、〈操作する人〉が時間不足に見舞われるのは、他の人たちの問題にかかわりすぎるからです。〈頑固な人〉はまた約束の期限に遅れることをとてもいやがりますが、実際には、しばしば遅れます。それは、〈頑固な人〉が準備に時間をかけすぎるからなのです。

〈頑固な人〉は、ある分野における権威者よりも自分の方が正しいと思うと、どこまでも自説を主張して自分の正しさを相手に認めさせようとします。しかし、〈頑固な人〉は、実際には権威を恐れています。というのも、幼い頃に権威的な親に育てられたからです。正しいのはいつも親だったのです。

自分が誠実に振る舞い、正しいことをしたと思っている時に、他の人たちがそれを疑い、いろいろと質問したりすれば、〈頑固な人〉は、それを厳しい取り調べだと思い込み、自分が極めて不当に扱われていると感じます。

〈頑固な人〉は、常に正しさを追い求めているために、自分が過剰に評価されることを嫌います。自分が何かを達成した場合には、ちょうどそれに見合った評価がなされることを求めるのです。したがって、自分があまり働かなかったにもかかわらず多くを受け取った場合には、自分はその評価に値しないと考えて、受け取ったものをすべてなくしてしまうような状況にあえて身を置くことさえあります。

極端に頑固な人たちの中には、自分が報酬を受け取らないようにあえて方策を立てる人さえいます。というのも、それだけ評価されるためには、自分が並外れた成果を挙げていなければならないと考えるからです。

〈頑固な人〉は、何かの説明をする際に話の内容を〈正しい〉ものにしようとしますが、その意図とはまったく逆になってしまうことが結構あります。というのも、〈頑固な人〉は事態を誇張しがちだからです。「常に」とか「決して」あるいは「非常に」という言葉をよく使うのが〈頑固な人〉の特徴です。

たとえば、ある頑固な女性が夫に向かって、「あなたは決して家にいたことがない。いつも出かけてばかりなんだから」と言います。そして、そんな言い方が〈不当〉であることにまったく気づいていません。そもそも、夫が〈決して家にいたことがない〉、〈いつも出かけてばかりいる〉などということがありえるでしょうか？

〈頑固な人〉にとっては、あらゆることが「非常に〜である」のです。でも、他の人がそんな言い回しを使うのは好みません。そんな誇張した言い方は、すべきでないと考えるのです。

他の四つのタイプに比べ、〈頑固な人〉は、厳格な宗教との親和性が高いように思われます。善と悪、正と邪が、〈頑固な人〉にとってはとても大切だからでしょう。まさにそれらが〈頑固な人〉の人生の中心をなしているのです。

それが話し方にも如実に表われます。自分の言うことを正当化するため、話を始める時に、「よろしいですか？」と言い、話を締めくくる時に、「お分かりですね？」と言うのです。そして、「まさしく」、「もちろん」、「必ず」というような言い回しを多用します。物事をはっきりさせるのが好きなのです。〈頑固な人〉は、自分が感動しても、それを他人に悟られまいとします。でも、声の調子がぎこちなくなるので、それが分かります。また、そういう時、笑ってごまかすこともあります。ですから、彼らは、ほんの些細なことであっても本当によく笑います。

〈頑固な人〉に、「ご機嫌いかがですか？」と聞くと、必ず「いやー、最高ですよ」と答えます。まだこちらの質問が終わらないうちにそう答えるのです。というのも、自分の気持ちを確かめないからです。そして、会話を続けていくうちに、あまりうまくいっていないことまで話すことがあります。「おや？　先ほど、最高だとおっしゃっていませんでしたか？」とでも言おうものなら、あわてて「いや、こんなこと、実際にはたいした問題ではないのですよ」などと答えます。

〈頑固な人〉は、間違うことをとても恐れます。私のワークショップに参加する人たちの中では、〈頑固な人〉だけが、「エクササイズのやり方はこれで正しいのでしょうか？」と聞いてきます。エクササイズを通して自分が何を感じたかを確かめ、自分についてさらに深く知る、ということをせずに、とにかく自分がエクササイズを正しくやったかどうかということだけを気にするのです。

ある時、〈頑固な人〉のカウンセリングをしていて、最近発見したその人の欠点について話をしていました。すると、私が、「さて、これから、そのことに関してどんなふうに取り組みましょうか？」と言う前に、私の話をさえぎって、別の話題を持ち出したのです。一刻も早く、自分が完璧だと思いたがるのです。自分が完璧ではないと思われる場合には、必死になってそれを人に気づかれないようにします。

そして、そういう態度こそが、自分にとってきわめて〈不当〉であるということに気づいていません。

というのも、自分に対してあまりにも多くを要求しすぎているからです。どんなことでもすぐ解決しようとします。状況を自分がどんなふうに感じているかを確かめる時間さえ自分に与えようとしません。自分が弱点を持った人間であるということを認めません。自分にはまだ解決すべき問題があるということを認めたくないのです。

〈頑固な人〉の仮面をつけた人は、自分が良くないと思っていることについて話す時、すぐに顔を赤らめるということにも私は気づきました。たとえば、自分を傷つけた人を許すことができないと語ったり、あるいは自分がある人を恨んでいると語ったりする時に、容易に顔を赤らめるのです。それを見ると、自分のことを恥ずかしいと思っていることが分かります。

でも、そういう理由で自分が顔を赤らめていることに気づきません。あるいは、顔を赤らめていること自体に気づかないのです。五つのタイプの中では、〈頑固な人〉と〈逃避する人〉がよく顔を赤らめます。〈頑固な人〉は、間違えることを恐れているために、しばしば「正しいか、間違っているか」の選択を迫られる状況に身を置くことになります。というのも、人間が恐れを持てば持つほど、その恐れに見合う状況を引き寄せるからです。

例をあげてみましょう。たとえば、あるものを買いたくて、しかもお金に余裕がない人は、やがてその決断を迫られる場面に遭遇するものです。買うことを自分に許してあげるべきかを決断しなければならなくなるのです。

あるいは、〈頑固な人〉は、ある選択をしたあとで、はたしてそれが正しかったかどうかの再考を迫られる状況に身を置きやすいと言えるでしょう。たとえば、ある頑固な男性が、バカンスに行くためにお金を使ったとします。そんな場合、あとになって、家の修理のためにそのお金を使うべきだったと思い知らされる場面に遭遇するのです。

〈頑固な人〉は、間違った選択をするのが怖いので、あることを決断したあとでも、はたして自分が正しかったのかどうかよく迷います。こうして、自分の選択が最高のものであるかどうかを常に問い続けることになるのです。

ある人数で何かを等分に分けなければならない場合——たとえば、お菓子やワインを分ける、レストランの支払いを割り勘にする、という場合——、そこに〈頑固な人〉がいれば、ほぼ必ず「自分がやる」と言うはずです。私は、みなさんとレストランで会食する時は、支払いがどういう形になるかということをいつも興味深く観察しています。〈頑固な人〉がいると、必ずと言っていいほど主導権を取ってこう言います。「みんなで平等に割りませんか？　そうすればすぐ計算できて簡単ですから」その言い方が断固としているので、誰も反対することができず、みな微笑んでその通りにするのです。〈頑固な人〉は素早く計算して、一人分の額をみんなに告げます。この時、他にも〈頑固な人〉がいると、その人たちは面白くありません。自分が食べた分よりも高いお金を払わなければならなくなった場合はなおさらです。自分よりも高い料理を頼んだ人もいるのに、一律に同じ金額を払うのはおかしい、と思うのです。そんな場合は、きっと、もう一度計算し直すことになるでしょう。

〈頑固な人〉は、ほとんどあらゆる面で、自分自身に過度な要求をします。自己コントロールの力が強く、自分に過度な仕事を押しつけるのです。

私たちは、第五章において、〈操作する人〉が自分の身のまわりに起こることをコントロールしようとすることについて語りました。それに対して、〈頑固な人〉は、完璧主義的な傾向が強いためにむしろ自分をコントロールしようとします。非常に高い能力を持った人間になり、他の人たちからも多くを要求されることを望みます。

私は頑固なタイプの女性たちが、「私が何でもできるスーパーウーマンだなんて思わないでね！」と言うのを何度も聞いていますが、そう思っているのは実のところ彼女たち自身なのです。まわりの人たちは、彼女自身の自己評価を映し出しているにすぎないのです。

私のワークショップに参加してくれたある〈頑固な人〉タイプの男性が話してくれたのですが、その人は幼い頃、お父さんからよく「お前には権利はない。あるのは義務だけだ！」と言われたそうです。この言葉が、心の奥深くに刻み込まれたために、その人は、人生でのんびりすることができなくなった、と言っていました。絶えず何かをやり続けなければならない、という強迫観念を持っている、というのです。そんなふうにして〈義務〉に追われ続けているのです。

常に何かをやらなければならないと思っているために、日常生活でゆったりすることができません。そんなことをしたら、強い罪悪感にさいなまれます。こういう人が休む時は、必ず〈正当〉な理由がなくてはなりません。

また、〈頑固な人〉は、他の人が働いている時に、自分は何もせずにいるということができません。そんなことは正しくないと感じてしまうのです。

ですから、休んでいる時でも、いつのまにか腕や足が緊張しています。意識して努力しないと、足の緊張を解くことさえできません。

私自身がまさにそういう人間だったのですが、そのことにようやく気づいたのはほんの数年前のことにすぎません。ある時、美容室の待合室で本を読んでいて、突然、自分の足が固くこわばっていることに気づいたのです。そこで、意識して、足、肩、腕の緊張を解かなければなりませんでした。それ以前には、からだが緊張していることにさえ気づいていなかったのです。

〈頑固な人〉は、自分の限界を認めることがなかなかできません。また、自分の限界を尊重することもできません。自分のやっていることが本当に必要なことなのかどうかを考えないために、しばしばやりすぎることがあり、気がついたときは燃え尽きる寸前ということもよくあります。しかも、他の人に助けを求めることができません。自分を完璧だと思いたいために、何でも一人きりでやろうとするからです。ですから、〈頑固な人〉は、最もバーンアウト（燃え尽き）しやすいのです。

以上のことから、〈頑固な人〉は、自分自身に対して最も不当な仕打ちをする、ということが分かると思います。すぐに自分を裁くのです。たとえば、自分の愛する人たちが必要なものを買うことができない時に、自分がそれほど必要ではないものを買った場合、一生懸命理屈を考えて自分はそれに値する人間だと自己正当化できないと、自分は不当な人間だと考えて、自分を激しく非難します。

実は、私自身も〈不正による傷〉を持っており、それをしっかりと癒やさなければなりませんでした。自分にとって本当に必要だと思われないものを買うと、すぐにそれを失くすか、あるいは壊すかしてしまうのです。それで、ようやく自分が罪悪感を持っているということに気づきました。表面意識では、自分はもう自分を受け入れており、罪悪感は持っていないと思っていたのです。

頭でいくら理屈をこねたところで、自分がそれに値するからそれを自分に買ってあげるのだ、と納得することはできません。ハートで感じない限り、自分がそれに値するとは納得できないのです。ハートの深いところで感じてこそ、初めて自分に対してそれを買うことを許してあげられるわけです。

私が自分にしてあげた最も素敵な贈り物は、特に必要とはしていない美しいものを自分に買ってあげる、ということでした。それでも、まだそれが本当に自分にとって必要かどうかを考えることがあります。でも、そんな時は、それが自分にとって必要であり、かつ自分がそれに値するから買ってあげるのではない、それがあれば心地よいと感じられるから買ってあげるのだ、と思うことにしています。

私がこれまでに確かめたところでは、〈頑固な人〉たちは、私のワークショップに参加する際に、「これは仕事であって、遊びではない」ということをまわりの人たちにアピールしたがるみたいです。遠くからやって来て、ホテルに泊まる必要のある人たちは、なるべく宿泊費を安くあげようとします。ある人たちは、自分がホテルに泊まるということを身近な人たちに隠そうとさえします。「そこまでするの？」と言われるのが怖いのです。そして、そんなふうに、自分がすることを隠す時、〈頑固な人〉たちは、恥の感覚だけではなく、罪悪感さえ持つのです。

〈頑固な人〉は、自分がしたこと、あるいは自分がこれからすることを、まわりの人たちにできるだけ知らせようとします。〈操作する人〉も同じことをしますが、それは同じ理由からではありません。〈頑固な人〉が、自分は充分それに値する人間であるということを証明したがるのに対して、〈操作する人〉は、自分が責任感のある人間であることを証明しようとします。

〈操作する人〉は、ぜいたくなものを買ったり、休暇を取ったりする時に、罪悪感を持つことはありません。むしろ、自分がそうするのは当然だと思っているのです。

さて、〈頑固な人〉にとっては、「自分はそれに値する人間なのだ」という考え方がとても大切です。ですから、「それはラッキーでしたね」と言われるのを嫌います。「ラッキー」だからそうなったのではなく、自分がちゃんと努力したからそうなった、と考えたいのです。自分に起こることは、自分が招き寄せたと考えたいのです。

したがって、誰かから、「いやー、ラッキーでしたね」と言われると、「いいえ、ラッキーだったのではなくて、私が努力したからそれが起こったのですよ」と言うでしょう。自分が単にラッキーなのであって、自分が努力したからそうなったのではないとしたら、とても居心地悪く感じ、誰かに借りでもあるような気分になることでしょう。そのため、その結果を素直に引き受けることができません。

〈頑固な人〉の性格というのは、〈不正による傷〉を持っていない人たちには受け入れがたいと感じられるものですが、それは、〈頑固な人〉が、他者に受け入れられなかった時よりも、受け入れられた時の方が居心地悪いと感じるタイプの人間だからです。そんな時、〈頑固な人〉は、自分が得たものを無意識のうちに失くしてしまおうとすることさえあります。あるいは、自分が得たものに不満を言って、自分はそれほど大したものを得たわけではない、ということをアピールしようとします。中には、見返りに何かを与えなくてはならない、と思い込む人たちもいます。

実は、私自身、〈頑固な人〉タイプなので、そのことが本当によく分かるのです。私は、小さい頃から、おかげさまで数多くの才能に恵まれており、いろいろな領域で楽々とたくさんの成果をあげてきました。先生方の〈お気に入り〉でもありました。

ですから、幼い頃からすでに、そういった立場を正当化するために、他の人たちをできるだけ助けようとしてきました。なぜなら、他の人たちよりも多く与えられることを〈不当〉だと感じていたからです。そもそも、〈頑固な人〉が他の人たちを助けようとするのは、そういう理由からであることがとても多いのです。

ですから、〈頑固な人〉が、贈り物を受け取ることに困難を感じるのは、別に驚くべきことでも何でもありません。彼らは、贈り物をもらうと、借りがあるような感じがしてしまうのです。もらったものと同じくらい価値のあるものを返さなくてはならない、と感じてしまうので、それならむしろもらわない方がよかったとさえ思うのです。ですから、贈り物を受け取るのを拒否することすらあります。

たとえば、誰かと食事をしておごられると、次には自分がおごり返さなくてはならなくなるので、それを覚えているのがわずらわしいために、おごられるのを避けようとします。おごってもらう場合には、次は必ず自分がおごろうと決意するものです。

〈不正による傷〉を負っている人は、当然のことながら、自分にとって不当と思われる状況を頻繁に引き寄せます。しかし、その同じ状況であっても、〈不正による傷〉を持たない人にとっては不当なものと感じられないことがあるのです。

例をあげてみましょう。私は、最近、長女であるためにすごく苦しんできた、という女性と話をしました。彼女は、自分が長女であるために、母親を助けて妹や弟たちの面倒を見なければならず、しかも彼らのお手本にならなければいけなかったので、そのことを非常に不当だと感じてきた、というのです。

一方、別の女性は、自分が次女であったためにいつもお下がりばかりで新しい洋服を着ることができなかった、そのことをとても不当なことだと感じている、というふうに話してくれました。

また、多くの女性や男性から、年老いて病気になった親の面倒を見なければならないのを非常に不当だと感じる、ということを聞かされてきました。彼らにとってなによりも我慢できないのは、他の兄弟姉妹たちが、親の面倒を見ないでいられるための口実を山のように持っている、ということでした。

しかし、これは決して偶然ではありません。そうした状況があるから彼らが苦しむ、というわけではないのです。むしろその逆なのです。彼らが持っている〈不正による傷〉がそ、う、し、た、状況を招き寄せて、い、る、のです。傷が癒えさえすれば、そうした状況がやってくることはなくなります。

私は少し前のところで、〈頑固な人〉は自分をコントロールし、自分に制限を課すことが多い、と言いました。そのために、〈頑固な人〉の中にはダイエットをする人が多いのです。〈不正による傷〉を持っていない人、つまり頑固でない人は、ダイエットをすることがありません。というのも、そういう人は、〈頑固な人〉のように自分をコントロールする必要を感じないからです。

〈頑固な人〉は、どうして〈マゾヒスト〉がダイエットをしないのかが理解できません。そして、そのことが受け入れられないのです。本当に望めば、誰だって自分をコントロールすることができるはずだと思い込んでいるからです。〈頑固な人〉が自分に制約を課すのは、自分の理想像をなんとかして実現するためなのです。

頑固でない人は、自分に〈意志〉が欠けていることで自分を責めるかもしれません。しかし、〈意志を持つ〉ことと〈自分をコントロールする〉ことは、はっきり区別しなくてはなりません。

〈自分をコントロールする〉人は、特に必要がないにもかかわらず自分をコントロールしようとするものですが、それは、心の奥に〈恐れ〉が潜んでいるからです。

それに対して、〈意志を持つ〉人は、自分が何を望んでいるかを知っており、それを得るために意志の力を発揮します。自分の欲求と限界を尊重しながら、目標を失わず、必要な努力をして自分の能力を高めながら、やがてついにはその目標を達成します。

途中で予期せぬことが起こると、柔軟に対処して、必要であれば計画を変更しつつ、最終目標を達成しようとします。

それに対して〈頑固な人〉は、自分がやろうとしていることが本当に自分にとって必要なのかどうかを確かめようとさえしません。心の内を見つめて、次のように自問しようとしないのです。「私は本当にそうしたいと望んでいるのだろうか？　また、このやり方で本当にそうすることができるのだろうか？」

〈頑固な人〉も時には〈操作する人〉と同じように振る舞うことがあります。でも、〈頑固な人〉が他者の問題に介入するのは、その人をコントロールするためでも、その人の関心を引くためでも、その人に自分の強さを見せつけるためでもありません。〈頑固な人〉が他人の問題に介入するのは、その人の発言が不当だと思われる場合、あるいはその人が言ったことが正しくないと思われる場合に限られるのです。

〈頑固な人〉が、他人の発言を正すのに対して、〈操作する人〉は他人の発言に自分の考えをつけ足します。

〈頑固な人〉は、相手が、その能力と才能を発揮することでさらによい成果をあげることができるだろうと考えた時に、相手に対して忠告をします。

〈操作する人〉は、相手が、自分の思い通りに仕事をしなかった時に、相手をいさめようとします。

〈頑固な人〉と〈操作する人〉のコントロールの仕方の違いをもう一つあげておきましょう。〈頑固な人〉は、自分がコントロールできなくなることを恐れているために、相手をコントロールしようとします。というのも、コントロールする力を失うと、自分が相手を不当に扱うことになると思い込んでいるからです。

一方、〈操作する人〉は、あくまでも相手や状況をコントロールして自分をより強く見せるために、自分をコントロールしようとするのです。

〈頑固な人〉は、すべてがきちんと整理されていることを望みます。何かを探し回ることになるのがいやなのです。中には、すべてを完璧に整理せずにはいられない、という人もいます。

〈頑固な人〉はまた、〈頑固である〉ことと〈自己を律する〉ことを区別できません。

私の考え方によれば、〈頑固な人〉とは、目標を達成するための手段に固執するあまり、目標それ自体を忘れてしまうような人のことです。

それに対して、〈自己を律する人〉とは、あくまでも目標を達成するために手段を使う人であって、最後までその目標を見失うことがありません。

ここで身近な例をあげてみましょう。今ここに、健康のため、体のラインを保つために、毎日一時間散歩をすることにした人がいるとしましょう。ですから、手段は歩くことです。

この場合、〈頑固な人〉は、良い天気であろうが雨が降ろうが、また、自分が散歩したいと思おうが思うまいが、とにかく毎日散歩しようとするでしょう。ところが、たまたまある日、散歩に行かないことがあります。そうすると、〈頑固な人〉は厳しく自分を責めるのです。

それに対して、〈自己を律する人〉は、なぜ自分が毎日歩くのかを決して忘れません。天気その他の理由から、今日は散歩に行かないほうがいいと考えて、散歩をやめることもあります。自分に無理をさせることは良くないことだと知っているからです。散歩を休んだからといって罪悪感にとらわれることもなく、翌日になれば、また心安らかに散歩に行きます。〈自己を律する人〉は、一日休んだからといって、また、計画に変更を加えたからといって、その計画自体を放棄してしまうようなことはありません。

〈頑固な人〉は、しばしばストレスに襲われます。というのも、あらゆることを完璧にこなそうとするからです。

〈操作する人〉もまた同様にしばしばストレスに襲われます。でも、それは違った理由からです。〈操作する人〉は、必ず成功しようとするからストレスに襲われるのです。他人を失望させるのがいやなために、また自分の評判を落とすのがいやなために、何が何でも成功しようとするのです。

〈頑固な人〉の仮面をつけた人は、自分の体調不良を感じ取ることがありません。仮にどこか悪い部分があったとしても、それがのっぴきならない状況になるまで、それを感じ取ろうとしません。〈からだの声〉を聞こうとしないのです。排泄の欲求さえなかなか感じ取ろうとしません。からだがもうこれ以上我慢できなくなって初めてそれを感じ取るのです。からだをどこかにぶつけて、青あざができたとしても、その痛みを感じないことさえあります。仮にほんの少しでも痛みを感じたとすれば、ただちに自己コントロールのスイッチが入って、痛みを感じないようにしてしまいます。

スパイ映画などで拷問を受けることになる俳優は、〈頑固な人〉タイプのからだを持っていることに気づいたことはありますか？　また、警察官は〈頑固な人〉タイプのからだを持っているので、すぐにそれと見抜くことができます。こうした人たちは、もちろん、他の傷も持っていますが、そうした仕事を選ぶのは彼らが何よりも〈不正による傷〉を持った〈頑固な人〉であるからなのです。彼らは、この地上に〈正義〉をもたらさなければならないと思い込んでいます。警察官やスパイは、時々、自分の力を見せつけることに喜びを感じるものですが、そんな時にこそ、彼らがそうした職業を選んだ理由が分かるのです。そう、彼らは〈頑固な人〉の仮面をつけているからこそ、そのような職業を選んだのです。

私は、今まで、しばしば、〈頑固な人〉が、「自分は医者にかかったことがないし、薬を飲んだこともない」と誇らしげに言うのを目撃してきました。中には、かかりつけの医者を持っていない人もいますが、そんな人は、緊急の事態が生じた時にいったいどうするのでしょうか？

彼らがようやく医者にかかることにした時は、長いあいだ苦しんで、もはやどうしようもなくなった時なのです。

どんなにすごい人であっても、自分の人生を完全にコントロールすることはできない、ということを知るのはとても大切なことです。私たちは、全員が、肉体のレベル、感情のレベル、精神のレベルで限界を持っているものです。ですから、〈頑固な人〉について誰かが次のように言うのを聞くことは不思議でも何でもありません。「今まで病気ひとつしたことのないあの人が、こんなことになるなんて、とても信じられません。なにしろ、次から次へと悪いところが出てくるのですから」これは、その〈頑固な人〉がついに自己コントロールを失った結果なのです。

〈頑固な人〉が最もしばしば経験する感情は〈怒り〉です。〈頑固な人〉は、怒りを感じると、まず他者を攻撃します。しかし、実際には、自分が正しい見方をしなかった、あるいは適切な反応をしなかった、ということで自分自身に対して怒りを感じているのです。

〈頑固な人〉は、人の愛を素直に受け取ることができません。また、愛の思いを素直に表現することもできません。愛する人に愛を伝えようとした時は、もう遅すぎる場合が多いのです。今度会った時には必ず伝えようと決心するのですが、いざその機会が来ると、その決心を忘れてしまいます。ですから、人から、愛情のない、冷たい人間だと思われることが多いのです。

〈頑固な人〉はとても繊細です。ゆえに、他の人がその心に触れようとすると、それを注意深く回避しようとします。心に触れられるのを恐れるあまり、場合によっては皮膚のトラブルを起こすことさえあります。事実、皮膚は、コンタクトのための器官なので、触るために、あるいは触られるために使われるのです。ですから、皮膚に問題があれば、それは結果として他者を遠ざけることになります。皮膚に問題を抱えている人は、他者が自分をどんなふうに見ているか、どんなふうに考えているかということをものすごく気にしているものです。他者の視線の前で、自分のことを恥ずかしく思うのです。

そんなふうに、〈頑固な人〉は他者から触られることを恐れているために、からだがどうしても閉じてしまうことになります。腕――特に、肩から肘《ひじ》の部分――が、からだにぴったりと押しつけられ、手のひらは握り締められています。また、両足もぴったりとくっつけられています。これらは、すべて、からだを閉ざしていることの現われです。

〈頑固な人〉が自分を不当に扱うもう一つのやり方は、自分を他者と比較する、ということです。特に、自分よりも優れている人と自分をすぐ比較します。そんなふうにして自分の価値をおとしめるのは、自分を拒絶し、自分を不当に扱うことであるのです。

〈頑固な人〉は、幼い時に、よく、兄弟、姉妹、友だちなどと比較されました。そして、そんなふうにして自分を他の人たちと比較する親を激しく責めたものでした。しかし、親がそんなふうに比較したのは、そもそも〈頑固な人〉自身が、自分と他人を比較している、ということに気づかせるためだったのです。

あなたが〈不正による傷〉を持っており、〈頑固な人〉の仮面をつけているとしたら、まずあなたがすべきことは、自分が一日のあいだ、どれほど頻繁に、自分と他人に対して不当に振る舞っているかということに気づくことです。それは、あなたにとってはいちばん難しいことかもしれません。でも、それをしなかったら、あなたが癒やされることはありません。〈不正による傷〉を癒やす方法については、次の第七章で詳しく語ることにしましょう。

私の二人の息子のうちの一人が一七歳になった時、ある出来事が持ち上がりました。そのことがきっかけとなって、私は自分に〈不正による傷〉があることに気づいたのです。そして、それを今回の転生の重要な課題として受け止めることになりました。

ある日、息子と二人きりの時、私は、息子にこう尋ねました。「ねえ、今まで、お母さんがあなたを一番苦しめたのはどんな点だったの?」すると彼はこう答えました。「僕を不当に扱ったということだよ」私は、一瞬、わけが分からずに、口をぽかんと開けてしまいました。驚きのあまり、口をきくことができませんでした。私は、あらゆる場面で、子どもにとって〈正当な母親〉であろうとしてきたからです。

しかし、今では、子どもたちの身になってみれば、私の振る舞いや態度が、ある場合には極めて不当だったということが理解できます。ただし、息子のからだの特徴を見れば、私に不当に扱われて受けた傷によって、むしろ〈裏切りによる傷〉が呼び覚まされたことを示しています。

確かに、彼は、私からの不当な仕打ちにさらされた際に、私から裏切られたと感じ、それに対して無関心だった父親を不当であると見なしてきたのです。ですから、彼のからだを見ると、〈不正による傷〉と〈裏切りによる傷〉の両方を持っている人の特徴を示しています。これは、彼が、私だけでなく、夫とのあいだにも解決すべき問題を抱えている、ということを示しているのです。つまり、異性の親である私とのあいだでは〈裏切りによる傷〉を、同性の親である夫とのあいだでは〈不正による傷〉を解決しなければならなかったのです。

〈頑固な人〉にとって最も恐ろしいのは〈冷たさ〉です。〈頑固な人〉は、他人の冷たさも自分の冷たさも受け入れることができません。そして、自分が〈温かい〉人間であることを示すために、あらゆる努力を払うのです。もともと自分を温かい人間であると思っており、他の人たちが自分を、冷たい、鈍感な人間だと見なしうるなどとは夢にも考えていません。自分が傷つきやすいということを相手に悟られるのがいやなので、あえて自分の感じやすさを見せないようにしている、ということが自覚できていないのです。そして、その結果としての自分の〈冷たさ〉を受け入れていません。というのも、それを受け入れれば、自分が心のない人間、つまり不当な人間である、ということになってしまうからです。〈頑固な人〉にとっては、人から良い人間だと思われることが何よりも大事なのです。

〈頑固な人〉は、まず、自分を完全な人間であると思いたがります。次に、自分を温かい人間であると思いたがります。そして、他人の冷たい態度を受け入れることができません。他の人から冷たくされると、すぐに胸が痛くなり、自分は何か正しくないことを言ったりしたりしたのだろうか、と自問するのです。

〈頑固な人〉は、崇高なことに惹かれます。名誉と尊敬が何よりも大事なのです。そして、地位の高い人から簡単に影響を受けてしまいます。何かをやりとげることによって自分の地位が上がるのであれば、そのための努力を惜しみません。そのためならどんな努力も犠牲も厭わないでしょう。もっとも、〈頑固な人〉は、それを犠牲とはぜんぜん思わないわけですが。

セックス・ライフにおいて、〈頑固な人〉は快楽に身を任せることができません。自分が感じている〈優しさ〉をうまく表現できないのです。とはいえ、〈頑固な人〉は、最もセクシーなからだつきをしています。〈頑固な人〉は、からだにぴったりとした、セクシーな服を身につけます。非常に魅力的な肉体を持っているのです。特に〈頑固な人〉タイプの女性は、〈挑発的〉であると言われます。男性たちを惹きつけておきながら、後で冷たく突き放すからです。

〈頑固な人〉タイプの女性は、思春期の頃には、純粋さと完璧さを保つために、自分を厳しくコントロールします。自分をエリートと見なしたいのです。非現実的とさえ思われるような、理想的な性的関係を望むものです。そして、相手にいったん身を任せると、必ず失望します。というのも、理想が高すぎるからです。

〈頑固な人〉はなかなか結婚しませんが、それはパートナー選びに失敗するのではないかと恐れているからです。この恐れは、〈操作する人〉が持つ恐れとは異なっています。〈操作する人〉が持つ恐れは、別離への恐れだからです。

〈頑固な人〉は、心の中に性的なタブーをいくつも抱え込んでいるものです。というのも、セックス・ライフにまで善・悪の二元論を持ち込んでいるからです。

特に、〈頑固な人〉タイプの女性は、性的なタブーがあるために快感を得ることができないにもかかわらず〝感じているふり〟をするのがうまいようです。〈不正による傷〉が深ければ深いほど、ますます〈頑固〉になり、したがってますますオーガズムに達することが困難となります。一方、〈頑固な人〉タイプの男性は、勃起不全または早漏に悩むことが多いようです。これは、自分に喜びを与えることを禁じているからです。

私の観察によれば、売春をする女性たちは、しばしば〈頑固な人〉のからだの特徴を持っています。〈頑固な人〉はお金のためだけに性関係を持つことができるのです。というのも、自分の気持ちから自分を切り離すことが、他のタイプの人たちよりも得意だからです。

ここまで述べてきたことから簡単に推測できるように、〈不正による傷〉を持っている人たちは、コミュニケーションの仕方に問題があります。〈頑固な人〉は、以下にあげるような恐れを持っているために、自分の考えや要求をはっきりと表現することができないのです。その恐れとは、間違うことへの恐れ、明快でないことへの恐れ、批判されることへの恐れ、きっかけを間違うことへの恐れ、言いすぎることへの恐れ、コントロールを失うことへの恐れ、取り乱すことへの恐れ、要求がましい人間だと思われることへの恐れ、嫉妬されることへの恐れ、自分勝手な人間だと思われることへの恐れなどです。もしあなたにこういう恐れがあるとすれば、あなたは自分を見失っているということになります。〈不正による傷〉に支配されているのです。

食べ物に関しては、〈頑固な人〉は甘い食べ物よりも塩辛い食べ物の方を好みます。また、食べる時にカリカリ音のするものが好きです。私は、氷をガリガリ噛むのが好きな〈頑固な人〉を何人も知っています。

〈頑固な人〉は一般にバランスのとれた食事を心がけます。五つのタイプのうちでは、〈頑固な人〉が最もベジタリアンになりやすいようです。これは、必ずしもからだの要求を聞いてそうする、というわけではありません。〈頑固な人〉は、自分が正しいと思いたいためにいろいろなことをするのです。〈頑固な人〉がベジタリアンになるのは、動物を殺さないことを正しいと思うからなのです。実際には、からだがもっとたくさんのたんぱく質を必要としている場合だってあるかもしれません。

一方、肉が好きではないので、ベジタリアンになる人もいます。この場合、そのことで動物を殺さなくてすむのをうれしく感じます。そういう場合には、からだは無理をしていないといえるでしょう。

食事の内容をあまりにも制限しすぎた結果、かえってデザートを食べすぎたり、アルコールを飲みすぎたり、ということが起こります。他人の目の前でそうする羽目になった場合、必ず、「今日は特別であって、普段はこんなことは絶対にしないのですよ」などと言い訳します。

誕生日だったり、あるいは特別な人に会ったりという場合には、特に、〈頑固な人〉は食事に関するコントロールを失いがちです。そんな時は、普段、太らないために控えている食べ物に対する歯止めが利かなくなります。そんな時は必ずこんなふうに言い訳するでしょう。「こういうものは、普段、絶対に食べないのですよ。でも今日は、お付き合いで食べているわけです」しばらく前に、同じことを言ったのを完全に忘れているのです。そして、自分がそんなものを食べたことで罪悪感を持ち、自分を責め、明日からはまた厳しい食事制限をするのです。

〈不正による傷〉を持つ人がかかりやすい病気を以下にあげておきましょう。

• からだのあちこち——たとえば、肩や背中、腰、膝、足首、肘、手首など——が硬くなり、**緊張**や**硬直症**が引き起こされます。〈頑固な人〉は関節をポキポキ鳴らすのが好きですが、そんなふうにして緊張を解消しようとしているのです。からだが〈鎧〉で覆われていると感じていますが、その鎧の下になにを隠しているかまでは意識していません。

- 〈頑固な人〉は、しばしば**バーンアウト（燃え尽き症候群）**になります。
- **腱炎**、**骨液嚢炎**、**関節炎**といったような、語尾に〈炎〉のつく病気になることが多いようです。これは、〈頑固な人〉が心の中に怒りを抱え込んでいることを示しています。
- 自分が不当と考える状況のあらゆる面を見ることができない、ということが原因となって、しばしば**斜頸**に見舞われます。
- 〈頑固な人〉は、執着を手放すことができず、ものを溜め込みますので、それが**便秘**や**痔疾**として現われます。
- 恐れから何かにしがみついたり、自分を抑制したりすると、それが**痙攣**《けいれん》となって現われることがあります。
- 〈頑固な人〉は自分を喜ばすことができませんので、そのことが**循環器系**のトラブルや**静脈瘤**となって現われます。
- さらに、**乾燥肌**の問題にも見舞われるでしょう。
- 間違いを犯すのではないか、面目を失うのではないか、自分自身の要求水準に達しないのではないか、などという恐れを持つと、それが顔面への**吹き出もの**となって現われることがあります。
- 〈頑固な人〉は、しばしば**乾癬**《かんせん》に見舞われることがあります。自分は幸福になってもいいのだと思えないために、幸福になりかかると、そんなトラブルを引き起こしてしまうのです。ですから、バカンスの直前とか、ものごとがうまくいき始めた時とかに、乾癬にかかることが多いのです。
・〈頑固な人〉はしょっちゅう怒りを押さえ込むために、**肝臓**のトラブルに見舞われやすいと言えます。
・**ノイローゼ**も頻繁に見られます。ただし、外から見てもノイローゼだと分からないようにコントロールすることが多いでしょう。
・〈頑固な人〉は、すべてを完璧にやり終えなければ気がすまないので、**不眠症**になることも多いようです。あれもこれもやらなければ、と強く思うと目がさえてしまい、眠れなくなるのです。
・自分が良くない決断をした時、あるいは自分が状況を間違って把握した時に、そうした事実を「見る」ことができないようにするために、しばしば**視覚器官**のトラブルに見舞われます。不完全なものを見ようとしないのです。そうすれば苦しまなくてすむ、と思うからです。

〈頑固な人〉がかかる病気は、一般的に、そのほとんどが、医者に診てもらわなくてはならないほど重篤なものではありません。放っておけば治ってしまうか、自分で治すことができるものです。そもそも、〈頑固な人〉は、自分が病気であることをあまり人に話そうとしません。自分が他人の援助を必要としていると打ち明けることができないのです。

以上の病気や不調は、もちろん、他のタイプの人たちにも見られます。ただ、〈不正による傷〉を持っている人たちに、より多く見られる、ということが言えるでしょう。

私は第五章において、〈操作する人〉の仮面をつけている人は、〈裏切りによる傷〉だけではなく、〈見捨てによる傷〉も隠し持っていると指摘しました。〈頑固な人〉の仮面をつけている人も同様で、〈不正による傷〉だけではなく、〈拒絶による傷〉も、しばしば隠し持っています。

第二章を読み返してみれば、〈拒絶による傷〉が生まれてからの数カ月のあいだに作られる、ということが分かるでしょう。それに対して、〈不正による傷〉は三歳から五歳のあいだに作られます。

なんらかの理由で拒絶されたと感じた子どもは、完璧な子どもになることによってふたたび拒絶されないようにしよう、と決意します。しかし、何年ものあいだ完璧になろうと努力したとしても、自分が愛されていると感じることはできません。そこで、そうした事態を不当なことだと見なすのです。そして、さらに自己コントロールを行ない、さらに完璧になって親から拒絶されないようにするのです。

こうして〈頑固な人〉の仮面を作り上げることになります。そして、拒絶されていることを感じないようにするため、自分の気持ちから自分を切り離してしまうのです。〈拒絶による傷〉の特徴よりも、〈不正による傷〉の特徴の方がいちじるしい場合、その人は、拒絶よりも不正を多く経験したということになります。その逆の場合もありえるでしょう。

拒絶に苦しんでいる人が、不正には苦しんでいない、ということはありえます。しかし、不正に苦しんでいる人は、必ず拒絶にも苦しんでいます。そのことを知れば、〈頑固な人〉たちが——男性も女性も——、年を取るに従って貧弱なからだとなり、〈逃避する人〉の特徴を備えるようになることも、うなずけるでしょう。現代医学では、それを〈骨粗鬆症《こつそしょうしょう》〉と呼んだりもします。

もしあなたに〈不正による傷〉があるとすれば、あなたと同性の親も、自分自身の同性の親とのあいだで同じ傷を作っているはずです。次の章では、親との関係をどうすればその傷を癒やすことができるか、ということについて詳しく触れるつもりでいます。

〈心の傷〉が治らない最も大きな原因は、他人に対して負わせた傷、あるいは自分に対して負わせた傷に関して、あなたが自分自身を許さなかったということなのです。自分を許すのはとても難しいことだと言えるでしょう。なぜなら、私たちは、そもそも自分が自分を責めていること自体になかなか気づけないからです。

〈不正による傷〉が深いということは、あなたが他人と自分に対して不当に振る舞い続けているということを物語っています。あなたは自分自身に対して要求が多すぎます。自分の限界を尊重していないのです。もっと自分に喜びを与えてあげなければなりません。

私たちは、自分から相手にひどい仕打ちをしておきながら、相手が悪いと言って非難するものです。そして、その事実に気づこうとしません。だからこそ、私たちは、自分が他者や自分自身にしたことを私たちにして見せてくれる人々を自分のまわりに引きつけるのです。そのことによって、自分が何をしているかに気づくためです。

自分が自分や他人に対して不当に振る舞っているかどうかを知りたければ、自分に〈恥〉の感覚があるかどうかを確かめてみればいいのです。私たちは、自分のある振る舞いを隠そうとする時に、あるいは糊塗しようとするときに、恥の感覚を持つものです。他者がやったとしたら非難するようなことを、もし自分がやったとしたら、私たちは当然自分を非難することになるはずです。そして、自分も彼らと同じようなことをしているのを知られたくない、と思うのは当然のことでしょう。

この章で描かれた性格と行動は、ある人が、そうすれば不当な扱いに苦しまないですむだろうと考えて、〈頑固な人〉の仮面をつけた時にだけ現われるものです。傷の大きさと痛みの深さに応じて、この仮面は、たまにつけられることもあれば、しょっちゅうつけられることもあります。

〈頑固な人〉の振る舞いは、〈不正による傷〉をもう二度と経験したくない、という思いによって特徴づけられます。

それぞれの傷には、それにふさわしい心の態度と振る舞いが存在します。それぞれの傷に対応した感じ方、考え方、話し方、行動の仕方は、自分が経験したことへの反応として形づくられたのです。〈反応〉する人は、自分の中心から逸れてしまい、ハートで感じられなくなるために、居心地が悪くなり、幸福に生きることができません。だからこそ、あなたは、自分が〈反応〉している時は、そのことに気づかなくてはなりません。そうすることによって、あなたは恐れに支配されることをやめ、自分の人生の主人公となれるからです。

私がこの章を書いたのは、〈不正による傷〉を持っている人たちに、その事実を自覚してもらいたかったからです。もしあなたが、〈頑固な人〉の仮面をつけているのでしたら、ぜひとも第七章を読んでください。そこには、そうした傷を癒やし、本当の自分を取り戻すための、あらゆる方法が紹介されています。

自分にはそんな傷なんかない、と感じた人は、それが本当のことだと思い込む前に、どうかあなたをよく知っているまわりの人たちに聞いて、あなたが〈頑固な人〉に特有の振る舞いをしていないかどうかを確かめてみてください。あなたがほんの小さな傷を一つだけ持っている、ということだってありえるのです。そういう場合には、あなたは〈頑固な人〉の特徴をわずかに備えているだけかもしれません。

あるいは、あなたは〈頑固な人〉の特徴をかなりたくさん備えているかもしれません。でも、私がこの章で述べた特徴をすべて備えているということはないでしょう。というのも、一人の人間が、〈頑固な人〉の特徴をすべて備えている、ということはそもそもありえないことだからです。

いずれにしても、〈頑固な人〉の肉体的な特徴のところを、もう一度注意深く読み直してみることをお勧めします。というのも、肉体は決して嘘をつくことがないからです。肉体的な特徴を正確に観察すれば、あなたは自分がどんな人間であるかをはっきりと知ることができます。

仮に、あなたの身近な人が〈不正による傷〉を持っていることに気づいたとしても、決してその人を変えようとはしないでください。むしろ、この本で学んだことをもとにして、その人に対する思いやりを育むようにしましょう。その人の〈反応〉に対して、思いやりの気持ちをもって接するようにするのです。

そして、もし、その人が、この本の内容に興味を持ったのなら、あなたがそれをあなたの言葉で説明するよりも、その人に直接この本を読んでいただいた方がよいかもしれません。

〈不正による傷〉の特徴

いつ形成されるか：四歳から六歳のあいだに、同性の親との関係で作られる。無理やり、有能で完全な人間になろうとする。そのために、自分の個性がブロックされてしまう。

仮面：〈頑固な人〉の仮面

からだの特徴：まっすぐで、こわばっている。できるだけ完璧であろうとする。バランスがよい。丸いお尻。からだを洋服やベルトで締めつけている。動きがこわばって、ぎこちない。皮膚は明るい色をしており、あごを噛み締めている。首はこわばっており、まっすぐで、誇り高い様子。

目の特徴：生き生きと輝いており、明るく澄んでいる。

よく使う言葉：「大丈夫」「常に」「決して」「非常に良い」「特別だ」「まさに」「その通り」「きっと」「よろしいですね？」

性格の特徴：完璧主義者。人をうらやむ。自分の気持ちから切り離されている。腕をしょっちゅう組む。有能で完璧であろうとする。しばしば楽観的すぎる。精力的で、ダイナミックな動きを見せる。自己正当化をすることが多い。他人に助けを求めることができない。自分の感じやすさを隠すために、すぐ笑ってごまかそうとする。声の調子が乾いて、硬直している。自分が問題を抱えていることを認めない。自分の選択に確信が持てない。
自分と他人をすぐに比較する。受け取ることが不得意。他人よりも少なく受け取ることを不当と見なすが、他人よりも多く受け取ることをもっと不当と見なす。自分を喜ばせることに罪悪感を感じる。自分の限界を尊重せず、自分に多くを要求しすぎる。自分をコントロールする。秩序が大好き。ほとんど病気にならない。自分のからだに対して厳しい。怒りやすい。冷たく、愛情を表現することが不得手。セクシーに装うのが好き。

最も恐れていること：冷たさ

食べものとの関係：甘いものよりも塩辛いものを好む。カリカリと音のするものが好き。太らないように食欲をコントロールする。食欲に対するコントロールを失うと、恥ずかしく感じ、自己正当化を行なう。

かかりやすい病気：女性の場合、冷感症（不感症）。男性の場合、勃起不全または早漏。からだの緊張や硬直症。バーンアウト（燃え尽き症候群）。腱炎、骨液嚢炎、関節炎などの〈炎〉で終わる病気にかかりやすい。斜頸。便秘、痔疾、痙攣。循環器系のトラブル、静脈瘤。皮膚のトラブル。肝臓のトラブル。ノイローゼ。不眠症。視力障害。

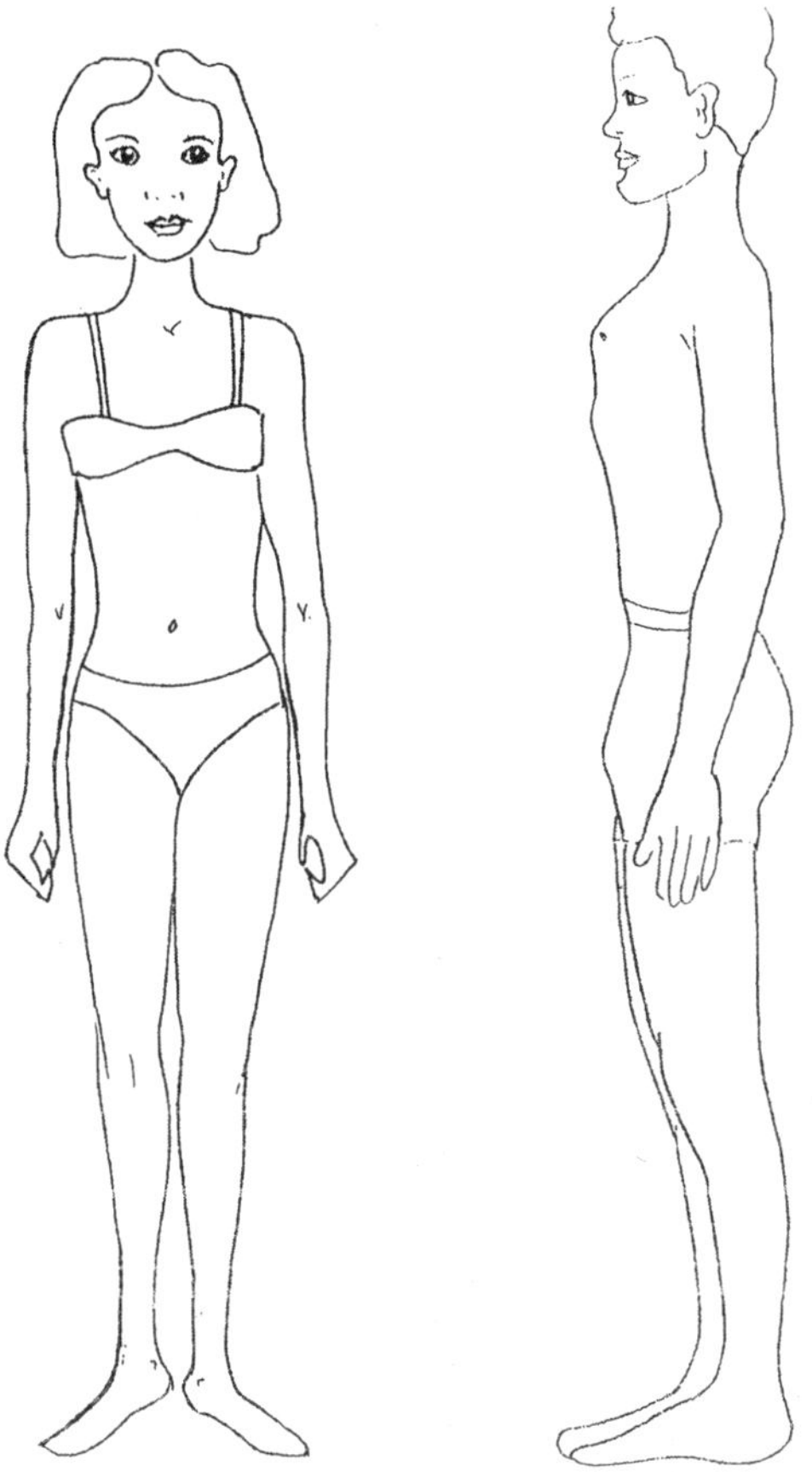

〈不正による傷〉を持っている人のからだ
（〈頑固な人〉の仮面）

Chapitre 7

傷を癒やして本当の幸せを手に入れる

五つの傷から癒やされるためのステップについて述べる前に、五つのタイプの人たちが、それぞれ、どんなふうに話し、どんなふうにダンスをし、どんな車が好きで、どんなふうに座るかについて語っておこうと思います。それぞれの振る舞い方の違いを知っておくことは、とても大切なことだと思うからです。

つけている仮面によって、話し方、声の調子はそれぞれ異なります。

▼〈逃避する人〉は、消え入るような声で、弱々しい話し方をします。
▼〈依存する人〉は、子どもっぽい口調で、同情を誘うような話し方をします。
▼〈マゾヒスト〉は、自分が相手に関心を持っていることを示すため、わざとらしい言い方をします。
▼〈操作する人〉の声は強く、遠くまで通ります。
▼〈頑固な人〉は、抑制された、機械的な話し方をします。

それぞれのタイプのダンスの仕方は次のように異なります。

▼〈逃避する人〉は、ダンスが好きではありません。ダンスをするときは、ほとんどからだを動かしません。注目されるのがいやなのです。「私をあんまり見つめないで」というオーラを出しています。
▼〈依存する人〉は、相手とぴったり寄りそうようにして踊るのが好きです。パートナーにくっついていたいのです。時には、パートナーにぶら下がっているようにさえ見えます。「見て見て、ほら、私はこ

んなに愛されているのよ」というオーラを発しています。

▼〈マゾヒスト〉は、ダンスが大好きで、自分の官能性を表現するためにダンスをします。踊ること自体が好きなのです。「ほら、私はこんなに官能的なのよ」というオーラを発散しています。

▼〈操作する人〉は、踊る際に、場所をたくさん使います。ダンスが好きで、誘惑するために踊るのです。特に、ダンスをしているところを見られるのが好きです。「さあ、私に注目して」というオーラを感じさせます。

▼〈頑固な人〉はダンスがとてもうまく、足がこわばっているわりには、リズム感もあります。ダンスを間違えないように注意します。ダンスを正式に習いたがります。とても頑固なタイプは、からだを真っすぐにして踊り、まるで一歩一歩数えながら踊っているように見えます。「ほら、私をよく見て。ダンスがとても上手でしょう?」というオーラが感じられます。

あなたはどんな車が好きですか？　それによってあなたがどのタイプであるかが分かります。

▼〈逃避する人〉は、暗い、目立ちにくい色の車を選びたがります。

▼〈依存する人〉は、普通とはちょっと違う、乗り心地の良い車を選びます。

▼〈マゾヒスト〉は、窮屈に感じられるくらい小さな車に乗りたがります。

▼〈操作する人〉は、大きな、目立つ車に乗りたがります。

▼〈頑固な人〉は、高性能の、正統的な車に乗ります。

以上の特徴は、車以外にも適用されます。たとえば、洋服に関してもまったく同じことが言えるでしょう。

どんなふうに座るかによっても、その人のタイプが分かります。

▼〈逃避する人〉は、椅子の上に小さな姿勢で座ります。特に、椅子の上で正座をしたがります。足で地面につながっていないので、〈逃避〉しやすいのです。

▼〈依存する人〉は、椅子の上で姿勢をくずしがちです。ひじ掛けがあればそれに寄りかかるでしょう。猫背の姿勢になりやすいと言えます。

▼〈マゾヒスト〉は、足を大きく開いて座ります。他の場合もそうですが、あえて座りにくい椅子を選ぶように思われます。

▼〈操作する人〉は、腕を組み、そっくり返って座って人の話を聞きます。自分が話す時は、身を乗り出して相手を説得しようとします。

▼〈頑固な人〉は、まっすぐな姿勢で座ります。足をぴったりつけて前に伸ばすため、こわばった感じがします。時には足や腕を組みますが、それは目の前で起こっていることを感じないようにするためです。

私は今まで無数とも言えるほど多くの人と面談してきましたが、その経験を通して、人の内面と座り方には密接な関係がある、ということを知りました。

たとえば、〈不正による傷〉と〈見捨てによる傷〉を持っている人が目の前に座っているとします。この人が自分の問題について話をする時には、からだがゆるんで、姿勢が崩れます。見捨てられた状態を再現しているのです。しばらくして、私が、何か質問したとします。その内容が、相手にとって触れたくないものであった場合、相手のからだは真っすぐになり、硬直します。そして、「そのことに関しては、まったく問題ありません」と言うのです。同様に、その話し方も、話題に応じてどんどん変化するものです。こうした例ならいくらでもあげることができるでしょう。

これからあなたがこの本の内容をしっかり学べば、自分自身やまわりの人々の精神的また肉体的特徴を観察することによって、それぞれがどんな仮面をつけているかが分かるようになります。どんな恐れに基づいてその人が生きているかが分かるようになるのです。

私は、〈恐れ〉に関しても、非常に興味深い発見をしました。あなたは、この本を読んで、五つのタイプのそれぞれが持っている最も大きな恐れに関して私が指摘していることに気づいたはずです。ただ、面白いことに、仮面をつけている本人は自分の恐れにまったく気づいていません。そして、まわりの人からはそれが一目瞭然なのです。その人が何を避けようとしているかが見え見えなのです。

▼〈逃避する人〉が最も恐れるのは、**パニック**に陥ることです。でも本人はそのことをまったく意識していません。パニックになりそうになると、その場所から姿を消します。本人は自分の内面の動揺を気づかれていないつもりでしょうが、その目を見れば、激しく動揺しているのですぐに分かってしまいます。

▼〈依存する人〉が最も恐れるのは**孤独**です。でも、本人はそのことにまったく気づいていません。そして、一人きりになるのをなんとかして避けようとします。たまたま一人きりになってしまうと、それでも大丈夫だと思い込もうとします。しかし、実際には、イライラして、とにかく何かをして時間をつぶそうとするでしょう。人が目の前にいないと、テレビを見たり、電話をかけたりします。身近な人が見れば、この人が孤独への恐れを持っていることは一目瞭然です。たとえまわりに人がいたとしてもそうなのです。いつも悲しそうな目をしているのでそれが分かります。

▼〈マゾヒスト〉が最も恐れるのは**自由**です。もちろん、本人はまったくそう思っていません。そして、さまざまな制約や拘束があるために、自分は自由ではないと思い込んでいます。しかし、そうした制約や拘束は本人が無意識のうちに作り出しているものに過ぎません。一方、まわりの人から見れば、その人は非常に自由であるように感じられます。というのも、自分でやりたいことをやる方法も時間も持ち合わせているからです。決意するのに、他の人に聞かなくても大丈夫なはずだし、自分にそのつもりさえあれば、どんなことでも自分で決められるはずなのです。しかし、本人は、自分で自分からその自由を奪っています。その大きく見開かれた目を見れば、この人が、あらゆることに関心を持ち、もっといろいろなことを経験したいと思っていることがよく分かります。

▼〈操作する人〉が最も恐れるのは、**別離**と**否認**です。そして、別離や否認が起こる状況を自ら引き寄せているにもかかわらず、自分がそれを恐れているということをまったく意識していません。むしろ、それは自分にとって良いことなのだとさえ思っているのです。別離や否認によって、相手から支配されなくなると思い込んでいるのです。非常に社交的であり、次から次へと新しい人間関係を結ぶことができるの

で、自分が多くの人をないがしろにしていることに気づけないのです。しかし、まわりにいる人たちから見れば、そのことは一目瞭然です。その目を見れば、はっきりと分かるでしょう。怒りに駆られると、非常に厳しくなるために、他の人はついつい怖くなって遠ざかります。

▼〈頑固な人〉が最も恐れるのは**冷たさ**です。自分を冷たい人間であると思うことがどうしてもできません。自分は温かい人間であると思っており、だからこそ自分の回りではすべてが正当で調和を保っている、と思い込んでいるのです。そして、自分は友人たちに対して忠実であると思っています。一方、まわりの人たちからしてみれば、この人が冷たい人間であることは一目瞭然です。視線が冷たいだけではなくて、乾いてこわばった態度が冷たいと感じられるのです。特に、自分が不当に非難されていると感じる時、はっきりと冷たい態度を示します。

心の傷を癒やすためには、まず自分に傷があることを受け入れなければなりません。〈受け入れる〉とは、それを直視することです。そして、その傷を癒やすためにはまだまだ解決しなくてはならない問題がある、ということを受け入れることなのです。それが人間であるということではないでしょうか。あなたが痛みを抱え込んでいるからといって、あなたがだめな人間であるということにはなりません。

あなたはもうそれ以上苦しみたくないと思って仮面を作ったのですから、それはむしろ自分に対する愛の行為であり、また英雄的な行為でもあったのです。それは、生まれる前にあなたが選んだ家族的環境に適応するために、どうしても必要なことだったのです。

私たちがある家族の中に生まれた本当の理由――つまり、私たちが自分と同じ傷を持った人たちのもとに生まれた本当の理由――は、私たちが、自分と似ている人たちと生活したいと思った、ということです。でも、生まれてしばらくすると、私たちは、家族に欠点があることに気づき、家族をありのままに受け入れることができなくなります。そして彼らを変えようとし始めます。しかし、家族の欠点だと思っている部分は、また、自分のうちにあって自分が見ようとしていない欠点でもあるのです。自分が変わらなければならないのがいやなので、自分を直視することができないわけです。

でも、本当は、〝変わらなければならない〟のではなくて〝癒やされなければならない〟のです。だからこそ、自分の傷を自覚するということは非常によいことなのです。傷に気づくことから癒やしが始まるからです。

さらに、それぞれの傷は、何回にもわたる過去世での転生が原因となって作られています。したがって、今回の人生でそれに直面することが難しいのは当然だと言ってよいのです。過去世でも直面することができなかったのですから、今世でもそれほど簡単に直面できるはずがありません。

しかし、あなたがその傷を癒やしたいと思っていることは事実であり、その決意さえあれば、あなたは自分に対する慈《いつく》しみ、忍耐、寛容を育むことが可能となるでしょう。

自分に対する慈しみ、忍耐、寛容を育めば、あなたは他者に対しても同じ態度を育むことになります。そして、そのことがさらにまた、あなたの癒やしを促《うなが》すことになるのです。

これはすでに言ったことですが、〈傷〉や〈仮面〉を表現するために使った言葉に、あまりこだわらないでいただきたいと思います。たとえば、あなたが親に拒絶された時、あなたはそのことによって、見捨てられた、あるいは侮辱されたと感じるかもしれませんし、あるいはそれを不当な仕打ちだと思うかもしれないのです。親があなたに不当な仕打ちをした場合、あなたは、拒絶された、侮辱された、裏切られた、見捨てられた、と感じるかもしれないのです。

大切なのは、経験そのものではなくて、その経験を通してあなたが何を感じたか、ということです。だからこそ、自分がどんな傷を持っているかを探る際には、自分の振る舞いの特徴に注目するよりも、むしろ自分のからだの特徴に注目していただきたいのです。からだは決して嘘をつかないからです。感情のレベル、精神のレベルで起こっていることを、からだは実によく反映するのです。それぞれの傷に対応するからだの特徴を繰り返して読み、お互いにどう違うかということをしっかりと理解し把握していただきたいと思います。

最近では、ますます多くの人が整形手術を受けて、からだの見かけを変えようとしています。しかし、それは一種の錯覚にすぎず、根本的な問題は解決されていないことを知らなければなりません。ある傷に特有の見かけを人工的に消したからといって、その傷が治ったわけではないのです。

整形手術によって、あるからだの特徴を取り去ったにもかかわらず、二、三年したらまたそれが現われてきた、ということはよくあることです。整形手術の専門家たちが、手術の効果は一生続きます、と言わないのはそのためなのです。

ただし、あなたが整形手術を受ける一方で、自分の心の傷を自覚し、感情的なレベル、精神的なレベル、さらに霊的《スピリチュアル》なレベルでワークを行なえば、手術の効果がいっそう確かなものとなり、あなたのからだはその結果をしっかりと受け入れるかもしれません。

自分のからだの特徴を正しく把握できない人も、中にはいます。そして、自分の振る舞い方、つまり心の態度を正しく把握できない人はもっと多いのです。私が行なっている〈性格、そして心の傷〉というワークショップに参加しても、まだ自分を正しく見られない人たちがいます。からだは別の事実を語っているにもかかわらず、自分はこんな振る舞いの特徴を持っている、と思い込んでいる人がいるのです。

例をあげてみましょう。私のワークショップに参加した三〇代の男性です。彼は、小さい頃から〈拒絶〉に苦しんできた、と語ってくれました。これまで親から何度も何度も拒絶されてきたために、人と継続的な関係を結べなくなってしまった、というのです。でも、からだの特徴からは〈拒絶〉のサインはまったく読み取れませんでした。しばらくして私は言いました。「それは本当に〈拒絶〉だったの？ もしかしたら〈不正〉ではなかったの？」

そして、彼のからだはむしろ〈不正による傷〉の特徴を示している、と指摘したのです。彼はとても驚いたようでした。私は、「しばらく時間をかけて考えてみるといいかもしれませんね」と言いました。

次の週にふたたび会うと、彼は、顔を輝かせて、「この一週間、じっくりと考えた結果、ついに分かりました！」と言ってくれました。自分が本当は〈不正による傷〉を負っていた、ということに気づいたのです。

こうしたことは、なんら驚くべきことではありません。というのも、私たちの〈エゴ〉は、私たちが〈傷〉を見るのをすごくいやがるからです。でも、私たちが傷を見ない限り、その傷が癒やされることはありません。

傷による痛みを感じないようにするために仮面を作ったのはエゴであり、エゴは、傷を根本的に癒やすことよりも、とにかく傷の痛みを感じないようにすることの方を選ぶのです。

エゴは、常に、最も安易な道を選ぼうとします。しかし、実は、それこそが、私たちの人生を複雑なものにしてしまうのです。私たちが、智恵の指し示す道をたどろうとすると、最初のうち、それはとても難しく思われます。なぜなら、それはある種の努力を必要とするからです。でも、智恵は、結果的に、私たちの人生をすごく単純にしてくれます。

心の傷は癒やさずに放っておけばおくほど、だんだん深くなっていきます。傷を思い出して、それに触れるたびに、さらに深くなっていくからです。からだの傷と同じです。傷が深くなればなるほど、治すことが難しく、痛みも激しくなるでしょう。こうして〈悪循環〉が始まるわけです。そして、それはやがて一種の〈強迫観念〉となり、その結果、まわりの人はみんな自分をいじめると考えるようになるでしょう。そうなった場合、〈頑固な人〉は、あらゆるところに不正を見、さらに輪をかけた完璧主義者になっていくはずです。〈逃避する人〉であれば、あらゆる人から拒絶されているように感じ、誰一人自分を愛してくれない、と思うようにさえなります。

傷をしっかり自覚する、ということは、物事を正しく見る、ということでもあります。そうする前の私たちは、心臓が悪いのに肝臓の薬を飲み続ける人のようなものだったのです。そんなことが何年も続いていたわけです。ちょうど、〈不正による傷〉を癒やさなければならないのに、一生懸命〈拒絶による傷〉を治そうとしていた例の青年と同じことです。そんなことではいつまでたっても傷は癒やされません。自分が苦しんでいる傷が何であるのかを正確に見抜かない限り、その傷を癒やすことなどできないのです。

さて、ここで、〈依存する人〉の仮面をつけていることと、依存に苦しむこととは別問題である、ということを指摘しておきたいと思います。

〈依存する人〉の仮面をつけている人――つまり、〈見捨てによる傷〉を持っている人――だけが愛情不足に苦しむわけではありません。どの傷に苦しんでいるとしても、あらゆる人が、愛情面で依存する可能性があるのです。なぜでしょうか？　それは、私たちは、愛情不足に苦しんでいる時に愛情面で依存するのであって、しかも私たちが愛情不足に苦しむのは私たちが自分を充分に愛していないからなのです。つまり、自分が愛されるべき人間であると思いたいがために、私たちは他者からの愛情を求める、ということなのです。

私たちが仮面をつけているということは、私たちがありのままの自分を認めておらず、自分を充分に愛していない、ということを示しています。それぞれの仮面に特徴的な振る舞い方は、自分を愛していないために状況に〈反応〉してしまうことから来る、という事実をもう一度ここで思い出しておきましょう。

さらに先に進む前に、第二章から第六章までのあいだで見た、それぞれの傷を作る原因となった親について、もう一度確認しておきましょう。傷を癒やすためにはどうしてもそのことが必要だからです。

▼〈拒絶〉は**同性の親とのあいだ**で生じます。したがって、〈**逃避**する人〉は、自分と同性の人たちによって拒絶されると感じます。そのために、自分に対してよりも、自分を拒絶する人たちに対してより多くの怒りを感じ、彼らを非難します。一方、異性から拒絶されると、相手よりもむしろ自分を非難します。

また、異性から拒絶されたと思っている場合でも、実際には見捨てられていることが多いものです。

▼〈見捨て〉は**異性の親とのあいだ**で生じます。〈**依存**する人〉は、したがって、異性によって見捨てられたと感じることが多く、その場合には、自分ではなく、相手を責めます。同性から見捨てられた場合には、むしろ自分を責める傾向が強いでしょう。相手に充分な関心を払わなかった、あるいは相手に対する関心の払い方がまずかった、と考えるのです。同性の人間から見捨てられたと思っている場合でも、実際には拒絶されていることが多いものです。

▼〈侮辱〉は一般的に**母親とのあいだ**で生じます。これは、子どもが男の子でも女の子でも同じです。ですから、〈**マゾヒスト**〉は、女性から侮辱されたと思い込みやすいのです。そして、自分を侮辱した女性を恨みます。男性から侮辱された場合、自分自身を責め、自分の考え方や振る舞いを恥ずかしく感じるものです。子どもの面倒を見るのが父親であった場合、例外的に父親とのあいだで侮辱が生じることもあります。この場合には、右に述べた男女の役目が入れ替わるでしょう。

▼〈裏切り〉は**異性の親とのあいだ**で起こります。〈**操作**する人〉は、したがって、異性から裏切られやすく、自分を裏切った人をひどく責めます。同性から裏切られた時には、むしろ自分を責めます。裏切りを未然に防ぐことのできなかった自分を責めるのです。しかし、同性から裏切られたと思っている場合でも、実際には〈不正による傷〉を受けていることが多いのです。

▼〈不正〉は**同性の親とのあいだ**に生じます。〈**頑固**な人〉は、したがって、同性とのあいだで不正を経験することが多く、自分に対して不正を働いた相手を非難します。異性から不当に扱われた場合は、相手を責めるのではなく、むしろ自分が良くなかったのだと考えて自分を責めることになります。でも、それは実際には〈裏切り〉であることの方が多いのです。不当に扱われたという思いが強い場合には、殺意

が生じることさえあります。

傷が痛めば痛むほど、その原因を作ったと思われる親を恨むようになるものですが、これは人間としては当然のことでしょう。そして、大きくなってからは、私たちを苦しめた親と同じ性の人たちに対して恨みや憎しみを向けることになります。

ある若い男性が、自分を拒絶した父親を憎むのはごく当然のことだと言えます。彼は、やがて、他の男性や自分の息子にも拒絶されたと感じ、父親に向けたのと同じ憎しみを彼らに向けることになるでしょう。

私たちはまた、自分と同じ傷を持つ親を、無意識のうちにとがめるものです。この親が、自分と同じ傷を持つ人間として自分のモデルになるために、私たちは自分自身を見つめざるを得なくなるからです。私たちはむしろ、違う人間が親だったらよかったのに、と無意識のうちに思うことでしょう。そして、なんとかして親に似ないように努力するはずです。自分と同じ姿を親に見ることが苦痛なのです。しかし、自分の親を許さない限り、私たちの傷は決して癒やされることがありません。

一方、自分が恨んでいる親と異なる性の人とのあいだで同じ問題が生じると、私たちは自分自身を責めて罪悪感を持ちます。そして、無意識のうちに事故を起こしたり、病気になったりして、自分を罰することになるのです。人間は、自分を罰することによって罪悪感を償《つぐな》うことができると考えるからです。

しかし、《スピリチュアルな法則》である《愛の法則》は、まったく逆のことを主張しています。つまり、人間は、罪悪感を持てば持つほど自分を罰するようになり、それにふさわしい状況を自分に引き寄せるようになる、ということです。つまり、私たちが自分を責めれば責めるほど、似たような問題に遭遇することになるのです。そして、そんなふうに罪悪感を持てば持つほど、自分を許すことがますます難しくなります。でも、本当は、自分を許すことこそが、癒やしにいたる第一歩なのです。

私たちは、他の人を傷つけたり、またそのことで他人から非難されたりすると、罪悪感だけではなくて屈辱感を持つこともあります。私は、〈侮辱による傷〉を扱った第四章で、屈辱感について詳しく語りました。というのも、〈マゾヒスト〉にあっては、なによりも屈辱感が目立つからです。

とはいえ、どんな人でも、人生のどこかで屈辱感を持つものです。特に、自分が受けたくないと思っている仕打ちを他の人にしてしまった時に、私たちは屈辱感を感じるようになっています。

そこで、ある人が激しい暴力をふるった時には、その人の傷があまりにも痛むので、その人は自己コントロールを失ってしまったのだ、ということを理解してあげる必要があります。だから、私はよく次のように言うのです。「この世の中には、意地悪な人というのは一人もいません。そこにいるのは、ただ苦しんでいる人だけなのです」

私は、ここで、その人たちを弁護しようとしているのではありません。そうではなくて、その人たちに思いやりを持ちましょう、と言っているのです。その人たちを非難し、断罪したところで何の意味もないからです。彼らのやったことに同意しなくても、彼らに思いやりを持つことは可能です。私たち自身の傷、そして他者の傷に気づくことは、とても大切なことなのです。

傷をたった一つしか持っていない、という人はごくごくまれです。私自身に関して言えば、すでに触れたように、大きな傷を二つ持っています。つまり、〈不正による傷〉と〈裏切りによる傷〉です。私は、同性の人たちとのあいだで〈不正〉を数多く経験し、異性の人たちとのあいだで〈裏切り〉を数多く経験しました。

〈不正〉は同性の親とのあいだで経験したことなので、私は、女性から不当な仕打ちを受けると、その人を激しく責めます。一方、男性から不当な仕打ちを受けると、私はむしろ自分を責め、自分に対して怒りを感じるのでした。そして、時には、屈辱感さえ持ちます。また、男性から不当に扱われるのを〈裏切り〉と感じることもあります。

ですから、私のように〈不正による傷〉と〈裏切りによる傷〉に苦しむ人のからだには、〈頑固な人〉と〈操作する人〉の特徴が見られるのです。

また、〈拒絶による傷〉と〈見捨てによる傷〉を同時に持っている人も結構います。したがって、そういう人は、〈逃避する人〉の仮面と〈依存する人〉の仮面をつけています。人によっては、からだの上の方が一つの傷を反映しており、下の方がもう一つの傷を反映しています。また、別の人の場合、からだの右側が一つの傷を反映し、左側がもう一つの傷を反映していることもあります。長い時間をかけて多くの人と接してきたので、私は、現在では、ひと目でその人がどんな傷を負っているかが分かるようになりました。直観を信頼すれば、私たちの〈心の目〉が、ただちに傷を見抜くようになるのです。

ある人が〈操作する人〉に特有なからだのラインを持っており、なおかつからだが柔らかくたるんでいる場合、あるいは〈依存する人〉特有の目つきをしている場合、その人は、〈裏切りによる傷〉と〈見捨てによる傷〉を持っていることが分かります。

もちろん他の組み合わせも存在します。たとえば、〈マゾヒスト〉特有の太ったからだをしていながら、姿勢が真っすぐで、硬直している人がいます。この人の場合、〈侮辱による傷〉と〈不正による傷〉を同時に持っているのです。

また、〈マゾヒスト〉特有の太ったからだでありながら、脚部が貧弱で、〈逃避する人〉特有の細い足首を持っているとすれば、その人は〈侮辱による傷〉と〈拒絶による傷〉に苦しんでいることになります。

中には、傷を三つ、四つ、そして五つ持っている人さえいます。五つの傷のうち一つだけが目立ち、あとの四つがあまり目立たないこともあります。また、五つともそれほど深刻ではない場合もあります。

ある仮面が目立つ場合は、他の仮面よりもその仮面を頻繁に使っている、ということになります。また、ある仮面がからだのほんのわずかな部分しか占めていないのであれば、その仮面と関連した傷はそれほど痛まないでしょう。

また、ある仮面がいちばん目立っているからといって、その仮面に関連する傷を最優先して治す必要がある、とは必ずしも言えません。というのも、私たちには、最も強い痛みを与える傷を隠そうとする傾向があるからです。

すでに述べたように、〈拒絶による傷〉、〈見捨てによる傷〉、〈侮辱による傷〉を隠すために、〈操作する人〉の仮面と〈頑固な人〉の仮面——ともにコントロールと力を象徴する仮面です——を発達させる人もいるのです。この場合、力を象徴する仮面は、最も激しい痛みを与える傷を隠す仮面を覆い隠していると言えるでしょう。そのために、深く隠されていた三つの傷が、年を取るとともに、おもてに出てくることがあります。というのも、コントロールには限界があるからです。

特に、〈頑固な人〉の仮面は自己コントロールの仮面であるために、他の傷を隠すために最も頻繁に使われます。たとえば〈マゾヒスト〉と〈頑固な人〉を合わせ持つ人は、ある年齢までは体重をコントロールすることが可能かもしれません。しかし、ある年齢を過ぎると、コントロールしきれなくなって徐々に太り始めます。

〈裏切りによる傷〉を癒やそうとして地上にやってきた魂は、強くて、確固たる精神を持つ異性の親——自己主張の強い、感情を抑制することができる、コントロールの効く異性の親——を選ぶことが多いようです。同時に、その親に対して理解力を求めます。そして、自分を信頼してもらい、自分の期待に応えてもらおうとします。そうすることで、見捨てられたと感じたり、裏切られたと感じたりすることを避けようとするのです。もし、親が無関心であれば、見捨てられたと感じるでしょう。しかし、親が弱さを見せ、自分を信頼してくれないとしたら、それを裏切りと受け止めるかもしれません。また、もし、異性の親があまりにも権威主義的で、攻撃的で、暴力的であったとすれば、思春期になると親とのあいだでパワーゲームを繰り広げ、親子双方が〈裏切りによる傷〉を負う可能性があります。

人間は、心の状態を反映して自分のからだが変化し始める時には、あらゆる言い訳を考えて自己正当化を図るものです。まだ自分を見つめる準備ができておらず、自分のからだが高度の知性を備えているという事実を受け入れることができないのです。自分のからだがほんのわずかでも変化するのは、自分の心の中で起こっていて、しかも自分が表現したくないと思っている何かに気づかせるためである、ということを認めたくないのです。

心の中で起こっていることに気づかせようとしてからだが変化するのは、実際には〈内なる神〉が、からだを使って、自分が見ることを怖がっているものを見せてくれているのです。でも、私たちはそうやって事実を見るのを怖がり、むしろ、自分の傷を発見するのを遅らせます。傷を隠すために作った仮面をつけ続けることによって、そのうち自分の傷が消えるに違いない、と思い込んでいるのです。

思い出してください。私たちは、苦しむのが怖い時、二度と傷つきたくないと思った時にだけ、自分を守るために仮面をつけるのです。これまでに語られたさまざまな振る舞いは、私たちが仮面をつけた時にだけ出現するものです。仮面をつけたとたんに、私たちは自分自身でなくなります。仮面に特有の振る舞い方をするようになるからです。

いちばんいいのは、自分がどんな仮面をつけているのかを見抜き、自分がどの傷を隠そうとしているのかを自覚することです。そして、その時に、自分を裁いたり、批判したりしないことが大切です。

一日のうちに、何度も仮面を変えるかもしれません。あるいは、何カ月ものあいだ、同じ仮面をつけ続けるかもしれません。中には、別の傷が表面化するまで、何年も同じ仮面をつけ続ける人さえいることでしょう。

自分が仮面をつけていることに気づいた時は、そのことに気づかせてくれた事件や人に感謝しましょう。だって、自分がまだ癒やされていないということに気づけたのですから。そんなふうにしてあなたは、自分が人間的な弱さを持っているということを受け入れたのです。

そんな時は、自分を癒やすための時間を、じっくりとってあげましょう。「ほら、また仮面をつけたぞ。だからこんなふうに反応しているんだな」と頻繁に言えるようになったら、あなたの癒やしはだいぶ進んでいることになります。

私が今まで会った人たちの中で、ある傷に特有な振る舞いをすべて備えている人は一人もいませんでした。

以下にあげるそれぞれのタイプの特徴は、決して網羅的なものではありません。あくまでも、その傷に関連した振る舞いを見抜くための一種の手がかりにすぎない、ということを知っておいてください。

それでは、自分を守ろうとしてある仮面をつけた人がどんな振る舞いをするようになるのかについて、主要な点を簡単にまとめてみましょう。

▼**〈拒絶による傷〉が痛み出すと、あなたは〈逃避する人〉の仮面をつけます。**この仮面をつけると、あなたは、あなたを拒絶することになる人や状況から逃げ出したくなります。自分を無力だと感じてパニックに陥ってしまうのが怖いからです。さらに、この仮面をつけたあなたは、自分の中に引きこもり、なるべく目立たないようにします。そして、何も言わなくなり、何もしなくなるのです。でも、その結果、あなたは相手からさらに拒絶されることになります。この仮面をつけると、あなたは自分が重要な人間であると感じられなくなり、自分はこの場にいる資格のある人間だと思えなくなるのです。

▼**〈見捨てによる傷〉が痛み始めると、あなたは〈依存する人〉の仮面をつけます。**この仮面をつけると、あなたは、泣きながら相手にすがりつく小さな子どもに戻ってしまいます。そして、自分一人では何一つできないと感じて、目の前で起こっていることに従う以外になくなるのです。人の関心を引くために、あるいは放っておかれないようにするために、あなたはまわりの人たちの顔色をさかんにうかがいます。時には、相手のサポートを得るために、病気になったり、事故に遭ったりすることさえあるでしょう。

▼**〈侮辱による傷〉が痛み出すと、あなたは〈マゾヒスト〉の仮面をつけます。**この仮面をつけると、あなたは自分のニーズはそっちのけで、相手のニーズばかり気にするようになります。そして、善良で寛

大な人間になり、自分の限界を超えてまで相手に奉仕しようとするのです。あなたは頼まれもしないのに、他の人たちがやるべきことを、ことごとく背負い込んでしまいます。そうして、自分が有用な人間であることをなんとかして証明しようとするのです。自分が価値のない、だめな人間だと思いたくないからです。こうして自分から自由を奪ってしまうわけですが、実は、あなたは自分が自由であることが恐ろしいのです。屈辱感や恥ずかしさを感じまいとして何かをやる時、あなたは〈マゾヒスト〉の仮面をつけていることになります。

▼**〈裏切りによる傷〉がうずき出すと、あなたは〈操作する人〉の仮面をつけます。**そうすると、あなたは、疑い深い、自己防衛的で権威主義的な、きわめて不寛容な人間になります。それはあなたが期待を裏切られることを恐れるからです。なんとかして、自分が容易に屈する人間ではないこと、自分が強い人間であることを相手に見せつけようとします。自分の評判を落とさないために、人の顔色をあれこれと気にし、時には嘘をつくことさえあります。自分のニーズはそっちのけで、人から信頼に足る人間であると思われるためならどんなことでもするでしょう。本当は自信がなくて、自分の決定や行動に不安を持っているにもかかわらず、この仮面をつけると、いかにも自信にあふれた堂々とした人間であるかのように見えます。

▼**〈不正による傷〉がシクシク痛み出すと、あなたは〈頑固な人〉の仮面をつけ、その結果、冷たく、無愛想な、よそよそしい人間となります。**そして、心のみならず、からだもまたこわばってくるでしょう。この仮面をつけると、あなたは完璧主義者となり、自分に対して非常に厳しい、怒りやすい、いらだちやすい人間となって、自分を批判してばかりいます。自分に対する要求水準が高くなり、自分の限界を認め

ることができなくなります。自分をコントロールし、自分の気持ちを抑制し、自分に対して厳しく振る舞っていることに気づいたら、あなたは自分が〈頑固な人〉の仮面をつけていることを知らなくてはなりません。

私たちは、自分が傷つくのがいやで仮面をつけるだけではなく、相手を傷つけるのを恐れる時にも仮面をつけます。つまり、相手から愛されるために、あるいは相手の愛を失うのが怖いために、私たちは仮面をつけるのです。ありのままでいることができず、本来の自分のものではない振る舞い方をしてしまうわけです。つまり、自分ではない人間になってしまうのです。それぞれの仮面に特有な振る舞いは、私たちに無理な努力を要求するために、私たちはその結果として相手に多くを〈期待〉せずにはいられなくなります。

私たちは、相手から、ほめ言葉、感謝、承認、サポートを得るために、何かをすべきではありません。自分自身がやすらぎを得るために、自分自身が心地よくいられるために、何かをすべきなのです。

ただし、あなたのエゴは、あなたが傷を自覚しないようにあらゆる罠《わな》を仕掛けてきますので、充分注意しなければなりません。エゴは、あなたが傷を自覚し、それを癒やしてしまうと、自分の居場所がなくなってしまうので、あらゆる手段を用いて、それを邪魔しようとします。それぞれのタイプがどんなふうにしてエゴに騙されるかを次に書いておきましょう。

▼〈逃避する人〉は、自分自身と相手の世話をしっかり焼くことによって拒絶を経験せずにすむ、と思い込まされています。

▼〈依存する人〉は、自分が〈独立〉した人間だということを示したがります。そして、自分が誰も必要としていない、自分は一人きりでも平気だと、ことあるごとに主張しようとします。

▼〈マゾヒスト〉は、自分は他の人のために何かをすることがすごく好きなのだ、そして、一方で自分のニーズもしっかり満たしている、と言い張ります。自分が侮辱されていることに目をふさぐために、すべてがうまくいっていると思い込む名人なのです。

▼〈操作する人〉は、自分は絶対に嘘をつかない、また自分は約束をきちんと守っているし、誰も怖くない、と思い込んでいます。

▼〈頑固な人〉は、常に自分が正しいと主張します。そして、自分の人生には何の問題もなく、自分を愛してくれる友だちが自分にはたくさんいる、と信じ込んでいます。

心の傷を癒やすのは、からだの傷を治すのと同じことです。あなたはこれまで、顔にできた吹き出ものをいじってばかりいたことはありませんか？　それで一体どうなったでしょうか？　吹き出ものはかえって治らなかったのではありませんか？　このことから、私たちが、自分のからだの自然治癒力を信じない時に、一体どうなるかが分かったと思います。どんな問題であれ、それが消えるためには、まずそれを受け入れ、それに対して無条件の愛を与えなければなりません。それを消そうと焦ることは禁物なのです。

あなたの心の奥深くにある傷も、あなたに受け入れてもらいたがっています。あなたに認められ、愛されたいと願っているのです。

無条件に愛するとは、たとえあなたがそれを理解できず、それに同意できなくても、その状況や人を、ありのままに受け入れる、ということです。

傷を愛する、また吹き出ものを愛するということは、あなたがそれらをある特別な理由のために作ったということ――とりわけ自分を助けるために作ったということ――を受け入れることなのです。ただひたすらその吹き出ものを消そうとするのではなく、自分がそれまで見なかった自分のある側面に気づくために、その吹き出ものを〝使う〟ことです。その吹き出ものができたのは、あなたがある状況において面目を失うことを恐れ、そのために自分自身でいることができずにいる、という事実をあなたに教えるためなのです。それが分かれば、あなたは、吹き出ものをこれまでと同じようは扱わないでしょう。むしろ吹き出ものに感謝したくなるのではないでしょうか?

心の傷に関してもまったく同じことが言えます。あなたがそれを受け入れ、その存在理由に気づき、そのことに感謝すれば、心の傷もまたすぐに治るでしょう。というのも、それがなぜ存在したかを、あなたが正しく理解したために、それが持っていた本来の使命が果たされたからです。

他者があなたに何かひどいことをするからという理由で、あなたが他者を恐れ、また他者を非難してい

るとすれば、あなたもまた、同じことを他者に対して、そして自分自身に対して行なっている、ということを知らねばなりません。

あなたがどれほど自分自身に対してひどいことをしているかを、実際に例をあげて示してみましょう。

▼〈拒絶〉に苦しんでいる人は、しょっちゅう自分をだめな人間だ、無能な人間だ、無価値な人間だと考えて、ある状況から逃げ出します。そして、そうするたびに、自分の傷を温存することになるのです。

▼〈見捨て〉に苦しんでいる人は、しょっちゅう計画を見捨てます。また、自分を大切に扱わず、自分が必要としている世話を焼いてあげません。そして、そのたびに、自分の傷を養っているのです。他の人たちに必死にしがみつくために、他の人たちは怖くなって逃げ出してしまいます。そうしてまた一人きりになるのです。他の人たちの関心を引くために、自分のからだを苦しめて病気になることさえあるでしょう。

▼〈侮辱〉に苦しむ人は、しょっちゅう自分と他人を比較して自分を貶《おとし》め、また、自分が太っている、良い人間ではない、意志薄弱である、人を利用する、などと考えては自分を責めます。そして、そうするたびに、自分の傷を育むのです。自分を醜く見せるような洋服を身にまとい、あるいは着ている洋服を汚すことによって自分の価値を低めます。消化しきれないほどたくさんの食べ物を食べて、自分のからだを苦しめます。他の人たちの責任まで引き受けて自分の時間と自由を失い、そうやって自分を苦しめます。

▼〈裏切り〉に苦しむ人は、しょっちゅう自分に嘘をつきます。また、間違ったことを自分に信じ込ま

せ、自分との約束を破ります。そして、そうすることによって、自分の傷を維持するのです。他人を信じることができないので、他人に仕事を任せることができず、すべてを自分でやらなければならない羽目になって、結局は自分を罰することになるのです。また、たとえ他人に仕事を任せたとしても、その結果を確かめてばかりいるので、結局は自分のための時間をなくしてしまいます。

▼〈不正〉に苦しむ人は、自分自身に過度な要求をすることによって傷を保っています。自分の限界を尊重しないために多くのストレスにさらされるのです。自分自身を非常に不当に扱います。というのも、自分を批判してばかりで、自分に長所があることも、自分が善行をしていることも認めないからです。自分が何かをしなかったといっては自分を責め、自分が間違いを犯したといっては自分を責めてばかりいます。そうして、自分を喜ばすことができずに苦しんでばかりいるのです。

傷を無条件に受け入れることは、本当に大切です。さらに、あなたが、エゴに対して作ることを許可した仮面――それは傷を隠してあなたが苦しみを感じないようにするためでした――を受け入れることもまた大切なことなのです。傷を受け入れて愛するということは、傷の存在をまず認め、あなたがその傷を癒やすために地上に生まれてきたということを知り、また一方で、あなたのエゴがあなたを守るためにその仮面を作ったということを知る、ということなのです。それができたら、次に、あなたが、生き延びるために仮面を作り、それを維持してきたということを認め、そのことに対して感謝しましょう。

でも、今では、その仮面はあなたを助けるよりも、あなたを害するようになっています。あなたは、もう子どもではないのですから、いくら傷ついたと感じても充分生きていくことができるのです。そのことを認めて受け入れましょう。あなたはもう傷を管理できない小さな子どもではないのです。あなたは、多くの経験を積んで成熟した大人なのです。子どもの頃とは違ったふうに人生を眺めることのできる人間、自分をもっと愛そうと決意することのできる人間なのです。

第一章において、私は、傷を作る際に私たちが四つの段階を経ることを指摘しました。

①第一段階は、私たちが自分自身である段階です。

②第二段階になると、私たちは自分自身でいられなくなり、苦しみ始めます。というのも、私たちが自分自身でいることをまわりの大人たちが喜ばなくなるからです。そして、不幸なことに、大人たちは、子どもが、自分が誰なのかを発見しようとしていることを理解せず、「君はありのままではいけない、私たち大人の望むような人間になりなさい」、と言って子どもにいろいろなことを強制するのです。

③第三段階になると、子どもは傷の痛みを感じて反抗し始めます。この時、子どもは危機を迎え、両親に逆らい始めるのです。

④最後の段階、つまり第四段階になると、あきらめがやってきます。そして、私たちは仮面を作ってつけ、大人たちを失望させまいとします。自分自身であるがゆえに受け入れてもらえないという苦しみを、

もう二度と繰り返すまい、と健気《けなげ》にも決意してしまったのです。

この四つの段階を逆にたどり直すことによってのみ、あなたは完全に癒やされます。すなわち、第四段階から出発して、第一段階まで戻り、本当の自分自身を取り戻すのです。

そのためには、まず最初に、自分が仮面をつけていることを自覚しなければなりません（**傷の第四段階の自覚**）。だからこそ、私は、第二章から第六章までを使って、それぞれの傷について詳しく語ったのです。あなたはそれぞれの章を読むと、たぶん反抗的な気分になるでしょう。自分の苦しみの責任は親にあると考えていたので、自分の責任を引き受けることにたぶん抵抗を感じるはずなのです。

でも、それでいいのです。それが癒やしの第二段階目だからです。それまで愛していなかった自分の側面を発見するのは、人間にとってかなり難しいことなのです。抵抗を感じて当然だと言えるでしょう。

この第二段階は、人によってそれぞれ異なるはずです。ある人たちは、他の人たちよりも強い抵抗を感じるかもしれません。その時の傷の大きさ、あなたの心の受け入れ態勢に応じて、その抵抗の度合いはさまざまなものになるでしょう（**傷の第三段階の通過**）。

自分が苦しんだことをあなたが認め、また親を恨んだことをあなたが受け入れた時が、癒やしの第三段階ということになります。あなたがインナー・チャイルドの苦しみを感じ取れば感じ取るほど、あなたはインナー・チャイルドへの思いやりを感じ、その結果、癒やしはより深いものとなるでしょう。また、この段階を通して、あなたは両親に対する囚《とら》われから解放されることになります。そして、両親もまた苦しんでいたことに対して、温かい思いやりの気持ちを持つことができるようになるでしょう（**傷の第二段階**

の通過）。

こうしてやがてあなたは癒やしの第四段階に至り、もう自分を守るために仮面をつける必要がないことを悟るのです。人生において、あらゆることが自分の学びのためにあったのだ、ということが心の底から分かるようになるでしょう。この時に、自分を心から愛せるようになるのです（**傷の第一段階への帰還**）。

愛には、とてつもない癒やしのパワーがあります。愛を知れば、あなたはとてつもないエネルギーを取り戻すことでしょう。こうしてあなたの人生には素晴らしい変容が起こります。他者との関係が変化するのみならず、あなたのからだそのものが変化するかもしれません。あなたのからだが深く癒やされて、はっきりした肉体的変化が生じることもあるでしょう。

自分を愛するとは、現在の自分をありのままに受け入れることです。また、人からされたらいやなことを自分が人にしてしまっても、決して自分を責めないで、そういう自分をそのまま受け入れることです。どうか、そのことを忘れないでください。

あなたが何を持っているか、何をするか、ということはあなたが自分を愛することとは何の関係もないのです。ですから、あなたが時々人を拒絶し、見捨て、侮辱し、裏切り、不当に扱って傷つけてしまったとしても、それでもなおかつ自分を受け入れることが大切なのです。それこそが、癒やしに向けての重要なステップなのです。

本当の愛とは、自分自身をまったくそのままに、受け入れるということです。

このステップになるべく早く至るために、一日が終わったら、その日に起こったことをしっかりと思い出して書き留めることをお勧めします。自分が思わず仮面をつけて、ある状況に〈反応〉してしまい、自分自身そして他人に対してある行動を取ってしまったことを思い出すのです。そして、それを書き留め、自分がそれについてどう感じたかも書いておきましょう。次に、その仮面を使ってしまった自分を許します。なぜなら、その時点においては、自分を守る唯一の手段が仮面をつけることだったからです。

ここで、あなたに思い出していただきたいことがあります。それは、罪悪感を持ち、自分を責めると、今度それと似たような状況が生じた時、必ずまた同じやり方で反応してしまう、ということです。罪悪感を持つこと、自分を責めることには本当に何のメリットもないのです。

受け入れる、ということなしには、いかなる〈変容〉も起こりえません。

では、自分を完全に受け入れているかどうかを知るにはどうすればいいのでしょうか?

他人または自分に悪い影響を与えた自分の振る舞いが、人間的な弱さから出たものであることを自覚し、その振る舞いがもたらす結果を、それがどんなものであれ、引き受ける覚悟ができた時、そう、その時にこそ、あなたは完全に自分を受け入れていると言うことができるのです。これは《自己責任の原則》と呼ばれるものですが、自分を本当に受け入れるためには、まず最初にこの原則を受け入れることが肝要です。

あなたが人間である以上、あらゆる人に気に入られることはありえません。たとえあなたの〈反応〉が、ある人たちを不快にさせたとしても、そういう自分を責めず、裁かず、ありのままに受け入れるようにしましょう。

受け入れることによって、許しのプロセスが始まります。

実際、自分が、裏切り、拒絶し、見捨て、侮辱し、不当に振る舞った時に、そういう自分をありのままに受け入れると、その後かえってそうしたことを繰り返さなくなるものです。これは実に驚くべきことではないでしょうか？

私は、ここで、私の言うことを信じてほしいとか、理解してほしいなどとは言いません。というのも、それは頭で理解できることではないからです。経験してみなければ分からない類《たぐい》のことなのです。

私は、この《愛の法則》、つまり《スピリチュアルな法則》について、あらゆる本の中で、またあらゆる講演やあらゆるワークショップの中で、必ず言及することにしています。というのも、それを自分のものにするには、何度も何度も繰り返して聞く必要があるからです。

自分がされたらいやなことを他人に対してしてしまった時――あなたはそうされるのがいやで、自分を守るために仮面を作ったわけですが――、どうかそうした自分をありのままに受け入れてあげてください。そうすると、今度、他人があなたにそうした時に、その人をありのままに受け入れることができるようになるのです。

ここで、ある父親の例をあげてみましょう。この父親には娘が何人もいましたが、そのうちの一人が非常に反抗的なので、その娘に財産を与えるのをやめることにしました。この娘は、まったく勉強をせず、父親の期待する〈立派な人間〉になろうとしなかったのです。彼女は、父親のその仕打ちを、〈裏切り〉とも、〈見捨て〉とも、〈拒絶〉とも、〈侮辱〉とも、〈不正〉とも受け取ることができたでしょう。それは、彼女が、今回、何を解決しようとして地上にやってきたかによります。

実は、私は、この女性を知っていました。彼女は父親の仕打ちを〈裏切り〉ととらえました。まさか、父親がそこまでやるとは思っていなかったのです。自分の選択を受け入れてくれ、自分のやりたいことをやらせてくれるだろうと考えていたのです。なぜなら、彼女の人生はあくまでも彼女のものだからです。

この女性が、その傷を癒やし、男性たちに裏切られるという状況を引き寄せないようにするには、まず、父親自身も彼女に裏切られたと感じた、という事実に気づかなければなりません。娘が自分の期待に応えない、というのは、その父親にとっては明らかに〈裏切り〉だったのです。自分は今までこれだけのことを娘にしてやったのだから、娘はそれに感謝をし、どこに出しても恥ずかしくない、まともな娘として自分を尊重してくれるはずだ、と考えていたからです。父親は、娘が、いつか自分のところに戻ってきて、「やっぱりお父さんが正しかったわ」と言って、わびてくれることを期待しているのです。

この父親と娘のあいだに起こったことをじっくり観察すると、実は、この父親が、自分の母親とのあいだで同じこと、つまり〈裏切り〉を経験していたということが分かります。そして、この母親もまた、息子から裏切られたと感じていたのです。

私たちの両親が小さい頃にどんなことを経験していたかを知ると、歴史は世代から世代へと繰り返されるということがよく分かります。そして、どこかで、誰かが、それを真の意味で許さない限り、それは繰り返されていくのです。そのことが分かると、私たちは、両親に対して、より多くの思いやりを持つことができるでしょう。

あなたも、自分に心の傷があることに気づいたら、親も同じ傷を負っているかどうかを確かめてみてください。きっと、あなたの親も、自分の親とのあいだで、同じようなことを経験しているはずです。

このプロセスは、私たちが、傷から導き出された自分の振る舞いを受け入れ、自分にも人間的な弱さがあることを認めると、よりいっそう容易になります。それができると、親とのあいだで自分の傷について語ることも可能となるでしょう。私たちが両親から非難されるのを恐れずに語ることができるようになるので、両親もまた非難されることを恐れずに、ありのままの自分をさらけ出してくれるようになるからです。

あなたが心を開いて両親とそのことを語り合えば、両親は両親で、自分たちの親とのあいだで起こったことを受け入れて許すことが可能となるでしょう。そして、両親も、自分たちが弱い面を持った人間であることを認められるようになるのです。自分に心の傷があったために、時には自分の意思に反することをしてしまった、ということが分かるようになります。

あなたが親とのあいだで心の傷を負った、ということを話すとき、親もまたあなたとのあいだで同じ傷を負わなかったかどうか、確かめてみることをお勧めします。

もしあなたが若い女性であり、思春期の頃から母親に拒絶されてきたと感じているのなら、あなたのお母さんもまた、あなたから拒絶されてきたと感じている可能性があるでしょう。ですから、そのことを、どうかお母さんに尋ねてみてください。もしかすると、そうすることによって、あなたのお母さんは、長いあいだ無意識のうちに抑圧してきた感情から解放されるかもしれません。あなたのおかげで、お母さんはそのことを意識化できるかもしれないのです。そして、次に、お母さんが、自分のお母さんとのあいだで経験したことを語ってくれるかもしれません。

以上のことは、男性とその父親とのあいだにも当てはまります。真実の許しに関しては、私の他の本（たとえば『〈からだ〉の声を聞きなさい』や『〈からだ〉の声を聞きなさい②』）を参照してみてください。

あなたがもし、自分に傷を負わせた親を極度に理想化しているとしたら、その親を恨んでいる自分を受け入れることは非常に難しい作業になるでしょう。その親があなたの目には非の打ちどころがないように見えるとしたら、その親はたぶん〈不正による傷〉を負っていると思います。そして、自分の気持ちをなるべく現わさないように自己コントロールしているのです。また、〈マゾヒスト〉タイプの親も、他人にとてもよく奉仕するという理由で、非の打ちどころのない人間に見えることがあります。

あなたの傷が癒やされつつあるのかを確かめる方法を以下に書いておきましょう。

▼あなたが**〈拒絶による傷〉を持っている場合。**あなたが自分を肯定し、自分の存在を主張できるようになったとすれば、あなたは癒やされつつあります。さらに、誰かにあなたの存在を無視されても、気分を害することがなくなれば、あなたはだいぶ癒やされています。パニックになるのではないかと怖くなる場面がどんどん少なくなるでしょう。

▼あなたが**〈見捨てによる傷〉を持っている場合。**一人でいても居心地がよく、他人の関心を引こうとしなくなっているのであれば、あなたは癒やされつつあります。人生に〈ドラマ〉があまり起こらなくな

っているでしょう。計画を立てることがますます容易になり、人がサポートしてくれなくても、自分一人で計画を実行できるようになります。

▼あなたが〈侮辱による傷〉を持っている場合。他の人たちに何かを頼まれた時、それを引き受ける前に、まず自分の都合を考えられるようになったとしたら、あなたはだいぶ癒やされています。自分の言動に限界を画することが少なくなっているはずです。気がねなく人に物を頼むことができるようになったかもしれません。

▼あなたが〈裏切りによる傷〉を持っている場合。誰かまたは何かがあなたの計画を邪魔することがあっても、それほど感情的にならずにすむようになっていれば、あなたの癒やしはだいぶ進んでいます。前よりもこだわりが少なくなっているはずです。こだわりとは、結果に執着し、すべてが自分の計画通りに進むように望むことです。自分がいつも物事の中心にいなくては気がすまない、ということがなくなっているかもしれません。あなたが何かを成しとげた時、人がそのことに感謝してくれなくても心が乱れなくなってくれれば、しめたものだと言えるでしょう。

▼あなたが〈不正による傷〉を持っている場合。あなたの完璧主義者の度合いが少なくなってきているとすれば、つまり、自分が間違いを犯しても、自分を非難したり、怒ったりしなくなったとすれば、あなたの癒やしはだいぶ進んでいると言えるでしょう。あなたは自分の感じやすさを他人に見せることができるようになっているはずです。つまり、人の前で泣いても、自分が裁かれるのではないかと恐れたり、うろたえたりしなくなっているに違いありません。

心の傷を癒やすのがなぜそれほど素晴らしいかと言えば、私たちは、心の傷を癒やすことによって、愛情面で〈独立〉するというよりも〈自立〉することが可能となるからなのです。愛情面で自立すると、私たちは、自分が何を望んでいるか、どうすればそれを実現することができるかが分かるようになります。必要とすることが分かれば、それを特定の個人にやってほしいと思うのではなく、宇宙全体に要請することができます。自立した人は、誰かと別れることになったとしても、「一人ぼっちになったらどうしよう?」とは考えません。もちろん、それはつらいことです。でも心の奥底では、一人きりでも何とかやっていけることが分かっているのです。

心の傷を発見して手当てをすることにより、あなたが自分自身に対して、よりたくさんの思いやりを持てるようになることを私は願っています。また、怒り、恥、恨みから解放され、より深い心のやすらぎを得ることができるように願っています。

痛みに正面から向き合うのはそれほど簡単なことではありません。だからこそ、私たち人間は、つらい思い出を抑圧するための方法をこれほどたくさん作りだしてきたのです。でも、私がこの本で述べている方法を使うことによって、そうした苦しみから解放されることは可能なのです。

私たちが、つらい思い出を抑圧すればするほど、それらは潜在意識の奥深くに閉じ込められてしまいます。そして、やがてある日、もうこれ以上抑圧することができなくなり、コントロールの限界に達した時、それらの思い出が噴出してきて、私たちは苦しみを統御できなくなるのです。

その時こそが、まさに傷を癒やすべき時なのです。傷に直面し、それを癒やすことによって、それまで苦しみを抑圧し、隠すために使ってきたすべてのエネルギーが解放され、もっとずっと生産的な目的のために使われるようになります。つまり、私たちが望む人生を創り出すために使われるようになるのです。しかも、私たちは本来の自分でい続けることができるのです。

私たちがこの地球という星に生まれてきたのは、自分が誰であるのかを思い出すためでした。すなわち、自分が、物理的次元でさまざまな体験を積むために地上に降り立った神である、ということを思い出すためだったのです。私たちは、残念ながら、長い転生輪廻の過程で、そのことをすっかり忘れてしまっていたのです。

私たちが〈誰であるか〉を思い出すためには、私たちが〈誰でないか〉を知らなければなりません。たとえば、私たちは、私たちの傷ではありません。でも、私たちは、苦しむたびに、自分が〈傷〉そのものだと思ってしまいます。つまり、自分ではないものを自分だと思い込んでしまうのです。

また、あなたが誰かを拒絶したり、不当に扱ったりしたために罪悪感を持ったとすると、その時、あなたは自分自身を〈拒絶〉または〈不正〉だと思い込んでしまいます。

しかし、あなたは本当はそうした〈経験〉なのではありません。そうではなくて、あなたは、地上という物質的世界でそうした経験をしている〈神〉に他ならないのです

他の例をあげてみましょうか。たとえば、あなたが病気になったとしても、あなたは〈病気〉そのものではありません。それは、あなたが、体の一部にエネルギーのブロックを作りだした一人の人間である、ということを教えているだけなのです。そのエネルギーのブロックを私たちは〈病気〉と呼んでいるに過ぎません。

人生とは、完全で素晴らしいものです。

人生とは、私たちを、私たちの存在理由に導いてくれる一連の過程に他ならないのです。

そして、私たちの存在理由とは、自分が神であることを思い出す、ということです。


さて、この本を終えるにあたって、私は、五つのタイプのそれぞれに特有な、積極的な側面に触れておきたいと思います。それらの側面は常に私たちの内部にあるのですが、私たちはなかなかそのことに気づきません。すでに指摘したように、私たちの仮面が目立ちすぎるために、それらの側面は無視されたり、誤用されたりしているのです。私たちが、傷を見たくない、感じたくないと思うからです。

傷が癒やされれば、つまり私たちが本当の自分を取り戻せば、以下に挙げるさまざまな側面が表面化してきて、私たちに力を与えてくれるでしょう。

▼〈拒絶による傷〉を持っている〈逃避する人〉の場合

- 機転がきく。想像する力、創造する力、発明する力に恵まれている。
- 一人きりで仕事をすることができる。
- 仕事能力が高く、仕事の細部にまで心配りができる。
- 緊急事態が起こっても、適切に対応できる。
- 他の人の存在を必要としない。たった一人でも幸福に過ごせる。

▼〈見捨てによる傷〉を持っている〈依存する人〉の場合

- 自分の望みを知っており、辛抱強くそれを追求し続けることができる。
- 何かを手に入れようと心に決めたら、最後までやりぬく。
- コメディアンの素質がある。他の人たちの関心を引く力がある。
- 陽気で快活、社交性に富む。生きる喜びにあふれている。
- 他の人たちを助けるのが得意。他の人たちへの関心が強く、彼らの気持ちがよく分かる。
- 恐れを統御できるようになると、意のままにサイキック能力を使うことができるようになる。
- 芸術的な才能に恵まれていることが多い。
- 社交的ではあるが、時には一人きりになって自分を取り戻すこともできる。

▼〈侮辱による傷〉を持っている〈マゾヒスト〉の場合

- 自分が何を必要としているかを知っており、それを尊重する。
- 他の人たちが何を必要としているかに敏感。一人ひとりの自由を尊重することができる。
- 仲介や調停が得意。トラブルを解決するのがうまい。
- 明るくて、楽しいことが大好き。他の人たちをくつろがせるのが上手。

・寛大で、奉仕精神に満ち、他者を思いやって行動する。
・組織を動かすのが得意。自分の才能を良く知っている。
・官能的で、セックスで歓《よろこ》びを得るのが上手。
・時には、威厳に満ち、誇り高く振る舞う。

▼〈裏切りによる傷〉を持っている〈操作する人〉の場合

・力と確信に満ちあふれており、保護者として振る舞う。
・才能豊かで社交的。コメディアンとしても優れている。
・多くの人を前にして話すのがうまい。
・他の人の才能を見抜き、それを発揮させて、さらに自信を深めさせる。
・他の人に仕事を任せ、持てる力を発揮させる。
・他の人たちの気持ちを感じ取り、笑わせることで深刻さを打ち破る。
・気持ちの切り替えが非常に速く、同時にいくつものことを行なうことができる。
・決定が速い。自分に必要なものを見抜き、有能な人をまわりに集めて、すぐ行動に移す。
・さまざまなレベルで能力を発揮することができる。
・宇宙、そして自らの力を信頼している。こだわりを完全に手放すことができる。

▼〈不正による傷〉を持っている〈頑固な人〉の場合

- 几帳面《きちょうめん》であり、正確さを要求される仕事を見事にやりこなす。
- 綿密で、細部に対して充分な配慮をすることが可能。
- 人に教える際には、問題の要点を押さえ、簡潔にまとめることができる。
- 非常に繊細。他の人の気持ちを手に取るように感じ取る。自分の気持ちも常に感じ取っている。
- 必要とされるときに、必要なことを知っている。
- 適切な場所に、適切な人事を配置することができる。つまり、適材適所ができる。
- 生き生きとして、熱意にあふれ、ダイナミックである。
- 心地よく過ごすために他人を必要としない。
- 〈逃避する人〉と同様、緊急の際に、適切に対応することができる。
- 困難な事態に立ち向かう勇気を持っている。

あなたもすでにお気づきのことと思いますが、ある種の資質は、いくつかのタイプに共通して見られます。それらの資質は、あなたが望むものを表明し、手に入れるための〈切り札〉となるでしょう。自分がユニークな人間であるということが分かれば、エネルギーに満ちたインスピレーションを限りなく得ることが可能となります。

もう一度繰り返しましょう。仮面を作り出したことが、私たちの自分自身に対する最大の裏切りだったのです。なぜなら、そのことによって、私たちは、自分が神であることを忘れてしまったからです。どうかそのことをしっかりと心に留めておいてください。

最後に、スウェーデンの、ある詩人の詩を引用させていただきます。

私たちは、全員が
愛されることを望んでいる。
さもなければ、賞賛されることを
さもなければ、恐れられることを
さもなければ、憎まれることを
さもなければ、軽蔑されることを
望んでいる。

私たちは、他者のうちに
どんな感情であれ
掻き立てたいと思う。

私たちにとって
他者の反応がないことが最も恐ろしい。
無視されることがいちばん恐ろしい。
だから、打ち震える魂は
どんなことをしてでも
他者とコンタクトを取ろうとする。

魂の五つの傷の発見に注目してくださった、世界じゅうの多くの読者のみなさんに、まずたくさんの「ありがとう」を言いましょう。あなた方がこの発見に関心を示し、また多くの情報を寄せてくださったおかげで、私は、五つの傷について、続編を書く勇気を与えられました。

ETC（Écoute Ton Corps＝〈からだ〉の声を聞く）のすべての講師のみなさんと、数多くのセミナーに参加してくださった方々に、「ありがとう」を言います。両者とも、みずからの発見を私と分かち合ってくださいました。

私に質問をしてくださったセミナー参加者のみなさんにも「ありがとう」を言いましょう。それらの質問のおかげで、ETCの教えが、さらに優れたものとなったからです。

そして、私の甥のシルヴァンに、特別な「ありがとう」を言いましょう。彼は、ある日、「いつになったら、五つの傷の癒やしに関する次の本を書くの？」と尋ねることによって、私が必要としていた後押しをしてくれました。私は、そういう質問をしたすべての人に答えたように、彼に、こう言ったのです。「それなら、『五つの傷』の最終章を読み直してみて。それは、まさしく、五つの傷の癒やしについて書かれている章なの」

すると、彼はこう答えたのです。「もう何度も読み返したよ。だけど、内容が充分だとは思えない。あれを読んだだけでは、傷をしっかり癒やすことはできなかった。僕は、もう、これ以上、傷に支配されていたくないんだ」

私は、その言葉が、彼の心の底から出たものだと感じました。そして、彼が本気で傷から癒やされたいと思っているのが分かりました。そこで、五つの傷の〈癒やし〉を中心的なテーマにした新たな本を書こうと思い立ったのです。

ヴィルジニー・サリュに「ありがとう」を言いましょう。彼女は、素晴らしい才能を発揮して、本書の校正を手伝ってくれました。

ジャン＝ピエール・ガニョンに「ありがとう」を言います。ＥＴＣ出版の社長である彼は、常に素晴らしい仕事をして、私をしっかりと支えてくれています。

ＥＴＣの最高責任者をしているモニカ・シールズに「ありがとう」を言いましょう。彼女は本書（フランス語版）の装丁と、本文のレイアウトを担当してくれました。最初の本から、ずっとそうしてくれているのです。

はじめに

魂の五つの傷について最初の本を書いてから、すでに一四年が経ちました。私は、その時以来、数多くの発見をしてきましたので、それらの発見を、ぜひ、あなたと分かち合いたいと考えたのです。そして、魂の傷で苦しむ多くの人たちを救いたいと強く思いました。

前著『五つの傷』（合本版前半）は、フランス語圏に属する国々のみならず、異なる言語圏の国々においても、好調な売れ行きを記録してきました。私が、この部分を執筆している二〇一四年の現在、『五つの傷』は一三の言語に翻訳されています。そして私は、たびたび、「魂の傷を癒やすには、いったいどうすればいいのですか？」と聞かれますので、この『五つの傷』の最終章（本書第七章）において、そのテーマを扱っただけでは不充分なのだ、と感じているのです。

この続編を読む前に、前著『五つの傷』（合本版前半）も、ぜひ読んでいただきたいと思います。というのも、私は、本書（合本版後半）において、前著（合本版前半）に書かれた情報をすべて繰り返しているわけではないからです。（編集部注：合本版の第八章では、五つの傷の特徴の再掲について、許可を得て割愛し、新たな知見のみ残しました。）

第十章では、五つの傷を存続させようと図《はか》るエゴが、どのように私たちをだますか、ということについて詳しく述べておきました。

また、前著『五つの傷』（合本版前半）と本書（合本版後半）では、傷に関する説明の仕方が同じでない場合があります。そんな時は、ためらわずに、本書（合本版後半）の説明を採用してください。前著『五つの傷』を書いてから、すでに一四年も経ちました。そのあいだ、私は、数多くの新たな、そして貴重な発見をしてきたのです。

この一四年間で、私と講師たちは、無数とも言えるワークショップやセミナーを開催してきました。そして、自分たちの観察を通し、また参加者からの情報提供を通して、五つの傷について、きわめて的確な見方ができるようになったのです。

本書を読むことによって、あなたは、五つの傷について新たな見方を学ぶことになるでしょう。現実がまったく別のものであったことを知るのです。あなたがハートの中に入れば、さらに全体がはっきり見えるようになり、新たな視点で、状況や人間を見ることが可能となるはずです。

たとえば、ある人と話していて、あなたが拒絶されたと感じたとしましょう。その場合、その人は、自分のニーズと限界を表現しているに過ぎないのです。

そんな際に、あなたが、傷の痛みを感じている自分を、ただ単に観察することができるようになれば、その傷はあなたに痛みを与えることがますます少なくなり、しかも、その期間もずっと短縮されることでしょう。

本を読んだり、ワークショップに参加したりして、五つの傷を発見すればするほど、みなさんはショックを受けるようです。そして、なんとしてでも、その傷を厄介払《やっかい》いしたいと思うでしょう。

しかし、それらの傷を厄介払いする簡単な方法があると思ってはなりません。というのも、私たちが、この地球上に転生輪廻してきているのは、まさに私たちが魂に傷を負っているからなのです。その傷のせいで、本当の自分から遠ざかり、自分のセンターに入れず、ハートの中で生きることができずにいるのです。

それらの傷を厄介払いしたいと思うことは、〈拒絶〉のサインであって、〈受容〉のサインではありません。それは、増えすぎた脂肪を除去しようとする人が、自分を受け入れる代わりに、自分を拒絶しているのと同じことなのです。ある人、または何かを、受け入れることができないために、なんとか厄介払いしたとしても、それは一時的なものに過ぎません。必ず、別な形をとって、それは、またやってくるでしょう。

どの傷が活性化しているか、どのようにそれを受け入れればいいのかが分かると、その傷を隠すための仮面を使わずにすむでしょう。その時、あなたは、心地よい香りのする〈妙薬〉を傷に塗っていることになります。

傷の痛みが素早く収まるのを感じて、あなたはこころよい驚きを感じることでしょう。その妙薬こそ、〈受容〉と呼ばれるものにほかなりません。傷は、少しずつ癒やされて、あなたを苦しめることがなくなっていくでしょう。

あなたはすでに〈受容〉の力については知っていることと思います。なぜなら、すべての私の本、すべての私の講演、すべてのＥＴＣのセミナーにおいて、受容について触れられているからです。私たちが、繰り返し繰り返し、受容について語るのは、エゴが過去にしがみついて、あなたが新しく学んだことを忘れさせるからです。

ほかのすべての本におけるのと同様に、本書においても、私はあなたに親しい口調で話しかけましょう。どうか、ハートを開いて、私の話を受け入れてください。

あなたが、それぞれの傷の深さをよりよく意識できるようになることが、本書を書いたもう一つの主要な理由です。そのために、私は、活性化した傷の例を数多くあげることにしました。実際、私は、この一四年のあいだに、私が関わった人たちに、しばしば次のような質問をしてきたのです。

「いま、あなたが話してくれた状況で、どの傷が活性化したか気づいていますか？」

すると、ほとんどの場合、その人は、驚いて私を見つめるのです。というのも、痛む傷それ自体に意識を向けるよりも、むしろ、自分の我慢強さにフォーカスしていたからです。

つまり、エゴは、ある傷が活性化したとき、私たちがそれに気づかないように策を巡らせるのです。しかし、自分がどの傷で苦しんでいるかに気づかなかったら、どうしてその傷を癒やすことができるでしょうか？

さあ、ハートをさらに開いて、本書を読み進んでください。あなたの人生に、確実で良好な変化を引き起こすためには、これまでとは違った行動を、日常生活においてしようと〈決意〉しなければなりません。また、これまで、人生に変化を起こせなかったことを、ありのままに受け入れることも必要です。

私は、次の二つが〈無限〉であることを知っている。
すなわち、〈宇宙〉と〈人間の愚かさ〉である。
ただし、宇宙に関してだけは、まだ、
本当にそうであるかを確かめられずにいる。

——アルバート・アインシュタイン

Chapitre 8

新たな知見

まず始めに言っておきたいのは、私たちは、全員が、魂の傷を持ってこの地上に生まれてきている、ということです。私たちは、その傷を受け入れることを学ばなければなりません。

それらの傷は、数多くの転生輪廻の過程で形作られてきており、それらのいくつかは、ほかのものに比べて、より多くの苦しみを与えるでしょう。その苦しみは、人によって異なっており、私たちの大部分は、それがどこから来るのか、どうすればそれを止められるのかが分かりません。

分かっているのは、さまざまな人たちや状況が、私たちを〈反応〉させる、つまり苦しめるということです。したがって、私たちの苦しみの原因を突き止めるのは、実に興味深いことであるのです。

それらの傷は、どうして〈魂の傷〉と呼ばれるのでしょうか？　それは、傷のせいで、私たちが人生の主導権をエゴに引き渡すとき、私たちの魂は、本来の人生の計画から遠ざかってしまい、まったくのお手上げ状態になるからなのです。その時、私たちの魂は非常に苦しみます。というのも、魂が転生してくるのは、真実の愛を生きるため、自分を完全に受容して生きるためだからです。その結果として、魂は、みずからの聖性に達することができるのです。

どの傷が活性化されるかによって、私たちの魂は、違った苦しみ方をします。残念なのは、エゴの声に従いさえすれば私たちは苦しまずにすむ、と思い込むことなのです。実際には、まったく、その反対であるにもかかわらず。

エゴは、魂の苦しみを感じ取ることができません。

エゴは、みずからのことしか考えないからです。エゴがいちばん満足するのは、自分の正しさを証明できた時なのです。

傷によって生み出された苦しみを感じないための方法として、エゴが私たちに勧めるのは、傷が活性化されるたびに仮面をつけることなのです。仮面によって私たちを守ることができると、エゴは本気で思っているのですが、そうすることによって、実際のところ、私たちは傷を維持し、なおかつ悪化させるだけなのです。傷が悪化すればするほど、私たちはより多く苦しむことになるでしょう。私たちがより早く、より強く反応すれば、反応はますます反復されるだけなのです。

こんにち、どうして、こんなにもたくさんの自殺があるのでしょうか？　どうして、何百万もの人たちが、タバコ、甘いもの、賭けごと、アルコール、薬、ドラッグなどに依存しているのでしょうか？　それらに依存すれば、感覚が麻痺し、本当の問題に気づくことが、ますますできなくなるというのに。また、医学が素晴らしい発達を見せているのに、重篤な病気がますます増えているのは、いったいどうしてなのでしょうか？　どうして、こんなに多くの別離と離婚があるのでしょうか？　それは、人びとが、みずからの魂の苦しみを、本当に感じようとしないからなのです。

そうです。魂の苦しみを否定すれば、苦しみはますますひどくなるばかりなのです。それは、肉体が負った傷とまったく同じです。傷が大きく開き、感染がすでに始まっているとき、それを何かで覆って見ないようにしたら、感染はますます進むでしょう。そして、傷はますます多くの痛みをあなたに与え、ついに、ある日、あなたは我慢できなくなるのです。

その時、あなたには二つの選択肢しか残されていません。その傷のために死ぬか、あるいはその傷を治すための行動を開始するか、そのどちらかです。現在、人類はそこまで追い込まれていると言えるでしょう。私たち全員が、みずから望む生き方を、今こそ開始しなければなりません。つまり、苦しみに満ちた生き方ではなく、幸福に満ちた生き方を選ぶ必要があるのです。

これまで、無数と言ってもいいほどの状況を観察し、無数と言ってもいいほどの人たちから話を聞いた結果、私は次のことを確信するに到りました。すなわち、私たちは、自分の傷に関連した、ある振る舞いや態度を取る人たちを引き寄せる、ということです。

そして、私たちは、少なくとも四つか五つの傷を持っている、ということを確認しました。私たちは、全員が、〈拒絶〉、〈見捨て〉、〈裏切り〉、〈不正〉の傷を持っているのです。〈侮辱〉の傷だけは、全員が持っているとは言えないようです。

ほとんどの人が、右にあげた四つの傷のうち、少なくとも二つを持っていることを認めます。ただし、人生の節々で、ある傷がより目立つようになり、ある傷がより潜在化するように思われます。

私自身は、きょうだいの多い家庭で育ちました。両親は、一一人の子どもたちのために、一生懸命働き、できる限りのことをしてくれたと思います。しかし、きょうだい全員のニーズには、どうしても応《こた》えられなかったはずです。私たちきょうだい全員の言うことを注意深く聞き、全員をしっかりほめるということは、とうてい不可能だったでしょう。

ですから、何人かは拒絶されたと感じ、何人かは見捨てられたり、裏切られたりしたと感じ、また、ほかの子たちは不正にさらされたと感じたはずです。現時点において、私は、両親のあり方や行動が、私たちきょうだいの傷の痛みを引き起こしたのではない、ということを知っています。そうではなくて、私たちきょうだいの、両親の態度に対する〈認知の仕方〉が問題だったのです。

事実をどのように認知するか、どのように解釈するかが、私たちの苦しみを引き起こすのであって、誰が何をしたかは、まったく関係がありません。

前著『五つの傷』において、私は、〈裏切り〉の陰には〈見捨て〉が隠れており、〈不正〉の陰には〈拒絶〉が隠れており、しかも、それらの両方の傷の痛みを同じように感じるわけではない、と説明しました。ここで、あなたが〈裏切り〉あるいは〈不正〉を感じた時のことを思い出してください。その際に、あなたが何をいちばん恐れたかといえば、〈見捨て〉られること、あるいは〈拒絶〉されることだったはずです。

私の場合、自覚できるのは、常に〈裏切り〉と〈不正〉の傷でした。〈見捨て〉と〈拒絶〉の傷はないと思っていたのです。ところが、一〇年くらい前から、見捨てられる恐れと、拒絶される恐れが、自分の中にあることを自覚するようになったのです。

ここで、思い出していただきたいのは、誰かを拒絶し、見捨て、裏切ることを恐れる、あるいは誰かに対して不正であることを恐れるのと、誰かからそうされるのを恐れるのは、同じくらいの程度である、ということです。そして、それと同じくらい、あなたは自分自身を傷つけてもいるのです。あなたが他者に対してするのと同じ程度に、あなたは、自分自身を拒絶し、見捨て、侮辱し、裏切り、自分に対して不正であり、そのことによって苦しむのです。

ETCの教えでは、その偉大な真実を、〈人生の三角形〉と呼んでいます。

〈人生の三角形〉は、他者とあなたの関係、あなたと他者の関係、あなたとあなた自身の関係が、まったく同じであることを示しています。それらの苦しみ、恐れ、不安は、同じレベルであるのです。


〈人生の三角形〉

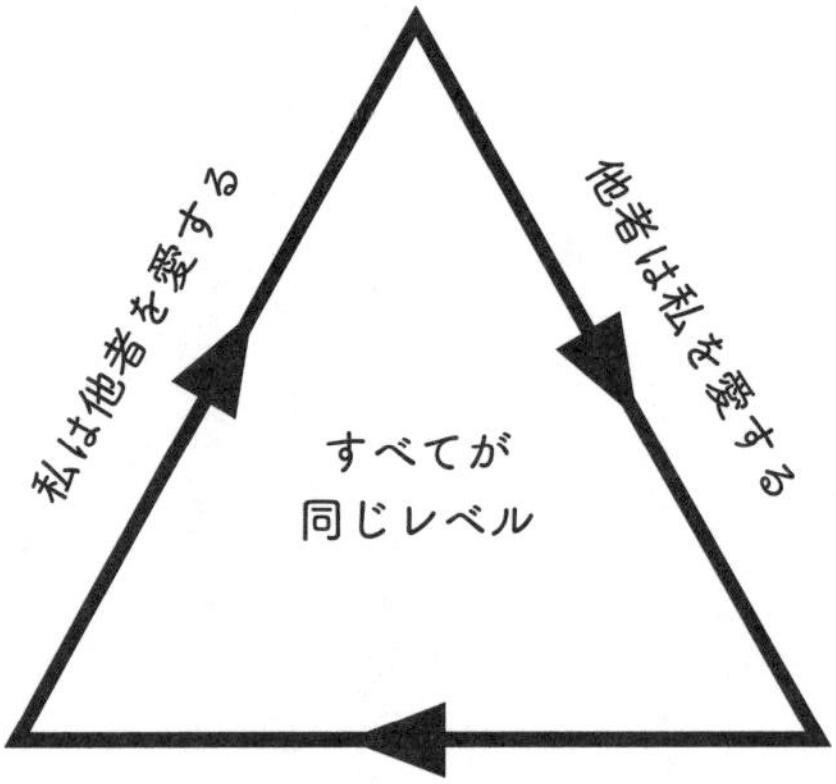

傷が活性化することによる痛み

それぞれの仮面に特有な態度と振る舞いは、傷が活性化されて、あなたが仮面をつけようと思ったときに顕在化します。

では、どうして仮面をつけるのでしょうか？　それは、仮面をつけることによって、活性化された傷が引き起こす痛みを感じないですむ、とエゴが私たちに思い込ませているからです。さらに、私たちが仮面をつければ、ほかの人たちは、私たちの傷を見ないだろうと思い込んでいるからです。

それは、私たちが、からだの傷の上に、ただ絆創膏を貼ったり、痛み止めを飲んだりすることにたとえられるでしょう。そうすることによって、私たちは「痛みがない」ことにするのです。

肉体的な痛みは、精神的な痛みの反映です。ということは、肉体的な痛みがあるために、私たちは、痛みの本当の原因に注意を向けることができるのです。

本書を読むことによって、あなたは、自分自身で痛みを止めることができるようになるでしょう。ただし、本書を単に読むだけでは、そういうふうにはなりません。あなたは、本書の中で提示されているさまざまな手法を、実生活に応用しなければならないのです。そうすれば、あなたは、他者の助けを借りずとも、自分自身で、痛みを少しずつ軽減することができるでしょう。

魂の傷を癒やすことは、からだの傷を癒やすことに、よく似ています。たとえば、からだの不調が発するメッセージを容易に受け止められる人は、それまでにも、いくつかの学びの段階を経ているはずです。

最初のころは、無意識的な生き方をしており、したがって、全面的に、お医者さんやセラピストなどに頼っていたはずです。それから徐々に、肉体的な痛みを超えたメッセージがあることに気づくようになり、そのメッセージを解読しようとし始めます。そして、より早くそのメッセージが読み取れるようになり、外部の助けが不要となっていくのです。

では、魂の傷は、どのようにして活性化されるのでしょうか？

前出の〈人生の三角形〉によって示されるように、それには三通りあります。以下にそれをあげてみましょう。

①他者の、あなたに対する態度や振る舞いによって引き起こされる。

②あなたの言動によって他者を傷つけたのではないか、他者の傷を活性化させたのではないかと不安になって、罪悪感をいだいたときに引き起こされる。

③自分自身に対して思ったこと、したことによって苦しむときに引き起こされる。

毎日、状況に応じて、また接する人たちに応じて、私たちの傷のどれかが痛みます。

私が観察した結果によると、一般的に、職場においては、〈拒絶〉と〈不正〉によって苦しみ、個人的な生活においては、〈見捨て〉と〈裏切り〉によって苦しむようです。

〈侮辱〉で苦しむのは、ほとんど自分自身との関係においてです。〈侮辱〉に関しては、のちほど詳しく論じましょう。

Chapitre 9

魂の傷をめぐるＱ＆Ａ

以下に、ETCのセミナーやワークショップ、そして講演会でよく出る質問と、その解答をあげておきます。

Q:養子になった子どもの場合、その子の傷を最初に活性化させたのは、生物学的な親でしょうか? それとも、その子を引き取った親でしょうか?

A:私たちの傷が活性化されるのは、妊娠中から七歳までのあいだです。心理学の知見によれば、私たちの思い込みは、すべて、人生の最初の七年間のあいだに形づくられる、ということになります。つまり、私たちの考え方、思い込み、恐れ、感情、決意などは、物心つかないうち、無意識的に形づくられたことになるのです。

傷の活性化あるいは目ざめは、生物学的な親によっても、養子縁組先の親によっても、等しく引き起こされます。しかも、人生の最初の七年間に活性化される傷は、私たちがすでに誕生以前に持っていた傷であるのです。

そして、傷を活性化するのは、親だけではありません。祖父母、子守り、先生、その他、その子の人生で重要な役割を演ずるすべての人たちなのです。

養子になったけれども、大人になってから生物学的な両親を見つけ出して会いに行った、という多くの人たちから私は話を聞きました。

それによると、彼らと生物学的な親とのあいだには共通の傷があった——つまり、共通の感情、恐れ、思い込みなどがあった、ということです。

養子に出された子どもは、たとえ生物学的な両親を知らなくても、今回の転生において彼らを両親として選んだということで、彼らとの結びつきがとても深いのです。遺伝子的な絆のみならず、魂の絆も深いのです。

もしあなたが養子だったとしたら、次のことを忘れないでください。つまり、生まれてすぐに、あなたが拒絶と見捨てを経験したのは、あなたの人生計画の一部であった――あなたは、それらの傷を、今生で受け入れられるようにするためにそうしたのだ――ということなのです。

あなたがこの選択の責任を引き受けないかぎり、それらの傷を癒やすのに大変な困難を感じることになるでしょう。

子どもが生まれてすぐに、その子の世話をする人たちは、一緒に学ぶべきことに応じて、その子に対し、働きかけたり、反応したりするでしょう。人生の仕組みというのは、実によくできているので、私たちはどうしてもその事実を受け入れなければなりません。私は、新米のママから、どれほど次のようなことを聞かされたことでしょう。

「二人目の娘とのあいだで、どうしてこれほど簡単に自分を失ってしまうのか分かりません。彼女は、私の〈ボタン〉を押すのがとても上手なのです。そうすると私は、この子に対して寛大であろうと、あれほど決意したことを簡単に忘れて、怒鳴り散らしてしまうのです。この子よりも三歳上の娘との関係では、決してそのようなことはなかったのですが」

この例を見ると、親においても、子どもにおいても、傷が活性化しているのが分かるでしょう。母親が、まず、娘から拒絶されたと感じてコントロールを失います。そして、自分が悪い親であると考えて自分を非難し（〈拒絶〉の傷と〈不正〉の傷が活性化されている）、怒るという反応を見せています。この種の反応は、一言も言葉を発さなくても、視線や身振りによって子どもに対して表明されるのです。

この例によって、深い苦しみが、状況に対する解釈から生じることが分かるでしょう。一方の人において、ある傷が活性化されているということは、もう一方の人においても、同じ傷が活性化されていることを示します。それは、同じ瞬間に、同じ程度で起こるのです。

私たちの傷が、幼年期に、いつ、誰によって活性化されたかを知ることは、さほど重要なことではありません。大切なのは、傷の存在に気づくことなのです。

私たちが、意識的になり、自分を受け入れれば受け入れるほど、ある種の出来事は思い出しやすくなるでしょう。

Q：幼年期に、父親か母親がいなければ、ある種の傷は活性化されずにすむのですか？

A：たとえば、母親一人で娘を育てる場合――つまり、父親の役目をする人がいない場合――でも、〈見捨て〉と〈裏切り〉の傷が活性化されることはあります。それらの傷は、以下のような異なる仕方で活性化されることがあるのです。

- 母親が、娘に、不在の父親について話をする場合。
- 娘が、ほかの家で、父親やその子どもたちを観察する場合。

- 兄や、親類の大人の男性によって、傷が活性化される場合。
- 自分が心の中に作った父親のイメージによって。
- 自分の目に父親と映るあらゆる男性によって。

これらは、幼年期、青年期に、片親しかいなかったすべての人に、適用することが可能でしょう。

Q：私が三歳の時に母が亡くなり、私が六歳の時に父が再婚しました。二人の母親のうち、どちらがより、私の傷を活性化したのでしょうか？

A：いかなる家族形態でも、その時の親があなたの傷に影響を与えます。

一般的には、生物学的な親が、あなたの、より深い傷を活性化するでしょう。そして、新しい親が、それらを活性化し続けるのです。

あなたは、あなたが必要とする人を常に引き寄せ続けます。そのことを忘れないでください。

Q：ホモセクシャルの人は、自分の親の性別を逆に考えた方がいいのでしょうか？

A：いいえ、その人が男性であろうと、女性であろうと、ホモセクシャルであることと傷とは、何の関係もありません。性的な嗜好はきわめて個人的であり、純粋に肉体的なものなのです。仮に、その〈性的〉嗜好が一方の親に対する反応から生じたとしてもです。

繰り返しますが、大切なのは、誰が最初にその傷を活性化させたか、ではありません。そうではなくて、その傷が自分に属すると認めることなのです。さらに、両親は、あなたの人生計画と関わりを持つその人生計画ゆえに、あなたによって選ばれた、ということを認めることです。両親は、常に、私たちの霊的成長を促してくれるのです。

ある人がホモセクシャルであることを選択したことに対する反応は、その人自身が学ぶべきことと直接関わっています。

一般的に、両親がそれを簡単に受け入れたとしたら、子どもがそれを受け入れていることを反映しているに過ぎません。その場合、当人の傷が活性化されるのは、その方面ではないでしょう。

もし、片親、あるいは両親がそれを受け入れないとしたら、一つ、あるいは、いくつかの傷が活性化される可能性があるでしょう。

ホモセクシャルどうしのカップルの場合、時には混乱が生じるかもしれません。たとえば、女性どうしが一緒に暮している場合、一方がより多く女性の役割を果たし、もう一方がより多く男性の役割を果たすでしょう。もし、あなたがそんなケースで女性の役をしているとしたら、あなたのパートナーは、あなたがお父さんとのあいだで経験した苦しみを活性化するはずです。ただし、相手は、あなたが母親とのあいだで経験した苦しみも活性化するでしょう。とはいえ、誰がどの傷を活性化するかは問題ではありません。それぞれの傷が活性化された時、あなたはそれを統御しさえすればいいのです。そうすれば、あなたは、より良い人間関係を築くことができるでしょう。

ホモセクシャルを選んだことを、あなたが受け入れていれば、あなたはさほどの混乱を経験せずにすむはずです。そして、ネガティブな感情を統御することが容易にできるでしょう。
異性どうしのカップルでも、混乱が生じることはあります。たとえば、妻にとって、夫が自分の母親に似ていると感じられることがあるかもしれません。その場合、どのように自分の傷を解釈すればいいか、分からないことがあるでしょう。そんな場合は、自分の振る舞いに注目すればいいのです。というのも、自分の振る舞いに注意すれば、仮面が明らかになり、その結果、おのずと傷も明らかになるからです。
そうしたら、次に、相手のどのような〈在《あ》り方〉を自分が裁いているかをつきとめてください。そうすれば、父親のどのような〈在り方〉を自分が裁いていたのかが分かります。混乱が生じるのは、行動が異なるにもかかわらず、同じ裁き方をしている場合でしょう。その場合、あくまでも、〈行動〉ではなく、その〈在り方〉に注目する必要があるわけです。このことについては、のちほど詳しく触れるつもりです。

Q：性転換、ジェンダーの変換、中間性、両性愛など、さまざまなことが言われるようになってきています。それらと、傷の活性化のあいだには、どのような関係があるのでしょうか？

A：答えは常に同じです。私たちの両親は、自覚しないままに私たちの傷を活性化しますが、それは、何を学ぶべきなのかを私たちが〈意識化〉するためなのです。一方、両親もまた、みずからの魂の進化のために、私たちを必要としています。
もし、ある人が、〈基準〉から外れているとしたら、その人は、自分自身からも、ほかの人たちからも、さまざまに〈拒絶〉されて生きることになるでしょう。

とはいえ、〈基準〉から外れていなくても、〈拒絶〉の深い傷を持って生まれてくる人は無数にいます。ですから、そうした〈違い〉にこだわるよりも、自分の苦しみをやわらげることに専念した方がいいでしょう。自分以外の誰も、それをすることはできないのですから。

Q：代理母から生まれた場合はどうなるのでしょうか？　子どもの傷は、誰によって活性化されるのでしょう？

A：妊娠期間中は、代理母との関係がきわめて密接になるでしょう。なぜなら、子どもは全面的に代理母に依存するからです。したがって、代理母が感じること、また、経験することから影響を受けることになります。

いっさいの偶然がないことからすれば、代理母は、胎児が必要としている形で影響を与えるでしょう。出産後は、代理母との関係が終了するため、子どもは彼女との関係を忘れ、引き取った母親とのあいだで必要とされている経験を積むことになります。

この種の経験の受け止め方は、人によって、いちじるしく異なるでしょう。ある子どもたちは、〈拒絶〉されたと感じ、別の子どもたちは〈見捨て〉られたと感じるかもしれません。また、別の子どもたちは〈不正〉を感じる可能性があります。さらに、ある子どもたちは、そこまでして生んでくれたのは、よほど自分の誕生を望んでいたのだと解釈するかもしれません。

Q：こんにちでは、試験管の中で受精することも可能です。その場合、傷への影響はどうなるのでしょうか？

A：もう一度、次のことを思い出してください。すなわち、私たちの人生は、生まれてくる前の計画に従って、すべてが組み立てられており、したがって、偶然は何ひとつないということです。

父親の精子が母親の卵子と結びつくのであれば、それが試験管内のことであっても、自然な受胎とまったく変わりありません。子どもは、それほど望まれて生まれた、ということを後になって知ることでしょう。

試験管内の受胎には、実母の卵子に対して、知らない男性の精子が使われることもあります。この場合、子どもは、自分の父親が失踪して不在である、というのと同じ経験をすることになるでしょう。

あるいは、実父の精子を使って代理母が妊娠することもありえます。この場合は、先ほどの代理母に関する質問と答えを参照してください。

いずれの場合にしても、それぞれの個別の状況はさして重要ではありません。最も重要なのは、子どもの魂が、そして両親の魂が、みずからの霊的進化のために、自分の人生計画に従って生きているということなのです。

自分の苦しみが他者のせいで引き起こされた、と考えるのは、まさしくエゴにほかなりません。

そうした思い込みを受け入れ、自分を犠牲者と考える限り、霊性向上の道は完全に閉ざされることになるでしょう。

Q：私たち一人ひとりが、〈侮辱による傷〉を除く四つの傷をすべて持っている、とあなたはおっしゃいました。私は、親族の中で、ただ一人、〈侮辱による傷〉を持っていますが、それはいったいどういうことなのですか？

A：誰でも、五つの傷のうち四つを持っていると私が言うとき、それは、魂にとって、〈侮辱による傷〉を受け入れる必要はない、ということを意味しているのではありません。

私たち全員が、家族に連綿と引き継がれてきた遺伝的記憶を持つと同時に、自分の転生の無数の過程で蓄積してきた細胞の記憶を持っています。

過去世のすべての人生が、私たちがこの美しい惑星で経験したあらゆることを受け入れられるようになるために、どうしても必要だったのです。過去世のいくつかの人生において、私たちは〈侮辱による傷〉を経験していますが、それは、私たちの〈受け入れる〉能力を引き上げるためだったのです。

この質問をした人は、〈侮辱による傷〉を持っているのは、親族の中で自分ひとりだと思い込んでいました。しかしながら、家系を綿密に調べてみれば、たぶん自分によく似ていて、〈侮辱による傷〉を持っている人が、ほかにも必ずいるはずです。

たとえば、自分が曾祖母にとても似ていると思われるのであれば、もしかすると、その曾祖母が自分として転生してきている、という可能性があるかもしれません。

同じ魂が、そのように転生して、前の人生で高められなかった受け入れ能力を完成させようとしているのです。

私はまた、親族の一人が持っている〈侮辱による傷〉を受け入れることができない人が、その傷を持っている人に向かって次のように言うのを、しばしば聞いてきました。「どうしてあなたは、そんなふうに、ほかの人に利用されるの？　人が良すぎるわよ！」あるいは、「どうしてあなたはそんなに太っているの？　ちゃんとダイエットしなさいよ！」

もし、あなたが、思考や言葉で、〈マゾヒストの仮面〉をつけている太った人を批判しているとしたら、あなたは、まだ、〈侮辱による傷〉を持つ人の振る舞いや肉体的特徴を受け入れていないことになります。そんな場合は、たぶんその後の人生で、あなたの〈侮辱による傷〉が、だんだん活性化されてくるでしょう。あるいは、次の転生にそれは持ち越されるかもしれません。

顔だけが丸くて、からだのほかの部分は〈侮辱による傷〉の特徴をまったく現わしていない人の場合も、同様のことが言えるでしょう。その人が、太らないように自分をコントロールしているとしたら、〈頑固な人の仮面〉のせいで、まだ〈不正による傷〉を受け入れられずにいるのです。

ですから、私たちが学ぶべき教訓にしっかり向き合うことが、何よりも大切なのです。そうしなければ、次の転生でも同じ〈傷〉を経験することになるでしょう。自分と他者を無条件に受け入れれば、私たちは素晴らしい幸福感を味わうことができるのです。

Q：双子は、必ず同じ〈傷〉を持っているのですか？

A：少し前まで、二卵性双生児はそれぞれ異なった人格と肉体を持っており、一卵性双生児はあらゆる面で――人格的にも肉体的にも――まったく同じであると考えられていました。しかし、最近の研究によれば、一卵性双生児であっても、生き方や病歴において必ずしも百パーセント同じではない、と見なされています。

たとえば一方がとても若いときにガンにかかり、もう一方が七〇歳になってガンにかかる、というケースがありますが、研究家たちはそれがなぜなのか理解できていません。

双生児については、数多くの研究がなされていますので、どうぞインターネット等で、じっくりと調べてみてください。

自分の決心と自分の行動によって人生が形づくられる、という《原因と結果の法則》によれば、一卵性双生児のそれぞれが――たとえ肉体的にはそっくりであっても――別の経験をするということは充分ありえるでしょう。それぞれの選択の違いが、異なった人生を形づくるわけです。二人のうちの一方が、〈意識化〉の手法によって自分の苦しみを緩和すれば――つまり、恐れよりも愛を選び、抵抗よりも受容を選んで、その結果、エゴに支配されずに、ハートの導きに従うとしたら――、エゴの声を聞いたもう一方よりも、病気になる確率が大幅に下がるはずです。

私の観察によれば、一卵性双生児の場合、一方が新しい振る舞い方を採用すると、もう一方も、だいたい同じ振る舞いをするようになります。二人は非常に深く結びついているので、距離が離れていても、容易に通じ合うのです。最初に生まれた子どもの方が、もう一方に対して、より大きな影響力を持っているようです。ただし、私たち人間は〈自由意志〉を備えていますので、一卵性双生児の未来をはっきりと予測することはできません。

Chapitre 10

エゴ——傷の癒やしを最もさまたげる存在

本章のタイトルを書きながら、私は次のように自問していました。すなわち、エゴが私たちに及ぼす悪影響に関して、これほど多くの本が書かれているにもかかわらず、どうして私たちは、エゴの支配から脱することができないのだろうか、と。

それに対する答えは、次のようなものでした。「私たちの集合意識が目覚め始めたので、エゴの抵抗がますます強くなった。エゴは消滅することを恐れている」

したがって、これまでと同様に、私は、ＥＴＣのセミナーや講演会、そして私の本の中で、エゴについて語り続けようと思っています。私の本をすでに何冊か読んだ人たち、あるいは、私のセミナーに参加した人たちのために、この章の中で、また本書全体の中で、具体例をなるべくたくさんあげるつもりです。あなたがどれくらい自分の人生を統御しているか、そして、どれくらいエゴの支配を受けているかを明らかにしたいのです。

精神世界の探求を開始して以来、これまでの四五年のあいだ、私は無数と言ってよいほどの本を読んできました。また、この三〇年間、数多くのセミナーやワークショップに参加して、私の意識を高め、一方で、人びとに教えてきました。それでも、これまでに意識化できていなかったことを、まだ発見し続けています。それらを発見するたびに、驚きのあまり呆然とするのです。どうして、こんなことを、これまで知らずにいられたのだろうと不思議に思うのです。

だからこそ、私はこの本を通じて、今度はあなたに、エゴがどれほど私たちに影響を与えているか、どれほど私たちを支配しているかをお伝えしたいのです。毎年、毎月、毎週、毎日、少しずつ〈意識化〉が進んでいるのは、決して私ひとりではないと考えています。いつか、エゴの影響を受けないようになる日がやって来るでしょうか？　私は、その日を夢見て、〈手放す〉作業を続けています。そうすれば、やがて、エゴが用いるあらゆる手段を意識できるようになるに違いありません。私は、もっともっと、自分の人生を統御できるようになりたいのです。

エゴが生まれるとき

私は、よく、次のような質問を受けます。「エゴはどこからやって来るんですか？　どうして、エゴは人生において、それほど重要な役割を果たしているのでしょうか？」

エゴは、今から数百万年前に、人類が精神エネルギーを発達させ始めたときに、登場したのです。あなたは、アダムとイブの話を知っているでしょう。彼らは、地上の楽園で暮らしており、完全な存在でした。イブが知恵の木の実を食べたとき――つまり、精神の次元を発達させ始めたとき――、彼らは不完全になり、数々の問題が起こり始めたのです。

この象徴的なお話が示しているのは、精神エネルギーを発達させることで、私たち人類が、選択する力を身につけたということです。人類は、この地球上において、〈自由意思〉を持つ唯一の種です。時間が経つにつれ、私たちは精神の次元に多くの権限を与え、そのエネルギーを使ってエゴを創造したのです。そうすることが私たちにとって有用だと考えたからです。そして、ついに、エゴに力を譲り渡してしまったのです。その結果、唯一の現実的な力というのが、私たちの内部にある聖なる存在――私たちの光、私たちの大いなる智慧、私たちの〈内なる神〉――の力であることを、すっかり忘れてしまいました。

エゴは、ちょうど、あなたの隣人のようなものです。あなたは、その隣人に多くの権限を与えたために、その隣人は、しょっちゅうやって来ては、あなたに「ああしなさい」「こうしなさい」と指示するようになりました。この隣人は、自分のことを、ものすごく重要で、不可欠な存在だと思い込んでいるのです。自分なしには、あなたは生きることができない、と思っています。というのも、あなたはたった一人では、人生において、何ひとつ決定することができない、とその隣人は考えているからです。あなたは、その人を非難することができるでしょうか？　いいえ、できませんよね。なぜなら、彼は私たちのために奉仕していると思い込んでいるのですから。

まさに、エゴは、そのような存在なのです。エゴは、自分を客観的に見ることができません。何が本当に起こっているかを知ることができないのです。ですから、あなたは、エゴが存在するとき、それを意識化するために、自分をきちんと観察しなければならないのです。エゴは、タオルについているシミと同じで自分がシミであることを自覚できません。シミを見るには、タオルの外側に出なければならないのです。

エゴが精神エネルギーで出来ているのは、たいへん重要なことです。私たちの精神の次元は、思考し、推論し、計画し、組織し、記憶するために、不可欠の存在です。それは、物質の次元とは異なり、見ることもできなければ、触ることもできない、精妙な次元に属します。とはいえ、それは、厳然と存在する、たいへん重要な次元なのです。

思考したり、組織したりするため、私たちの精神は、記憶を探って、これまで学んだあらゆることを参照します。過去に学んだあらゆることを用いて、私たちがニーズを満たすのを助ける時、エゴは最高に幸せで安定しているのです。

どうして、この本の中で、それほどエゴについて語るのでしょうか？　なぜなら、エゴについて知れば知るほど、あなたの傷が活性化されてあなたが反応するたびに、それを〈意識化〉することができるようになるからです。事実、それぞれの〈反応〉は活性化された傷によって引き起こされるのであり、それは、あなたがエゴの支配下にあることを示しているのです。

エゴが支配しているということは、あなたが傷を仮面で覆っているということを意味しています。

エゴとは何か

エゴは人間だけが持っているものです。動物にエゴはありません。エゴは、精神エネルギーによって養われています。そして、エゴは、自分が過去に学んだことしか信じません。たとえば、過去に危険だと見なされた〈状況〉は、エゴによって、ずっと危険だと見なされ続けます。エゴは、常にものごとを固定的にとらえ、あらゆる変化を嫌うのです。エゴが大好きなのは苦しむことです。

エゴは、満たされない欲望が原因で苦しみます。さらに、欲望が満たされてしまうことを恐れます。したがって、ここには、出口がありません。

エゴには〈現実〉が見えません。というのも、エゴは、すべてを、自分が創り出した世界に基づいて見るからです。エゴにとって、自分が創った世界だけが、本当の世界なのです。

多くの大人たちが、幼少期の困難な出来事について語るのを私は聞いてきました。彼らにとって、それらの出来事は、まさに真実なのです。ところが、家族の人たちに聞いてみると、彼らの〈認知〉の仕方が必ずしも正しいわけではないことが判明します。家族のほかの人たちは、その出来事を別の形でとらえているのです。彼らは、長い年月にわたって、その出来事ゆえに苦しんできたのですが、実を言えば、それは、エゴによって認知が歪められていたために、ただ単に現実が見えなかっただけなのです。

私は、子どもが一一人いる家庭で育ちました。もし、その子どもたち全員に、両親がどういう人であったかを順番に聞いていったら、おそらく、まったく違う両親に育てられたように感じられるはずです。私が幼かったころ、家が火事になったことがあります。何年か経ってから、私の姉たちとその話をしたのですが、誰ひとりとして、私と同じ話をする人はいませんでした。まったく別の火事の話をしているとしか思われませんでした。それほど、人によって現実の受け止め方は違うのです。つまり、私たちは、〈現実〉を、思い込みや恐れ、つまり〈エゴのフィルター〉を通して作り上げるわけです。

精神を材料にして作られるため、エゴは、精神の〈異常増殖物〉だと考えられます。あなたは、肉体の〈異常増殖物〉を知っているでしょう。たとえば、いぼ、嚢胞、腫瘍などがそれです。それらの増殖物は、肉体を材料にして作られますが、自然なものではありません。肉体に寄生して、肉体エネルギーを使ってみずからを作り出し、存在し続けます。私は、そうした増殖物の構造に、ずっと感嘆し続けてきました。というのも、それらはみずからを生きながらえさせるために、細い血管すら作り出すからです。

エゴも、そうした増殖物に似ていますが、増殖物以上のダメージを私たちに与えます。というのも、エゴ自体が、生きようという意志、生き延びようという意志を持っているからです。エゴは、死ぬのではないか、消えてしまうのではないかと、絶えず恐れていますが、それは、みずからが、現実の存在ではなく、つかのまの存在にすぎない、ということを知っているからです。だからこそ、よけいに自分が存在すると思い込みたがるのでしょう。

エゴはこのように無知なのですが、そのさまは、お金が足りなくなりそうなのを認めたがらず、その結果、自分が明日をも知れぬ生活をしていることを意識できない人に似ているでしょう。この人は、自分が危険な状態にあることを意識できずに浪費し続けておりながら、自分は安全である、お金が足りなくなることなどない、借金を払うお金はいつでもある、などと、会う人ごとに対して言い続けるのです。「あなたは財政的に危険な状態にあるから、すぐに生活を変えた方がいいですよ」などと言う人がいようものなら、そういう人を手ひどく批判するでしょう。この人は不安を感じていないので、ほかの人たちも、自分自身も、納得させる必要など感じないのです。エゴも同じことです。自分が幻想であることを知らずに、自分は存在するのだ、といつも思い込もうとしています。

エゴは、精神エネルギーの中における強力な存在で、あなたからたくさんの力を奪います。あなたがエゴに支配されるたびに、あなたはエネルギーを失うでしょう。それをあなたはこれまで何度も経験していると思います。あなたが、恐れやネガティブな感情を持つとき――それこそ、まさに、エゴに支配されているしるしなのですが――一日の終わりにあなたは疲れを感じているはずです。

エゴを養い続けるか、あるいは、それをやめるかを決めることができるのは、まさにあなただけなのです。ただし、それをやめることは、そんなに簡単ではありません。というのも、これまでの数多くの転生の過程で、私たちはエゴに力を譲り渡してきたからです。エゴは私たちを騙《だま》すための巧妙な手口をたくさん知っています。そして、本当はエゴが私たちの人生を決めているのに、私たち自身が人生を決めていると、私たちに錯覚させるのです。

エゴは、あなたの〈思い込み〉の総体

エゴについて話をするとき、私はすべての〈思い込み〉に言及します。つまり、エゴがあなたの人生に影響を与えるためのすべての手段について語るのです。

何百もの〈小さな声〉が、絶えず、あなたにささやきかけることに、たぶんあなたも気づいていることでしょう。あなたを不安にさせたり、自分や他人を疑わせたり、あなたに罪悪感をいだかせたり、行動に移すのを邪魔したりする、あの小さな声たちです。

それらの声の一つひとつが、一つひとつの思い込みと結びついています。それらの思い込みを正しいと思って、それらを維持すればするほど、あなたはますます、それらを重要だと思うようになるでしょう。要するに、エゴは、あなたが自分自身であることをさまたげる、〈思い込み〉の総体であると言えるのです。

力を取り戻すことの難しさ

人生を管理する力を取り戻して、もうこれ以上、私たちをエゴに支配させないようにすることが、これほど難しいのはなぜでしょうか？　その主要な理由は、人類が〈意識化〉の力を失っているということです。私たち人類は、心の中に生起していることの五パーセントから一〇パーセントくらいしか意識化でき

ていません。つまり、私たちの何百もの〈思い込み〉が私たちを支配している時、私たちはそのことをほとんど意識化できていないということなのです。

この本を読み終えるころには、あなたはたぶん、いろいろなことを素早く〈意識化〉できるようになっているでしょう。そのためには、自分のことしか考えないエゴ、つまり、〈卑小な私〉が、「**私が、私が**」、「**私に、私に**」、と言い続けていることを意識化しなければなりません。そう言い続けることが、エゴにとって唯一の存在証明なのです。エゴは、世界全体に対して、自分ひとりで立ち向かっていると考えています。

エゴは、自分が存在していると、絶えず思う必要があるのです。自分があまりにも重要なので、人類と同じく、永遠に存在し続ける、と思いたがるのです。

これからの文章の中で、【 】にはさまれた部分は、〈卑小な私〉、つまりエゴが考えていることです。エゴは、絶えず自分の外観を気にし、愛されなくなることを恐れ、認められないことを恐れ、間違うことを恐れています。**私が**、**私に**と、繰り返し繰り返し、考え続けるのです。

たとえば、あなたが寝坊をしてしまったとします。すると、エゴはこう言うでしょう。【なんてことだろう！　どうして目覚ましが鳴らなかったの？　これでは遅刻してしまう。上司がまた**私**を厳しい目で見るに決まっている】

次に、あなたが台所に行くと、そこにはご主人と二人の子どもがいます。【どうして**私**を起こしてくれ

なかったの？　昨日の夜、**私**は明日、いつもより早く出かけると言ったはずじゃない】

手早く身支度をすまそうとしますが、着ていきたいと思う洋服が見つかりません。【なんてことなの！　服がまだクリーニングから戻って来ていないわ！　昨日、**私**のやることがあれほど多くなかったら、**私**はあの服を取りに行けたのに】

あなたは鏡に映った自分を見ます。【ああ、また**私**にシワが一つ増えた。家族の面倒を見なくちゃいけないから、どんどん**私**が年をとるんだわ。**私**にはもっと休暇が必要なのよ。**私**はどんどん老《ふ》けていく。姉よりも、**私**の方が、おばあさんだわ！】

家を出る前にトイレに行きます。【ああ、もう！　便座を下げるのを忘れたのは誰？　きっと夫だわ。男というのは、**私**たち女性のことを考えないんだから。いつになったら**私**たちに対する思いやりが身につくんだろう？】

職場に向かう途中で。【まったく。電車が遅れるから、**私**が遅刻するじゃないの！】

遅刻して職場に着く。【**私**は、また遅刻だわ。今朝は、すべてが**私**の邪魔をした。目覚まし時計から始まって……】こうして、彼女は自己正当化をし続けるのです。

さらに、会議の途中で。【どうして、何度も同じことを**私**は聞かなきゃならないの？　重要な会議だと思ったから、**私**が出席したのに。どうしていつも彼女だけしゃべるのかしら？　意見を**私**に聞けばいいのに。**私**が大した人間じゃないって思っているのかしら？】

お昼になって、ファストフード店で食事をしながら。【ああ、**私**は、またフライドポテトを頼んでしまった。**私**は、もうフライドポテトを食べるのはやめようと決めたのに。これでは**私**は太ってしまう。なん

て**私**は意志が弱いの！】

オフィスで四杯目のコーヒーを入れに行きながら。【これが、**私**の最後のコーヒーよ。一日に四杯は**私**には多すぎる。でも、今日は、みんなが**私**をいらつかせるんだもの。だから、**私**にはコーヒーが必要なんだわ】

上司が、急な仕事を持ってきます。【どうして**私**にばかり押しつけるの？　そもそも、なんで**私**に「ありがとう」の一言もないの？　職場でも、家でも、**私**には、やることが山のようにある。いったい**私**が神様に何をしたっていうの？　みんなが**私**を利用するんだから！】

職場を出るのが遅くなり、息子をサッカーの練習に連れていくのが遅れます。【この子は、どうしてそんな目で**私**を見るのかしら？　**私**は、できることを精一杯やっているのに。**私**が外で働き、なおかつ家族の世話もしていることが、どんなことなのか分からないんだわ】

彼女は帰宅します。夫が、いつもより遅く帰ってきます。【やっと帰ってきたと思ったら、テレビに張りついている。**私**におみやげでも買ってくれればいいのに。そうでなければ、**私**の代わりに夕食の支度でもすべきなのよ！】

息子がサッカーの練習を終えて、遅く帰ってきます。彼女は、息子のために何か食べものを作ってやらなければなりません。【遅くなるって、どうして**私**に言わなかったのかしら？　我が家では、みんなが**私**のことを家政婦だと思っているみたい】

九時になって、やっとテレビの前に座れました。四人の主婦が登場する連続ドラマを見るのです。【ああ、**私**もこんなきれいな家に住みたいわ。そして、**私**のために何でもやってくれる家政婦が欲しい！　それに、彼女はなんて素敵な洋服を持っているのかしら。しかも、洋服を買うのに、**私**みたいに働く必要がない！ まあいいわ、夢を見たところで、**私**に何か変化があるっていうわけでもないし。こんな素敵な生活は、どうしたって**私**には無理なんだわ】

　息子と娘がケンカを始め、ますます激しく言い合います。【ああ、**私**はもう我慢できない！ **私**は疲れているのよ。きつい一日を**私**は過ごしてきたんだから。あなたたちは、ほかの人のことを考えられないの？ **私**には休息が必要。一日じゅう働いたあげく、やっと**私**は座れたというのに、いったいこれは何？】

　ようやくベッドに横になると、夫が性交渉を要求してきます。【**私**が一日じゅう働きづめで、**私**にはもうエネルギーがぜんぜん残っていない、っていうことがどうして分からないのかしら？ 男はみんな同じ。あれのことしか考えないんだわ。そして、**私**たち女性のニーズなんか考えもしない。まあいいわ、とにかく今日、**私**が応じてあげれば、数日のあいだ**私**は平和に過ごせるでしょう。それに、明日、夫は**私**にやさしくしてくれるはず】

　ここでひとつ、注意をしておきましょう。私はここで、**私**という言葉をまったく使ってはいけない、と言っているわけではありません。たとえば、あなたが体験した出来事について語る場合、**私**という言葉をかなり頻繁に使わざるをえないでしょう。もっとも、次のことには注意してください。発言の裏に批判、優越感、また、賞賛や関心を求める気持ちなどが隠されている時、エゴはますます**私**という言葉を使うようになる、ということです。

エゴは〈批判〉という武器をよく使う

私たちを支配した上で、みずからが重要な存在であることを示すためにエゴが使う、とても巧妙な手段は、他者を頻繁に批判することです。エゴは、ほかの人たちの欠点を見つけるのが大好きなのです。他人のあら探しをしてそれを指摘し、あなたの方が上であると思い込ませようとします。

私の中でエゴがどれほど大きな位置を占めているかを発見したこと、そしてまた、日々発見し続けていることは、私にとって大いなる天啓のようなものです。

私が意識的になればなるほど、エゴが私の中で占める場所の大きさが分かります。そして、人生の方向を決めているのが、私ではなく、実はエゴなのだと気づけば、その時点で、エゴから影響を受けるのをやめることができます。

もし本当に魂の傷を癒やしたいのであれば、エゴがあなたの人生に占める影響の大きさを、ぜひとも意識化しなければなりません。

私たちの傷が活性化されるのは、エゴが活動を開始するからにほかならない、ということを受け入れる以上、あなたはエゴの存在を、ぜひとも〈意識化〉しなければなりません。以下に、意識化を推し進めるためのヒントをあげておきましょう。それぞれの批判的な言葉のあとに、エゴの思考を付け加えておきます。

・彼女、すごく太ったわよね。家に鏡がないのかしら？【**私**は絶対、あんなふうにはならない。**私**は彼女より意志が強いから】

・彼はしゃべってばかりいる。まるで独演会だわ。ほかの人たちもしゃべりたいのが分からないのかしら？【**私**はもっと控えめだし、ほかの人たちの気持ちを大切にするわ】

・なんだ、前の車は？　強引に割り込んできやがった。免許を持っているのか。【**俺**の方がはるかに運転はうまい。**俺**は絶対に割り込みなんかしないしな】

・かわいそうに、彼女は問題を抱え込んで、しかも、標的にされてばかりいる。【**私**は思うままに人生を生きている。しかも**私**は、彼女みたいに自分の問題で人の関心を引く必要はない。**私**は彼女のように、他人を利用したりしないわ】

・いったい何度繰り返して言えばいいの？　どうして分からないのかしら？　私が言っていることは、とてもはっきりしているのに。【**私**だったら、もっと相手の言うことをよく聞くわ。**私**はもっと注意深いし、もっと早く相手を理解する】

・どうしてこの人はまた同じことをするのだろう？　私がそれを好きじゃないことは知っているのに。【**私**だったら、彼女が好きじゃないことは絶対にしない。それも、**私**の彼女に対する愛なんだわ】

・役所に電話をするのはもういや。最初に出てくるのは機械の声だし、やっと人が出たと思ったら、今度は同じことの繰り返し。時間がかかってしょうがない。【もし**私**が役所の幹部だったら、もっと利用者を大切にするわ。そして、**私**がやり方を変えさせる。もっといいシステムを**私**が作る】

・どうして私に意見を聞くわけ？　私の意見なんか気に入ったためしがないし、いつも自分の好きなようにやるじゃない！【**私**はあなたみたいにエゴイストじゃないわ。**私**はもっと柔軟だし、**私**はほかの人の時間を奪おうとしない】

・どうして男のくせに、こんな仕事をしているのだろう？【**俺**なら、絶対にこんな仕事はしないな。**俺**は、もっとちゃんとした仕事をする】

・どうしてもっと早く料理を持ってこないのかしら？　このお店には、それほどお客がいないのに。ウエーターがストでもしているのかしら？【もし**私**がオーナーだったら、**私**は絶対、サービスを優先させるわ】

・プラスチックの容器を使うレストランがいまだにあるなんて！　公害になるだけじゃない。地球はゴミの山だわ。【**私**は意識がすごく高いから、もし**私**がオーナーなら、こんなゴミになるような容器は使わないわ】

・彼は健康の問題を抱えているようだ。だいたい、ほとんど水を飲まないじゃないか。からだにとって、水は二番目に大切なものだというのに。【**僕**はもっと知的だから、**僕**に必要なだけ、きちんと水を飲んでいるぞ】

・もう何年も前から彼は同じ問題で苦しんでおり、我々は彼に解決方法を示している。いつになったら、彼はそれらを真剣に検討するのだろうか？　彼を助けたい気持ちが、さらに強くなっている。【**僕**を愛し、**僕**を助けてくれる人たちに対して、**僕**はとても感謝しているので、**僕**もまた、彼を助けてあげたいと思っている】

・姉は、息子よりも娘の方を愛している。それはすごく不当なことだと思う。【**僕**だったら決してあん

なふうにはしないだろう。**僕**は子どもたち全員を平等に愛しているのだから】

- どうして両親がいまもって一緒に暮らしているのか分からない。しょっちゅうケンカしているし、しかも父の方がいつも譲るのだから。【もし**僕**が母の立場だったら、絶対、父のような夫を許さないだろう。**僕**だったらすぐに離婚する。また、もし**僕**が父の立場だったら、**僕**の方がはるかに強いのだから、**僕**は、母には絶対、あんな態度はとらせないだろう】
- 母に会いに行くたびに、姉がどんなに優秀な子だったかを僕に話して聞かせる。どうして、母は、僕をほめてくれないのだろう？【**僕**は、母のように不当なことはしない】

エゴは大げさな言葉を使う

あなたが大げさな言葉を使うときは、エゴがもっと認められたいと思っているときです。エゴは誇張された大げさな言葉を使うのが大好きです。「いつも」とか、「決して」、「絶対」など、あらゆる形の誇張表現を使うのです。それらを以下にあげてみましょう。

- **私**は決してデザートを食べない。
- あなたは、いつも遅れるのね。
- **僕**は絶対に怖がらない。
- あなたは本当に何も理解しないのね。**私**はいつも同じことを繰り返さなければならない。
- **私**の息子は、いつも嘘をつく。

- 残業をするのはいつも**私**なんだから。
- あなたは絶対、**私**に話しかけてくれない。仕事から帰ると、いつもテレビを見てばっかり。

エゴは「〜しなければならない」という表現を使う

エゴは、思考においても、実際の発言においても、「〜しなければならない」とか、「〜のですが」「〜のだが」という言い方をよくします。

なぜでしょうか？　それは、エゴが恐れを隠していながら、一方で、自分の恐れに耳を傾けるよう、あなたに迫っているからです。

たとえば、エゴが、「こんなに食べるのはやめなければならない」とか「タバコを吸うのをやめなければならない」と言うとき、エゴは、あなたを不安にさせ、あなたをコントロールしようとしているのです。自分が存在すること、自分は強いことを、あなたにアピールしようとしているのです。

エゴは、人生においてあなたは選択することができる、ということを知らないのです。特に、あなたが恐れに基づいて何かを決めたとき、あなたはその恐れをさらに強化する結果、やがてそれが何らかの形をとって現実化する、ということを知らないのです。

何かを避けるためには自分をコントロールしなければならない、とあなたに強要していることに、エゴは気づいていないのです。しかし、自分をコントロールして何かを避けようとすればするほど、その何かは、やがて現実化してくるでしょう。

「〜のですが」「〜のだが」というような言い方・考え方の背後には、無意識的な恐れが隠されています。

たとえば、「私に対して不快な物言いをするのはやめてほしい、と同僚に言わなければならないのだが」というような考えです。

そうした考え方の陰には、何らかの恐れが隠されているのです。もし、恐れがないとしたら、その人は、たとえば、次のように考えるはずです。「よし、明日、同僚に話をしよう。問題をはっきりさせて、同僚との関係を、より良いものにしよう」

エゴは〈持つ〉ものや〈する〉ことと自分を同一視する

エゴは、〈持つ〉ものや〈する〉ことと自分を同一視しますので、財産や人など、自分の安全を確保し、養ってくれるあらゆるものを所有しようとします。そして何かを失うことを非常に恐れるのです。というのも、何かを失うのは、自分の一部を失うのと同じことだと考えるからです。また、会話の中で、自分が持っているものに言及したり、あらゆる手段を使ってそれらを見せびらかしたりすることによって、自分を価値づけようとするでしょう。

あなたは、自分が〈所有するもの〉ではありません。財産、お金、才能、地位などはあなたではないのです。また、あなたは、自分が〈すること〉ではありません。つまり、あなたは、仕事、育児、家事、などではないのです。

数年前、私は、高級車を次から次へと買い替える男性を知っていました。レストランに行くと、ドアマンに多額のチップを渡し、自分の車を入り口のすぐそばに停めさせました。一方で、より安いドッグフードやトイレットペーパーを買うために、わざわざ遠いスーパーまで、その高級車を走らせるのでした。そうやって、ケチケチ小銭を節約するかと思うと、人の目につくところでは、驚くほどの使いっぷりを披露するのです。

私は、ついにある日、彼が完全に自分と車を同一視していることに気づきました。「私が高級車に乗っているので、みんなは、私がお金持ちだと知るだろう。私はひとかどの人物なのだ」と考えていたのです。この男性は、数年のあいだは非常に豊かでしたが、その後、大きな借金を背負い、一文無しになりました。

この種の振る舞いによって、エゴは、自分が重要な人物で、かつ、本当に存在している、という実感を持つのです。エゴは、本当は、自分が一時的な、はかない存在であることを知っています。だからこそ、自分は存在する、自分が消えることはないと、あらゆる手段を使って、自分に思い込ませようとするのです。

たとえば、ある人の会社が倒産し、持ちものをすべて失ったとき、解決法として自殺を考えるとしたら、その人は、〈持つ〉ものと自分を同一視していたのです。

自分と仕事を同一視している人を見分けるのはとても簡単です。そういう人は、人に会うたびに、聞かれもしないのに、自分がどんな仕事をしているかを話し始めるのです。「私は実は医者なんですよ」、「私はエンジニアです」、「私は物書きです」、「私はある大きな会社の社長をしております」などなど。

ほかの人が、認めてくれたり、ほめてくれたりすれば、もう本当に大喜びです。もし、自分の仕事や地位ゆえに、何らかの特権を得ることができたとしたら、幸福ではち切れそうになるでしょう。それは、まさしく、エゴが膨れ上がっている様子を示しているのです。

ある女性たちは、夫の仕事や家族のステータスに自己同一化しています。「私は、○○博士の妻でございます」、「このあいだのオリンピックで金メダルを取った水泳選手をご存じでしょう？　私は、あの○○の姉なんですよ」

あなたや、あなたのまわりにいる人たちが、自分の財産や親族などについて語るとき、「**私**の～」と言うことで、自分を偉く見せようとすることがよくあるでしょう。たとえば、次のように。

- **【こんにちは、リズ。私の夫を紹介します】**（この時、私は、心の中で笑いながら、男性に対して、「こんにちは、私の夫」と挨拶したのでした）
- **【私のお金、私の宝石、私の口座……】**
- **【私の新車にキズをつけたのはいったい誰？】**（この場合、私の車にキズをつけたのは誰、と言えばすむことです）
- あなたはバスを待っています。すると、誰かがあなたの前に割り込んできました。あなたは、たぶんこう言うでしょう。**【そこは私の場所ですよ】**
- あるご夫人が、自分の夫にぴったり寄り添って歩いていますが、その視線は、まわりの女性たちにこう言っているのです。**【ほら見て、これが私の夫よ。素敵な男性でしょう。私の愛する人を取らないでね！　私のものなんだから】**（男性たちも、これと同じことをします）

エゴが〈嫉妬〉として現われることもあります。あなたの持っているものを奪おうとする人がいると、あなたは猛烈に嫉妬するのです。あなたは何を失うと思っているのでしょうか？　あなたは、自分の持っているものと自己同一化していますので、あなたの一部を失うと思っているのです。その場合、あなたは完全にエゴに支配されていることを忘れてはなりません。

自分の〈する〉ことに自己同一化している人は、他人の批判をなかなか受け入れることができません。その場合、自分の存在それ自体が批判されていると受け取ってしまうのです。相手が批判しているのは、その人の〈したこと〉にすぎないのに。

次に、エゴがどのように批判を受け取るかという例をあげておきましょう。

- 君が作ったこの新しい料理は、あまりおいしくないね。【ええ、どうせ**私**はだめな料理人ですよ！】
- あの子のお母さんは、あの子をあまり叱らない。【あーあ、**私**は本当にだめな母親だわ】
- あの子の父親は、時間を作ってあの子とよく遊んでいる。【ああ、**僕**は父親として失格だな】
- 君は、これで、同じ失敗を三度したね。いったい何度失敗したら、失敗しなくなるの？【まったく、**私**ってどうしようもない人間なんだから】

私自身も、ＥＴＣの講師たちも、講演会やセミナーのあとで、時々、ある種のコメントを受けとります。「あなたの講演は長すぎる」、「解決法が具体的に示されなかった」、「実践のための時間が短すぎる」、「尻切れトンボで、結論が分からない」、「質問したくて手を上げたのに、当ててくれなかった」などなど。

そして、これらの人びとが批判しているのは私たちの教え方のごく一部にすぎない、ということを忘れると、エゴが優勢になって次のように考えます。「私は講師として、全然だめなんだわ」、「みんなに嫌われた」、「もしかすると、職を失うかも……」。

一方で、私たちは、受講者に、今後のセミナーで続けた方がよいところ、改めた方がよいところも尋ねます。そして、その結果を見ると、すべての人の期待に沿うことは、とうてい不可能であることが分かるのです。

これは、人生のあらゆる領域に当てはまるでしょう。批判されると、エゴは、私たちがやった良いことや、ほかの人から受けたほめ言葉を、すべて忘れさせるのです。

エゴは、ほめ言葉が大好き

あなたのエゴが、どんな方法をつかってほめ言葉を得ようとしているか、あなたは知っていますか？

エゴは、認められることと、ほめられることが大好きです。
それらを得るためだったら、どんな方法でも使うでしょう。
そんなふうにしてエゴは、自分が存在する、自分は重要である、と感じたいのです。
エゴは、自分が無敵だと思い込んでいます。

その例をいくつかあげてみましょう。

・相手が求めもしないのに、自分が今日どんなことをしたか、全部あらいざらい話す。
・みんなから注目されるために、化粧を入念に行ない、洋服を注意深く選ぶ。
・相手を言い負かすために、あらゆる知識を得ようとする。相手より自分の方が物知りだと思いたがる。
・過去にやった「すごいこと」を自慢する。
・自分の弱さを口に出したり、自分を卑下したりして見せる。相手から、「いや、あなたは、自分が思っているよりもずっと素晴らしい人だし、ずっと素晴らしいことをしているよ」と言ってもらいためである。
・相手が聞こうともしないのに、自分の買ったものがどれくらい高かったかを言う。
・自分の子どもや孫たちが、もっと頻繁に自分のところに来ることを求める。自分がしたことに対して、感謝を示してもらいたいからである。
・レストランで食事をすると、お金があまりないのに、みんなにおごりたがる。
・同じレストランや、同じホテルに繰り返し行きたがる。従業員に覚えてもらいたいからである。彼らがあなたを覚えていて、特別扱いをしてくれると、自尊心が大いにくすぐられる。

あなたは、ほめ言葉など欲しいと思ったことはない、ほめられるとかえって居心地が悪い、と思うかもしれません。実際、誰かからほめられると、自分はそんな人間ではない、とあなたは言うかもしれません。

たとえば次の会話のように。

「この計画を実行できたのは、あなたに行動力があったからですね？」

「いやいや、そんなことはないです。私が一人でやったわけではありませんから。みなさんに助けていただいたおかげです。それに、あなたが思うほど、私には行動力はありませんよ」

なぜこのような答え方をするかといえば、それは、あなたがもっとほかのほめ言葉を望んでいるからなのです。あなたは、自分がそれに値すると思っているのです。もしそうでないとしたら、あなたはただ、次のように答えるはずです。「おほめいただいて、ありがとうございます」

エゴは人の話を聞かない

エゴのもう一つの特徴を示す例を次にあげておきましょう。そう、エゴは人の話を聞こうとしないのです。エゴは、相手を無視して一気に結論に飛んだり、誰かがほかの人に話している時にその話を取ったり、相手の話をさえぎって自分のことを話し始めたりします。

- 誰かが、あなたの妹に、何時間くらい寝るかと尋ねる。妹が答えようとすると、あなたはその話を取って、こう言う。【**私**は七時間くらい寝るわよ】
- 友人があなたに自分の問題について話している。友人は、ただそれを、あなたに聞いてもらいたいだけなのに、あなたは相手がアドバイスを求めていると思い込んで、ああしなさい、こうしなさいと忠告する。【**私**には、あなたがどうすればいいのかが分かります。あなたはこうすべき、ああすべきなんです。ぜひ**私**の忠告通りに実行してごらんなさい。**私**には確信があるけれど、そうすれば絶対うまくいきますよ】

• あるいは、右の場合、相手の話をさえぎってこう言う。【ああ、それなら、**私**にも去年、同じことが起こりましたよ。そこで、**私**はこうしました、ああしました。それで**私**はうまくいったのですから、あなたも**私**と同じようにすれば、必ずうまくいきますよ】

• ETCでの講師たちの会議で、ある講師が、手をあげて、ワークショップ中に思いついた新しいアイディアを紹介し始める。すると、別の講師が、その話を取って、次のように話し始める。【**私**はそれを別なやり方で、すでにやっていますそっちの方がうまくいくと**私**は思いますよ】そして、どんなふうにそれをやっているかを、微に入り細を穿《うが》った説明をし始める。

エゴは自己正当化や自己防衛をよく行なう

私たちは、不利な状況に置かれたとき、九〇パーセントの割合で自己防衛を行ないます。

エゴは、あらゆることに対し、また、あらゆる人に対して、自己防衛を行なわなければならないと考えています。悪いのはいつも他人なのです。エゴは、自分以外の〈犯人〉を必ず探し出します。

次にいくつかその例をあげておきますので、それらを参考にして、自分がどれほど自己正当化、自己防衛に走りやすいかを意識してください。

・私は、外国の空港で、税関を通過するための列に並んでいる。三〇分ほど待ったとき、自分が間違って「居住者」の列に並んでいることに気づく。【なんてことでしょう！ どうして**私**がこんな目にあうの？表示がしっかりしていれば、**私**はこんな列に並ばなくてすんだのに！】

・遅刻しそうになった時、あなたは着く前から、自己正当化の理由を考えるはずである。自分は悪くないと主張するために、嘘の理由を考え出すかもしれない。どの嘘もエゴから来ており、その背後には無意識の恐れが潜んでいる。

・あなたは、自国の経済状況について、友人たちと議論している。ほかの人たちは、あなたの意見に賛成しない。そこであなたは、あれこれと理由をあげて、自分の意見が正しいことを証明しようとする。だが、あなた自身は、あなたの〈意見〉ではない。そう思っているのは、エゴにほかならない。

・【**私**はもう、男性が信じられない。三回結婚したけれど、**私**は三回とも裏切られた。**私**がまた、一人きりになったのは、絶対に彼らのせいなのよ】

・【両親が**私**をしっかり教育してくれていれば、現在のように、**私**が山のような問題を抱え込むことはなかったのに】

・【もし、お前に魅力があって、お前ともっとセックスしたいと思わせてくれれば、**俺**は絶対に浮気なんかしなかったんだ】

批判されたとき、欠点を指摘されたとき、意見を疑問視されたとき、忠告されたときなどにも、私たちは自己防衛に走ります。本当はそうではないのに、私たちは〈攻撃された〉と思い込むのです。

- 私は、スーパーに買いものに行ってくれるよう、夫に頼む。夫が買いものから帰ってくると、私は次のように言う。「しまった！　リストに玉ねぎを加えるのを忘れたわ」すると、とたんに夫のエゴが優勢になり、私の言ったことをちゃんと聞かずに、こう答える。【**僕**が悪いんじゃないからな。君が玉ねぎを欲しがっているなんて、**僕**は思いもしなかったんだ】
- 夫婦が友人宅での夕食から帰る。夫が妻に、今日の夕食はとてもよかった、特にデザートに出たリンゴのタルトはおいしかった、と言う。すると、妻は〈反応〉してこう答える。【何よ、彼女の方が**私**よりタルトを作るのが上手だって言うの⁉】
- あなたは夫と映画館から出てきたところである。この映画を一緒に見ようとあなたが言ったので見たのだが、夫は「面白くなかった」と言う。【なんで**私**と違う意見を言うの？　わざと**私**と違うことを言っているみたい。**私**には、この映画は面白かったわよ。あなたの趣味が悪いんだわ】

エゴは「いまここ」にいることができない

過去の出来事を後悔し、それについて考えたり話したりする時、あるいは、今よりも将来の方がよくなるだろうと考える時、または、将来のことを心配する時、あなたは、「いまここ」にいません。つまり、あなたのハートの中にいないのです。エゴは、過去に起こったこと、または未来に起こるであろうことによって、自分を価値付けようとします。たとえば次の例のように。

- 【若い時の**俺**のようにエネルギーにあふれていれば、もっと**俺**の人生は良いものになっただろうに】

・【**俺**が失業さえしていなければ、**俺**の人生は今とはまったく違っていただろう】
・【**僕**が医者の資格を取るまで待ってくれないかな。そうすれば、**僕**はお金も稼げるし、**僕**たちの人生は、きっと素晴らしいものになるだろう】
・【バカンスさえ取れれば、**私**は休めるのに。**私**がゆっくり休めさえすれば、そのあと、**私**の仕事だってきっとうまくいくはず】
・【年とともに自信を失うのは、なんて残念なことだろう！　**僕**がもっと若ければ、何ものも**僕**を止めることができなかっただろうに。なにしろ、**僕**は、自信と勇気に満ちあふれていたんだから】
・【**私**が理想の体重になれば、絶対に、**私**は未来の伴侶を得られるはず】
・【ああ、退職したいわ。そうすれば、**私**のニーズを聞いてあげられる】
エゴは、過去に生きており、私たちを苦しめた過去の出来事を、私たちに忘れさせないようにします。

私たちの傷の原因となった出来事を、エゴは後生大事に抱え込んでいます。それらの出来事が重みを増せば増すほど、自分が確かに存在すると思えるからです。

エゴによれば、私たちの苦しみは、いつも他者によって引き起こされることになっています。そして、エゴは、私たちがそれらのつらい出来事をいつまでも忘れないように仕向けるのです。しかし、それは〈エゴの見方〉でしかありません。
エゴは、常に、私たちを〈犠牲者〉に仕立て上げます。しかし、過去の映画を頭の中で上映し続ければ、私たちはそれらの出来事によって、ますます傷つくことになるのです。どれほど多くの人たちが、事故や戦争によって、過酷な体験をしていることでしょう。でも、中には、より力強く、より勇敢になって、それらから抜け出した人たちもいるはずです。そういう人たちによれば、あらゆる経験は、自分が創り出したものであり、自分が引き寄せたものなのです。こうした〈責任〉の考え方については、のちほど、もう一度触れるつもりでいます。

エゴは〈善・悪〉の考え方によって自分を存続させる

「これは〈善〉か〈悪〉か？」と考えるたびに、あなたはエゴの罠《わな》にはまっています。エゴによれば、あなたが過去に学んだ基準によって〈善〉を行なう時に、エゴは重要感を得て、自分が確かに存在すると思えるのです。

エゴが〈悪〉だと考えることをあなたがするたびに、エゴは重要感を失い、したがって、その存在価値を失います。エゴが最善だと思っていることをあなたが無視すると、エゴは自分が重要であると感じることができません。エゴが信じているのとは別のことを、あなたが必要とするのは、エゴにとって、とうてい受け入れがたいことなのです。だからこそ、私たちは、全員が、〈罪悪感〉の中で生き続けているわけです。

罪悪感を持てば持つほど、あなたはエゴの手中に落ちていることになります。

自分のセンターにいる時、あなたは〈善〉か〈悪〉かということをまったく気にしていません。あなたは経験をただ経験として十全に生ききっているだけなのです。あなたは学ぶためにその経験をしているのですが、エゴはそれを理解することができません。しかし、センターにいる時、価値判断はなく、あなたはただ〈観察〉しているだけです。

それでは、以下に、善・悪の判断を含む例をあげてみましょう。

- 【**私**はまた、子どもたちに対していらだってしまった！　いったい、いつになったら、**私**は寛大になれるのだろう？】
- 【**私**は、ケーキを二つも食べるべきではなかった！　いったい、いつになったら、**私**は意志の強い人間になれるんだろう？】
- 【**私**は、今回、**私**の仕事を本当によくやった！　きっと上司が**私**をほめてくれるに違いない】
- 【**私**はまだ洗濯を終えていない。**私**の夫がそのことに気づかないといいのだけれど。そもそも、夫は、**私**にどれくらいたくさんのやるべきことがあるのか、ぜんぜん分かっていないのよ。**私**に何も言わない時でも、夫は、**私**を怠け者と見ている。この家では、**私**がだめだから、何もかもが完全でない、と夫は考えているんだわ】

エゴは比較するのが大好き

あなたが自分を誰かと比較するとき、あるいは他人どうしを比較するとき、いつもエゴの影響を受けています。たとえば、次のように考えるときがそうです。

- 【どうして**私**は、妹みたいにきれいではないのかしら？　こんなの絶対におかしい】
- 【**私**は、あの同僚《こ》ほどいい大学を出ていない。でも、恋愛に関しては、絶対に**私**の方が上だわ】
- 【どうして彼は、**私**のアドバイスを聞かないのかしら？　**私**には、それらを実行するのがとても簡単に思えるのに】
- 【**私**は、この会社でもう二〇年も働いている。なのに、どうして、みんなは、**私**より新人の言うことを重視するのかしら？】

あなたよりも知識があると思われる人たちと一緒にいるとき、あなたは、きっと、どう振る舞っていいか分からないでしょう。というのも、エゴが次のようにささやくからです。【もしあなたが話せば、あなたは出しゃばることになる。または、みんなに笑われる。もしあなたが話さなければ、みんなはあなたを馬鹿だと思うはず。あるいは、変なやつだと思うはず】

エゴは、自分がほかの人たちを幸せにできると思い込んでいる

次のことを知って、あなたはたぶんすごく驚くでしょう。すなわち、あなたがほかの人たちのことを心配するとき、または、ほかの人たちがあなたに頼まないのに彼らを助けようとするとき、あなたはエゴの手中に落ちているということなのです。でも、エゴは、この秘密を明かされることを好みません。そして、

あなたに次のようにささやくでしょう。【リズの言うことなんか信じちゃダメ。あなたがほかの人のことを心配するのは、あなたが良い人である証拠よ。だって、あなたは彼らの幸せを願っているのだから】

私も、「ほかの人たちの幸せを願っているのだから、あなたは良い人である」、ということには賛成です。ただし、「あなたが使っている方法は良くない」、と言っているのです。あなたが、ほかの人たちのおせっかいを焼こうとした場合、彼らに肯定的に受け止められることは、ごくまれなのです。あなたに何も頼んでいないのに、関係ないことにあなたがあれこれと口を出し、しかもあなた自身が、問題をたくさん抱え込んでいる。そのことに、彼らは恐らく不快感をいだくでしょう。

私の息子たちの一人に、発明家がいるのですが、私は、彼が素晴らしい才能に恵まれている、と思っています。彼は、計画を立てている時は、ほんとうに夢中になります。しかし、すぐに考えを変えてしまうのです。計画を具体化したり、発明品を商業化したりすることに関心がありません。何か新しいことを思いつくと、すぐにそちらに興味が移ってしまうのです。そこでまた、ゼロからやり直すというわけです。私は、組織を運営しておりますし、また計画を最後まで貫く人間ですので、息子のやり方を、非常にまずいと思いながら、ずっと見ていました。そして、心の中でこう考えていたのです。「いい年をして、いまだにあんなふうにしていて、いったいどうやって食べていくつもりかしら？ 形にしたものが全然なく、いつもゼロからやり直しているじゃないの」

何年ものあいだ、私はこんなふうに彼を批判していました。そして、彼が、その素晴らしいアイディアを使って成功できるように、数多くの忠告を与えてきました。彼の会社のうち、二つに投資して、彼を支援しようとさえしました。しかしそれも、何の結果ももたらしませんでした。なぜなら、彼は、また新しい別のことを始めようとしたからです。

現在では、何が何でも彼に成功させようとしていたのは私のエゴだった、ということが分かっています。息子の成功を自慢したかっただけなのです。ですから、彼を支援したのも、私のエゴを満足させるためだったのです。それが分かるまで、ずいぶん長い時間がかかりました。そして、いまこの本を書いている時点で、私の息子は前とまったく変わっておらず、同時に二つの違った計画に熱中しています。そして、今回、私はまた息子の仕事に投資することに決めました。というのも、自分の見栄からではなく、純粋に息子への愛からそうできるかどうかを確かめたいからです。

もし、私の願い通りに息子がその金を使わなかった場合、私は、自分が執着を手放しているかどうかを確認する機会を得ることができるでしょう。

ほかの人の心配をする時は、充分、注意深くなるようにしてください。頼まれもしないのに相手を助けようとするとき、それはあなたが自分に不安を感じているからなのです。そして、相手はあなたのアドバイスに従わないでしょう。そんな場合、あなたのエゴは不安を持っています。そして、あなたの忠告と支援のおかげで相手が成功することによって、自分の重要感を増したいと思っているのです。

相手が頼んできた場合でも、自分が無条件に支援しようとしているのか、あるいは相手の成功で自分の重要感を得ようとしているのかを、しっかりと確かめましょう。後者のやり方は、条件付きの支援であり、あなたのエゴを満足させるか、さらに増長させるだけでしょう。

慢心して傲慢になる人

エゴは決して満足しません。重要感を得れば得るほど、それを失うことを恐れ、さらに重要感を得ようとします。そして、ついに、慢心するに至るのです。〈慢心〉は、また、〈肥大したエゴ〉とも呼ばれます。

慢心は、エゴの究極の姿です。

慢心は、自分の価値を過大に感じているあり方です。自分自身を過度に評価し、ほかの人たちよりも自分をずっと上に置きます。慢心した人は、何をしてでも勝とうとし、また、自分の正しさを見せつけようとします。

私たちのエゴは、自分の価値体系を私たちに押しつけようとします。そして、さらに、それを他人に押しつけようとする時、傲慢になるのです。

傲慢な人は、自分が非常に重要で有能であると思い込んでいるので、自分だけが真理を知っている、自分は誰よりも優れていると考えます。ほかの人たちが、自分と同じように考えることを強制します。要するに、みんなを支配したいのです。ほかの人たちが、自分を完全に信じて、自分と同じ振る舞いをすべきであると考えています。他者を低く見ることが当たり前になっているのです。自分は絶対に正しいと考えており、したがって、間違っているのは常に他者だと思っています。以下に、慢心の例をいくつかあげてみましょう。

・【あなたは、いつになったらタバコをやめるの？　タバコが健康に悪いということぐらい、知っているでしょう？　**私**は、きっぱりやめたわ。あなたも、**私**にならってタバコをやめるべきよ】
・【夫は、**私**を見習って、**私**みたいに自己啓発のセミナーに出るべきなのよ。彼は今では、**私**よりもはるかにレベルが下だわ。このまま夫婦でいられるか、**私**はとても心配している】
・【この子はどうして、**私**みたいに後かたづけができないのかしら？　後かたづけができた方が、「知的」だということが分からないの？】
・【子どもたちの教育がしっかりできていないことが、君には分からないのかな？　君は放任しすぎなんだよ。**僕**のやり方を見習ってほしいものだね。その方が、絶対にうまくいくはずだ】
・【**私**が怒っているとしたら、それはあなたが悪いのよ。あなたがまず先に仕掛けたんだから】

慢心は、知的な形態、または霊的な形態を取って現われることもあります。知的に慢心した人は、知識を見せびらかして、自分を価値づけようとするでしょう。そして、その話しぶりからは、次のような思いが、手に取るように伝わってきます。【**僕**の言うことを聞きなさい。**僕**のほうが、はるかに優れているんだから】

そういう人は、高い声で、なおかつ早口で話すでしょう。特に、ほかの人たちを説得するのが難しいと感じている時はそうです。

霊的に慢心した人は、〈在り方〉において他者よりも優れていると思い込んでいます。【**私**は君よりも心が穏やかだ】【**私**は君よりも忍耐強い】【**私**は君よりも悟っている】

実際にそうした言葉を使わなくても、そう思っていることは一目瞭然です。

私たちが、ほかの人を、自分と同じく振る舞うように仕向ける例、また、自分と似た存在にしようとする例はいくらでもあるでしょう。あなたが、ほかの人たちのためになるように振る舞っていると、エゴはあなたに思い込ませようとするのです。また、自分が重要性を増せば増すほど、ほかの人たちを恐れさせることができると考えています。そうすれば、自分はその分だけ恐れなくなると思い込んでいるのです。

この〈思い込み〉は、もちろん幻想です。

あなたもすでに気がついたことがあると思いますが、傲慢さは、まずい結果しかもたらしません。傲慢になればなるほど、相手の人は、より抵抗するようになるでしょう。というのも、自分が比較され、自分の価値をおとしめられたと感じるからです。

傲慢な人は、自分を大きく見せようとします。それこそ、エゴが喜ぶことなのです。しかし、自分の価値をおとしめられた人は、心の奥底で、目の前にいる人が、愛とは正反対の振る舞いをしていると感じるでしょう。

傲慢な人は、心の奥に、拒絶される恐れ、愛されない恐れを抱え込んでいます。

さらに、傲慢な振る舞いは、自信の欠如を示してもいるのです。だからこそ、他者と自分を比較して、優位に立とうとするのです。自分の価値が信じられないため、自分をほめることができず、自分を信じることができない。要するに、自分を愛することができないのです。そういうわけで、外部に比較の対象を求めるのでしょう。こうして、外部に愛を探し、承認を探し、その結果として、幸せになろうとするわけです。

傲慢になる人は、また完璧主義者でもあるでしょう。そして、完璧主義は、現実主義の対極にあります。あなたが、何をしても容易に満足せず、やることなすことを完璧だと思いたいために、何度でもやり直す人であるなら、それは、あなたのエゴが〈拒絶〉されることを恐れている、ということなのです。

完璧などというものは、この世には存在せず、霊的世界のみに存在するのですが、残念ながら、エゴはそのことを知りません。というのも、エゴはそもそも霊的世界の存在を知らないからです。

あまりにも完璧主義であると、自分を他人と比較して低く見積もり、自分をいっさいほめないようになる場合もあります。エゴは、そうやってあなたが〈謙虚〉な人である、とあなたに思い込ませようとするのです。しかし、注意してください。それもまた、エゴが優勢になっている証拠なのですから。

ここで例をあげてみましょう。料理が下手だということで、たえず自分をおとしめているアデルのことです。人を家に呼んだとき、彼女がまず始めに言うのは次のセリフです。「今日は、イタリア料理を作りましたが、みなさんみたいに上手にできたか、まったく自信がありません。それでも、どうぞ、召し上がってみてください」

こういうふうに言えば、お客さんたちが慰めの言葉を言ってくれるのではないか、と期待しているわけです。しかし、残念なことに、たとえお客さんたちがほめ言葉を言ってくれたとしても、彼女はそれを信じることができず、また次には、同じように振る舞うでしょう。彼女は、自分の料理に決して合格点をあげません。というのも、彼女の理想が高すぎて〈非現実的〉だからです。

もし、すべての人が、同じ善・悪の基準を持ち、同じ態度、同じ振る舞いをするとしたら、世界はどのようになるでしょうか？　おそらく、きわめて単調で退屈な世界が出現することでしょう。しかも私たちは、受け入れる能力を高め、真の愛のレベルに達する機会を、いっさい失ってしまうのです。

もしあなたが、自分の立場を守ろうとせず、しばしば相手に譲り、しかも、相手が傲慢だからそうするのだと思っているとしたら、あなたは、もっと自分の内面を見つめる必要があるでしょう。すぐ相手に譲り、簡単に相手に支配される人は、ほとんどの場合、自分の傲慢さを抑圧しているのです。内面では傲慢なことを考えながら、それを決して外側には現わしません。【**俺**がこいつとやりあったところで、何にもなりはしない。こいつは何ひとつ理解しないだろう。でも、正しいのは**俺**だということを、**俺**はよく知っているから、**俺**は、結局、**俺**の思い通りにしてやる】

この章で、たくさん例をあげましたので、それらをよく読んで、あなたが自分のエゴからものすごく影響されていることに、ぜひ気づいてください。

もちろん、私は、あなたを落胆させるためにそうしたのではありません。あなたの〈意識化〉がいっそう進むことを期待してそうしたのです。

あなたが変えたいと思うそのことを〈意識化〉しないかぎり、
あなたは決して、それを変えることができません。
なぜなら、それを〈意識化〉しない限り、それは、

あなたにとって、存在していないことになるからです。

私たちが、エゴにどれほど力を譲り渡してきたかを知ることが、最近、ますます緊急かつ重要になってきています。もちろん、それは今世だけのことではなく、多くの過去世も含めてのことです。

エゴは、久しい以前から、私たちが、〈傷つけられる恐れ〉を持ち続けるように仕組んできました。ですから、私たちは、そのことをしっかり〈意識化〉しなければなりません。それを意識化することができれば、私たちは、やがて、人生を支配する力──つまり、内面の偉大な力──を取り戻し、自分の魂のニーズに耳を傾けることができるようになるでしょう。

この後に続く章においては、エゴの影響を脱して、自分の人生の主人になる方法を学ぶことにします。それぞれの〈傷〉と〈エゴが使う手口〉との関係を知れば、その結果として、あなたは自分自身を取り戻すことができるはずです。そして、自分を守るために仮面をつけるのを、やめることができるでしょう。

Chapitre 11

エゴに感謝して受け入れる

この章ではまず、私の著書『Le grand guide de l'ÊTRE（大いなる存在の導き）』から、その一部を引用しておきましょう。

「エゴの力を徐々に減少させるには、いったいどうすればいいのでしょうか？　まず始めに、エゴをありのままに受け入れ、なおかつ、エゴを作り出したことを悔やまないことです。現在に至るまで、人類は、エゴこそが、苦しみから自分を守るための最良の手段であると信じてきたのです。エゴとは、ご主人様を自分の思い通りに動かす使用人のようなものです。主人が、使用人に力を与え、自分をあやつる許可を与えたからです。

こんにちでは、人類の意識化が進んできていますので、主人である私たちがさまざまな決定をしなければならない、ということが理解されつつあります。むしろ、使用人の方が、ご主人様のニーズに耳を貸さなければならないのです。私たちは、人生の主人公になる必要があるわけです。

私たちは、エゴを受け入れるべきなのです。エゴを非難すべきではありません。むしろ、過去において、エゴがもたらしてくれた支援に感謝すべきでしょう。そうすれば、エゴはうれしくなり、安心して使用人としての役割に戻るでしょう。その時、私たちは、本来の主人としての役割を取り戻すことができます。

自分とエゴを同一視しないようにしましょう。私たちはエゴではありません。私たちは、みずからの〈聖なる本質〉を取り戻す必要があるのです。私たちは、もともと〈完全な存在〉であり、この地上において、物質でできた肉体に宿って、それを、物理的、感情的、精神的なレベルで使用しながら、存在しているだけなのです。そして、さまざまな経験を通して本来の性質を取り戻し、ふたたび純粋な光に戻るべく予定されているのです。それなのに、不幸にも私たちはそれを忘れ果て、精神のエネルギーを使ってエゴを作り出し、『これでよし！』と思い込んでいるだけなのです。ですから、私たちの〈本質〉と、ふたたびつながらなければなりません」

もし、あなたが自分に対して正直であるならば、これまでも例であげたさまざまなエゴの手口の中に、自分と同じやり方を見たはずです。とはいえ、エゴが、そのことを急いで否定し、「問題があるのは、ほかの人たちだ！」、と言ったとき、ついついあなたはその言葉に乗せられてしまったのではないでしょうか。というのも、それは、本当によく起こることだからなのです。実際、ETCのセミナーやワークショップで、私や講師たちが、エゴや傲慢さについて語るとき、ほとんどの受講生が、私たちの言うことを聞こうとしません。また、たとえ聞いたとしても、聞いたことを自分の都合のいいようにねじ曲げてしまうのです。

身近な人に助けてもらう

エゴの影響を軽減するための最初の手段として、第十章をもう一度読み直し、あなたのエゴの振る舞いとして思い当たる部分をメモして、リストを作ることをお勧めします。

エゴがあなたの人生において占めている大きな場所を本当に認める準備ができたら、あなたをよく知っており、あなたに真実を言うことのできる人を探してください。そして、その人に、先ほどのリストを見せ、エゴが優勢になったときのあなたの態度と振る舞いについて、意見を求めてください。ただし、その際に、どの傷が活性化し、どの仮面をつけたかを、きちんと言うようにしましょう。もし、あなたがした他の態度や振る舞いをその人が指摘し、しかも、あなたがそれを受け入れたくないときは、あなたのエゴが抵抗している、ということを〈意識化〉する必要があります。

でも、心配しないでください。あなたが受け入れたくないと思うのは、まったく当然のことなのです。というのも、エゴは、何であれ、あなたを害することをしている、という事実を絶対に認めようとしないからです。エゴは、あくまでも自分が正しいと考え、あなたを助けようと思っており、自分の影響力をあなたが自覚することを、ひどくいやがっているのです。とはいえ、あなたがハートの声に耳を貸せば、あなたはきっとこのエクササイズをやり遂げることができるはずです。

このエクササイズをもっと深めたいのであれば、次のようにすればいいでしょう。すなわち、あなたが以下にあげるような表現を使ったとき、先ほどの人か、それ以外の身近な人たちに、そのことを指摘してもらえばいいのです。

- **私**が○○。**私**の○○。
- それなら知っていますよ。それなら知っていました。
- それは確かだと思います。それは確かだと思っていました。
- ええ、でも……。いいえ、でも……。（正当化をしようとしている場合）
- 私の言うことを聞いてください。（私が正しいのだから、あなたは私の言うことを聞くべきだ、と思っている場合）
- 私の言ったことが分かりましたか？（私が正しいということが分かりましたか、と言おうとしている）
- 私の方がすごい。

からだの不調が伝えるメッセージ

エゴがあなたを苦しめていることを教えるために、あなたの〈内なる神〉が、からだの不調を使うこともあります。実際、あらゆるからだの不調というのは、あなたが自分を愛していない時に、あなたの魂がどれほど苦しんでいるか、その度合いを示しているのです。苦しみが大きければ大きいほど、あなたは自分への愛の欠如を自覚しなければなりません。しかも、人生のあらゆる領域において、愛の不足を調べる必要があるのです。

たとえば、あなたのからだが、こわばりや関節の硬化、動脈硬化、便秘などで苦しんでいるとしましょう。この場合、それらの不調は、エゴが自分の正しさを強硬に主張していることを示しているのです。あなたは、傷つくことを非常に恐れているので、無意識のうちにエゴのコントロールを許しています。まずは、それをありのままに受け入れなければなりません。恐れを持つことは、良いことでも悪いことでもないのです。人間である限り、当然のことであるのです。

ここで、まとめておきましょう。あなたが肉体的な不調や心理的な不調を自覚したとき、それはあなたが〈悪い〉ということを意味しません。そうではなくて、それは、単に、あなたが態度や振る舞いを変えるべきだと教えているだけなのです。まず、不調を自覚できたことに感謝しましょう。そして、そうであることを、ありのままに受け入れるのです。なぜなら、あなたの心の最も深いところで、あなたはふたたび自分の人生の主人公になろうと決意しているのですから。

ある傷に関連した仮面をつけるとき、あなたのエゴが優勢になっている、ということを、あなたはもう知っているはずです。ですから、それぞれの傷に関係のあるすべての態度や振る舞いを、もう一度見直すことをお勧めしましょう。それらは、第二～六章において詳しく描写されています。

エゴを受け入れる

あなたの現在の人生においてエゴを受け入れれば、あなたが仮面をつけたとき、そして、ハートの声を聞かないとき、あなたはそのことをより容易に認めることができるでしょう。そのように受け入れることは、〈愛の証し〉であり、そして、愛だけが、すべてを変容させることができるのです。

自分を愛するとは、現在、自分がそうであることを、ありのままに受け入れることです。それこそが、内なる変容と、外なる変容を引き起こすための、唯一の手段なのです。

これを書いている今、私が経験したことを、あなたと分かち合いたいと思います。現在、私は、姉の一人と一緒に、世界一周の船旅をしています。そして、海の上での日々を、この本を書くのに当てているわけです。夫と私は、すでに何度もこの旅行会社の船旅をしており、したがって、私はいわば「五つ星」の客であって、数多くの「特権」を行使できる立場にあります。

私は、そのことに、とても満足していました。しかし、「特別な客」であると思われることで、自分が得意になっていることを自覚していませんでした。そして、特権を受ける機会があるたびに、次のように考えて、いい気になっていたのです。

- 【ディナーの招待を受けたけど、これは当然だわ。なんといっても、**私は五つ星なのだから**】
- 【**私は五つ星だから、船から下りる時は、列に並ばずに一番に降りられる**】
- 【**私は、一日じゅう無料でスパを利用できる。だって、私は五つ星なのだから**】

などなどなど。そして、船員さんたちにそのことを確かめると、必ず次のような返事が返ってくるのです。「もちろんですとも、マダム。ご乗船いただいて、たいへん光栄です。マダムのようなお客様を拝見するのは、わたくしどもの大きな喜びでございます」

それを聞いて、私のエゴは大喜びです。そして、自分が特別だと感じるのです。

ところが、数日して、私は、自分の部屋のカードキーに、五つ星の印がついているのに気づきました。わざわざ、船員さんたちに自分が特権を受けられることを確認しなくても、そのカードを提示しさえすればよかったのです。

エゴが優勢になっていたことに気づいた私は、かといって、自分を批判もせず、裁きもしませんでした。そして、素直に自分のハートに従ったのです。私は、船舶会社の寛大さに素直に感謝して、それ以降は、「**私は五つ星だから**」と言うのをやめました。

エゴは、物質的な恩恵が与えられると、それを使って自分を偉く見せようとします。

しかし、ハートは、みずからの聖なる力を自覚しており、恩恵に対しては素直に感謝するだけです。

本当の謙虚さとは

あなたはたぶん、こう思ったことでしょう。「だったら、自分の成功を誇りに思ってはいけないのかしら?」いいえ、私は、そんなことを言っているのではありません。自分を誇りに思うのは、とても大切なことです。というのも、そのことによって、私たちは、自分をさらに尊重し、自分をさらに信じることができるようになるからです。

ただし、誇りはあくまでも心の中にとどめておくべきです。ほかの人たちから認められたい、ほめられたいと思って、声高に言いふらす必要などまったくないのです。

試練を乗り越えた、目的を達成した、困難を跳ね返した、心の内に潜む偉大な力を発見した、などのことが起こった時、私たちは、ハートに従って行動したのです。ですから、それをほかの人たちに話す必要はありません。彼らは自然に気がついて、私たちを祝福してくれるでしょう。その時は、素直に、「ありがとう」と言えばいいのです。ただ、それだけです。

成功をほかの人と分かち合いたいと感じた場合、ほめられよう、自分の価値を高めようと思ってそうしてはなりません。

ETCでは、私も講師たちも、多くの人たちから、よく次のように言われます。「心から感謝しています。だって、あなたは、私を救ってくださったのですから」

そんな時こそ、私たちの〈謙虚さ〉が試される良い機会なのです。私たちは、一言だけ、「ありがとうございます」と言うでしょう。というのも、その人が人生を変えられたのは、私たちの教えを学んで、学んだことを実践に移したからだ、ということを私たちはよく知っているからなのです。偉いのは、私たちではなく、その人自身なのです。

それに対して、私たちが、ほかの人に向かって、「私はAさんを救ったんですよ。Bさんを救ったんですよ」と言いふらしたとしたら、それは、自分の価値を高めたいからなのです。人と向き合って、人を助ける仕事には、真の謙虚さが必要となります。ところが、ある種の人びとは、エゴの罠にはまって、クライアントを治したのは自分だと信じてしまうのです。

他者のエゴにどう対応するか

ある状況に対したとき、あなたの心の中に抵抗が生じることがあるでしょう。たとえば、あなたが、妻に対して我慢できなくなり、こう考えたとします。**【俺**が悪いわけではない。お前が、でっかいエゴに基づいて振る舞うからいけないんだ。だから**俺**は、ついつい、反応してしまうんだ。まったく、こいつは、いつも自分が正しいと考えるんだからな。こいつにもっと思いやりがあって、**俺**にやさしくしてくれれば、**俺**だって変われるのに**】**

確かに、時として、ついつい〈反応〉してしまうこともあるでしょう。コントロールを失って、失言をしてしまい、後悔することもあります。では、いつも自分が正しいと思い込んでいる人に対して、いったいどのように振る舞えばいいのでしょうか？

そんな場合は、すでに述べたように、自分のエゴを発見したときと同じやり方をすればいいのです。確かな結果を得るためには、相手の傲慢な振る舞いをそのまま全面的に受け入れることが最もよいでしょう。というのも、相手は、自分に関する恐れを持ち、自分は傷ついていると感じているからなのです。自分を充分に愛することができないので、あなたや周りの人たちに愛を求めているわけです。

相手の恐れを認めて、それをありのままに受け入れれば、あなたの気持ちはかなり落ち着くでしょう。あなたが反応しないで、相手の言葉をただ聞くだけで充分な場合もあるでしょう。

一方で、あなたのエゴが、自分の正しさを証明して、相手を言い負かしたいと思っている場合がありま す。その時は、自分の忍耐心を試すとても良い機会になるでしょう。最初のうちは、なかなかうまくいきませんが、練習をすれば、少しずつできるようになっていきます。そして、落ち着いて、相手にこう言えるようになるでしょう。「お互いに、相手に同意できなくても、それでよしとしませんか?」

この方法は、とてもよい結果をもたらすはずです。そして、あなたは、相手があなたを害そうとはしていないこと、あなたを愛していないと言いたいわけではないことが分かるようになるでしょう。相手は、単に、自分が正しいと思って、エゴを満足させたいだけなのです。そうすることだけが、自分に重要感を与える唯一のやり方だと信じ込んでいるからです。最後の章で、またこのテーマに触れたいと思います。

相手に利用されていると感じるとき

さまざまな場面で、相手に利用されていると感じることがあるでしょう。たとえば、私たちの多くにとって、自分のアイディアを横取りされるのは、とても耐えがたいことです。あなたにも、そんなことはいろいろあったはずです。たとえば、私は次のような話をよく聞きます。「私の義理の姉がリンゴのタルトを作って、持ってきてくれたのです。そして、いいレシピを発見できて、とても嬉しいと言いました。でもそれは、以前に、私が彼女に教えたレシピなのです。しかし彼女は、そのことを受け入れようとしませんでした」

私にも、似たような経験があります。以前、私はセールスの仕事をしていたのですが、その際に、ものすごく不当なことをされた経験があります。私は、人生において、常に新しいことに挑戦するのが好きなのですが、それは私の職業においても同じでした。

あるとき、私は、商品の良さをアピールする新しい方法を思いつきました。実際にやってみると、非常に効果的だったので、私は嬉しくなって、女性の上司にその内容を話しました。翌週になり、全体会議の時、彼女は、私が教えた新しい販売方法をみんなに披露して、ぜひそれを全員で実践するようにと言いました。私は、それを聞きながら、次のように考えていました。【彼女は、**私**からそれを聞いたとみんなに言うはずだわ。そして、**私**に感謝するに違いない】しかし、彼女は私の名前をついに出しませんでした。

私がどれほど怒ったか、想像できるでしょうか。すぐに私は勇気を奮い起こし、いま述べた方法を彼女に教えたのは私なのに、どうして私の名前を出さなかったのか、と尋ねました。すると、彼女は、私からそれを聞いたことを否定したのです。私は、あっけにとられて、開いた口がふさがりませんでした。

同じようなことが、何度も起こりました。そして、そのたびに、私は上司を怨み、もう二度と上司には新しいアイディアを教えまい、と心に誓うのでした。しかし、そうはいきませんでした。私は、仕事を改良することに情熱を燃やしていたので、新しいやり方を発見するたびに、もう話すまいと誓ったことを忘れて、上司にそれを教えてしまったのです。

私は、ほかの人たちに、私の方法を使ってほしくなかったわけではありません。ただ、彼女たちに認めてもらいたかったのです。私のエゴがそう望んでいたのでしょう。しかし、当時、自分を充分に愛していれば、私はみんなから認められなくても、心の中で誇りに思っていたはずです。とはいえ、そのうち私の中で、徐々に、ほかの人たちに認められたいと思う気持ちがなくなっていきました。

それは、ETCの教えに関しても同じです。何千人もの人たちがETCの教えを学び、それを実践して幸せになっています。私は、その人たちを支援できたことで充分に幸せなのです。教えが私から出たことを、彼らが知っていようがいまいが、そんなことは重要ではありません。もう、私の考えを横取りされたとは考えなくなっているのです。

私は、過去に読んだり聞いたりしたことを覚えていて、情報源がどれだったかを確認せずに、それを使うことが本当にしばしばあります。もしかすると、情報源だった人は、私が勝手にその人の考えを横取りしたと思うかもしれません。しかし、私の意図は純粋で、ただ単に、多くの人にそれを伝えて、その人たちを救いたいというものなのです。おそらく、ほかのセラピストたちも、そのように考えているだろうと思います。

ほかの人が、あなたを利用するわけではありません。あなたが、ただ、そう考えるだけなのです。あなたが他者を非難するとき、あなたのエゴが優勢になっていることを知ってください。

自分のエゴに名前をつける

ここで、エゴと、より容易にコンタクトを取り、エゴの影響力から脱するために、エゴに名前をつけることをお勧めしましょう。この技法を発見して以来、その素晴らしい効果を確かめてきたので、私はどうしても本書でそれを紹介したいと思いました。

私のエゴには、「ムシェット」という名前をつけました（訳者注：フランス語で、ムシェットとは「小さな虫」という意味）。どうして、そんな名前をつけたのでしょう？　それはずいぶん前のことで、私がカリフォルニアで、あるセミナーに参加していた時のことでした。ある日の午後、自由時間を与えられた私は、自然の中を散歩していました。ノートと鉛筆を持って、将来のいくつかの計画について瞑想したことをメモしていました。すると、突然、小さな虫が私のまわりを飛びまわっていることに気づきました。ぶんぶんと大きな音を立てています。手を振って、あるいはノートを使って、その虫を追い払おうとしましたが、虫はしつこく私のまわりを飛んでいます。

最後は、虫に向かって、「静かにしてよ！」と叫ぶ始末です。良いお天気も、まわりの美しい自然も、すっかり台無しになってしまいました。その後、数分経ってから、私は、この虫には何か意味があるに違いないと考えました。

それからすぐあとに、答えがやってきました。その虫は、私が歩きながら思い浮かべていた有害な雑念の象徴だったのです。私は、ああしたら、こうしたら、きっとこんな悪いことが起きるに違いない、というようなことばかり考えていました。さらに、最近起こったある状況に対する怒りを何度も反芻《はんすう》していたのです。それらの考えと、その虫は、まったく同じものだということを、私の〈内なる神〉が虫を使って教えてくれていた、ということに気づきました。私は、ハートの声に従っていなかったのです。それに気づいたとたんに、虫はどこかへ飛んで行ってしまいました（笑）。

そういうわけで、私は、自分のエゴに「ムシェット（小さな虫さん）」という名前をつけることにしたのです。私のエゴが優勢になっていろいろなことを言いだすと、私は、頭の中で虫がぶんぶん飛んでいると感じるようになりました。

本書で、これ以降、私のエゴについて語るとき、私はムシェットという名前を使うことにします。また、一般的なエゴについて語るときは、「カンタ」という名前を使うことにしましょう。ですから、これ以降は、右の二つの名前が出てきたら、あなたが自分のエゴにつけた名前と取り替えてみてください。そうすれば、徐々に、あなたのエゴと対話ができるようになっていくでしょう。

ここで、豪華客船での船旅の話に戻ります。ムシェットが優勢になり、私の注意を引こうとし始めたら、私は次のように言いました。「分かったわ、ムシェット。あなたは、そんな風にして、私の関心を引こうとしているのね。あなたがそういうやり方で、私を助けようとしていることに感謝します。だから、もうあっちにいって、休んでいいわ」

エゴとの対話

どうしてエゴと話をするのでしょうか？　それは、エゴが感謝を求めているからです。エゴは、感謝されることが大好きなのです。「でも、これ以上エゴに感謝したら、エゴはさらに増長するのでは？」とあなたは思ったかもしれません。でも、あなたがエゴを受け入れて感謝をすれば、それとは正反対のことが起こるのです。

エゴを受容した上で、あなたを助けようとしてくれたことを、心からエゴに感謝すれば、エゴは本当にうれしくなるでしょう。しかも、あなたがエゴを受容したことによって、エゴの力が弱まったことに、エゴは気づいていません。

実際、エゴは、〈受け入れる〉とはどういうことなのか、知ることができません。精神的な次元のことなら、エゴは理解ができます。一方、〈無条件の受容〉はハートから来ていますから、霊的な次元のことがらであり、エゴにはまったく理解できないのです。

どの本でも、どのワークショップでも、どの講演でもそうしているように、私はここで、もう一度、〈受容〉の定義をしておきましょう。もしあなたがすでにそれを読んだり、聞いたりしていたとしても、おそらくエゴは、それをあなたに忘れさせるために、あらゆる策略を試みているに違いありません。それは、あなたが人間であれば、ごく当然のことなのです。あなたの人生において、エゴの力が弱まれば弱まるほど、あなたは〈受け入れる〉ことの重要性を意識するようになるでしょう。

受け入れるとは、いま起こっていることを、善・悪の判断抜きに、

観察し、認め、「イエス」と言うことなのです。私たちの〈思い込み〉によって、または、過去に学んだことが原因で、私たちが、それに同意しなくても、それを理解できなくても、判断せずに、ただひたすら、それを観察することなのです。

この箇所を読みながら、たぶんあなたは次のようなことを考えたことでしょう。

- 【**私**が同意しないのに、どうして**私**は、受け入れる必要があるのだろうか?】
- 【でも、**私**は、すべてを受け入れることはできないわ。人生には、どうしても受け入れられないことがあるもの】
- 【**私**がそんなふうにしたら、**私**は利用されるに決まっている。**私**は弱い人間、御《ぎょ》しやすい人間と見なされて、相手から好きなようにされるだけだわ】

もしそうだったら、すぐ、次のように、エゴとの対話を始めてください。「ねえ、カンタ、いま私が読んだ〈受容〉の定義に、あなたが同意しないことは分かっているわ。あなたが、私を助けようとしてくれていることも知っています。でも、いまは、私にこの箇所をじっくり読ませてほしいの。心配しないでね、大丈夫だから。何かを受け入れる前に、その結果がどうなるか、それを私が引き受けられるかどうかを、しっかりと考えます。私に、そうさせてくれることに感謝しています。そろそろ、あなたの助けがなくてもやっていけそうだと思っているの」

エゴと話をするときは、必ず、エゴの良き意図を認め、あなたを助けようとしてくれていることに感謝してください。自分が介入しないとあなたは生き延びられないはずだ、というエゴの恐れを、しっかりと〈感じる〉ようにしましょう。

あなたが、また心の傷のどれかで苦しむのではないか、その苦しみに耐えられないのではないか、とエゴは絶えず心配しているのです。だからこそ、あなたは、自分の決意の結果に関して、常にエゴを安心させる必要があるのです。

あなたが現実を無条件に受け入れて、あなたのハートの道に従い始めれば、その瞬間に、あなたの表情が明るくなるでしょう。あなたのハートが光を放ち始めるからです。

あなたの傷を消そうとしてはなりません。
むしろ、傷に光を当てるようにしましょう。
すなわち、〈受容〉によって傷を癒やすのです。

受容が素晴らしいのは、あなたがハートに従って生きるようになり、その結果、あなたの本来の力を取り戻せる、ということです。あなたが、エゴにエネルギーを与えなくなるので、エゴは徐々に力を失っていくでしょう。しかし、自分を受け入れてもらって、ものすごく幸せなので、エゴは、自分が力を失いつつあることに気づきません。しかも、エゴが力を失うにしたがって、あなたは本来の自分自身に戻れる、ということなのです。そのようにして、初めて、あなたは、肉体的な、そして精神的な、あらゆる苦痛から解放されるのです。

役立つ信念だけを持ち、あとは直観に従う

エゴについて語るとき、私が、役に立たない信念、知的でない思い込みを指していることに気づいたと思います。善・悪の観念と結びついていない信念だけが、私たちにとって役立つのです。また、信念は、それよりも良いものが見つかったら、すぐにそれを変える用意があなたにある場合にのみ、良いものだと言えるでしょう。

たとえば、私は転生輪廻の理論を信じており、私たちは何度も地上に生まれ変わってくると考えています。しかし、それ以外の理論で、神の正義をもっとよく説明するものが出てくれば、私は、ただちにそちらを採用するでしょう。

何かを盲目的に信じ込むのではなく、エゴの支配から離れ、本来の自分自身に戻り、傷によって苦しまなくなれば、私たちは、自分にとって何が本当に役立つかを知ることになるでしょう。間違った信念を手放せば、私たちはより多くを知ることになるのです。

本来の自分自身になるということは、たとえほかの人が私たちの選択を認めなくても、自分にとって役立つことを感じ取り、自分が何を望んでいるかを知ることができる、

ということなのです。

私たちは、直観によって、必要なことを知ります。そして、自分のセンターにいる時に、直観を受け取るのです。一方で、エゴは、直観をさまたげます。あなたは、カンタの声と直観を区別するのが困難だと感じるときがあるでしょう。両者とも、非常に精妙です。最もよい方法は、それらを受け取ったとき、あなたがどう感じるかを確かめることです。

話を分かりやすくするために、私が経験した例をあげましょう。ある晩、そろそろ寝ようと思ってベッドに横になっているとき、執筆中のこの本に関する新しい着想を、直観の形で得ました。ほとんど眠りかけていたので、起き上がってメモを取るのが面倒でした。私は、それが直観から来ていることを知っていました。というのも、私は、不安も恐れも感じていなかったからです。ですから、それを忘れてはならないと思っていました。

すると、突然、私は、自分がその着想を頭の中で繰り返していることに気づきました。そう、ムシェットが登場したのです。ムシェットは、私がそれを忘れることを恐れていたのです。そして、私が完璧であることを望んでいました。そこで、私はこう言ったのです。

「ありがとう、ムシェット。私を助けようとしてくれているのね。でも、私はいま、どうしても眠る必要があるの。あしたになれば、きっとさっきの着想を思い出すわ。だって、もう、あなたが四度も繰り返してくれたのだから。それにもし、それを忘れたとしたら、それはもともと、そんなに大切なものじゃなかったということ。決してあなたを非難しないわ。だから、安心してあなたも休んでちょうだい」

こう言うと、私の「虫さん」は、どこかに飛んで行ってしまいました。そこで私は、ぐっすり眠ったというわけです。

このように、エゴが介入してきた瞬間を知るというのは、とても大事なことなのです。その時、あなたは、ふたたびセンターに入ることができるでしょう。そうすることによって、あなたは傷に、心地よい香りのする妙薬を塗ることができるだけでなく、あなたの直観とふたたびつながって、あなたの魂のニーズに従って人生を生きることが可能となるのです。そうすれば、あなたは本来の人生計画を全《まっと》うできるようになるでしょう。

Chapitre 12

〈拒絶〉による傷と〈不正〉による傷を癒やす

この章を読む前に、できれば前著『五つの傷』（合本版前半）を読み返すことをお勧めします。特に、第二章〈拒絶による傷〉と第六章〈不正による傷〉に関する章を読んでみてください。そこには、数多くの例が詳細に論じられています。

本書においては、この二つの傷を、一緒に論じることにしました。というのも、それらのあいだに、つながりがあることが分かったからです。両者とも、同性の親あるいは同性の親の役割を果たす人物によって活性化されます。拒絶の傷が妊娠と同時に活性化されるのに対して、不正の傷は四歳以降に活性化されます。

〈拒絶による傷〉に苦しむ子どもは、誕生以来、自分のいる場所がない、自分は音を立ててはいけない、自分は消された存在だと感じています。何年かすると、自分がますます拒絶されていると感じるでしょう。というのも、家族のメンバーが、その子どものいることを忘れてしまうからです。そこで、この子は反抗を始めるわけですが、そうすると、今度は〈不正による傷〉がうずき出します。

ある人たちは、一生のあいだ、〈拒絶による傷〉に苦しむでしょう。別の人たちの場合、〈不正による傷〉が大きな場所を占めるので、拒絶による傷の痛みを感じないことがあります。

〈拒絶による傷〉の影響が、態度においても、肉体的な外見においても、優勢である人の場合、〈不正による傷〉の痛みはそれほど感じずにすむでしょう。とはいえ、二つの傷は、ともに、同一人物の中に存在しているのです。

その人のからだつきや振る舞いを見れば、人生のある時期において、どの傷が優勢になっているかが、ごく簡単に見てとれるでしょう。時が経つにつれて、優勢な傷が入れ替わることもあります。

父親が妹ばかりをかわいがるので、自分は拒絶されたと感じている男の子がいるとしましょう。傷が活性化されると、この少年は何も言わなくなり、傷が痛んでいないふりをします。また、自分の部屋に閉じこもったり、読書に没頭したり、ビデオゲームに夢中になったりするでしょう。

父親を怨んではいるのですが、父親の振る舞いにはちゃんと理由があると考えています。つまり、父親が自分を認めてくれないのは、自分が悪いからだと見なすのです。父親の愛情が欲しくてたまらないので、父親に問題があるから自分を愛さないのだ、とはとても思えないのです。たとえ父親が厳しく、冷たく、自分に無関心で、時には暴力を振るうことがあったとしても、それは、愛に基づくものだと思い込んでいます。これが、〈現実否認〉と呼ばれる状態です。

父親にさんざん殴られてきた男性たちから、次のように言われたことがあります。「父が私を殴るのには、ちゃんと理由があるのです。私がある種の振る舞いをするのを父は望まないのですが、それでも私はそうしてしまうのです。ですから、父が私を殴るのは、私を愛しているからなのです。私に、まともな人間になってほしくて、私を殴るのです」

この種の理由づけは、〈拒絶による傷〉を持つ人たちに典型的に見られるものです。もし、状況が、〈不正による傷〉を目覚めさせると、子どもは反抗し始めて、父親を不正だとして裁くようになるでしょう。男の子が、父親が好むのと正反対なことをして、横柄な態度で父親に反抗する場合（あるいは、女の子が母親に対してそうする場合）、それは〈不正による傷〉が原因なのです。子どもが幼いときにも、それは発現しますし、思春期にも、さらには大人になってからでも発現するでしょう。

地上に生まれる前に、魂の人生計画にそって、どの傷が、いつごろ活性化されるかということが決められます。その経験を通して、その人は、少しずつ傷を癒やし、魂を進化させて、自分を愛することを学ぶのです。

〈不正による傷〉が活性化されて、当人の振る舞いにそれがはっきり表われたとしても、だからといって、〈拒絶による傷〉がないとは言えません。

〈不正による傷〉があると、私たちは、〈拒絶による傷〉を感じずにすませることができます。

実際、〈拒絶による傷〉は、常に、〈不正による傷〉の陰にかくれて存在しているのです。拒絶されたと感じたことを否定するために、エゴがよく使う方法を、次にあげておきましょう。拒絶に苦しんでいる〈逃避する人〉は、とても巧みに現実を否定します。〈拒絶による傷〉が最も大きな痛みを与えるのです。

否認は、エゴが、最も力を持っている時に使う手口です。

〈拒絶〉と〈不正〉の二つの傷の説明によれば、〈逃避する人〉と〈頑固な人〉は、極端な完璧主義者だったはずです。しかし、動機はそれぞれ違います。

ごく幼いときから、〈逃避する人〉と〈頑固な人〉は、同性の親が要求する基準に達したときにのみ、親からの関心やほめ言葉をもらえたのです。ですから、この人たちは、自分に対する要求が非常に高く、時には自分の限界を超えてしまうのです。というのも、自分はいつも〈不充分〉だと感じているからです。〈逃避する人〉は、愛されるためには〈完璧である〉ことが必要だと感じています。それに対して、〈頑固な人〉は、愛されるためには、〈完璧に行動する〉ことが必要だと感じているのです。

いずれの場合も、彼らは批判されることを非常に恐れます。ただし、〈逃避する人〉が批判されたときの方が、批判による苦しみは深いでしょう。というのも、その批判は、彼の〈存在の深み〉にまで達するからです。〈逃避する人〉は、自分がしたことに対する批判であるにもかかわらず、自分が「ダメな人間」だと断定されたと感じるのです。つまり、自分の〈存在〉が否定されたと感じるわけです。だからこそ、年を重ねるにつれて、〈逃避する人〉は、間違えることをますます恐れるようになるのでしょう。

この部分を書いているいま、私は、ＥＴＣで働いていた数多くの講師たちのことを思い浮かべています。〈拒絶による傷〉を持っている講師たちは、〈不正による傷〉を持っている講師たちに比べて、はるかに多く苦しんでいました。自分たちの〈逃避する部分〉が非難されると、ものすごく傷つくのです。たとえば、セミナーの参加者の中に、精神療法家や医者といったプロがいると、自分に教える力が充分にないのではないかと感じて、ものすごく不安になるわけです。

彼らは、また、参加者の批判や抵抗を受け入れることがうまくできませんでした。そんな場合の反応は、決まって、「私はだめな人間だ」、「私は良い講師ではない」、「私はたぶん解雇されるだろう」というものでした。その結果、自動的に、さらに多くの批判を引き寄せてしまうのでした。

説明すべきことを忘れたり、多く説明しすぎて時間が足りなくなったりすると、次回にはもっとしっかりやろうと心に誓うのです。中には、参加者たちは何も気づいていないのに、彼らに対して言いわけをする講師たちもいました。その後で、講師たちの〈頑固な部分〉が、自分のしたことを手厳しく批判します。中には、リズに知られたら、きっと叱られるに違いない、とものすごく不安になった人もいました（当人から聞いたのですが）。

また、この二つの傷を持つ人たちは、他者からの支援を容易に受け入れられないし、ましてや、それを依頼することなどとうていできない、ということにも気づきました。〈頑固な人〉は、一般的に、二つの理由を持っているようです。

一つ目の理由は、相手に借りを作るのを好まない、というものです。相手に、同じようなことをして借りを返すよりも、助けてもらわないですます方がいいと考えるのです。

二つ目の理由は、ほかの人たちには充分に能力がないから、というものです。もう一度自分でやり直さなければいけなくなる、と考えるのです。

〈逃避する人〉の反応は、相手に迷惑をかけたくない、自分ひとりで充分やれる、だから断ろう、というものです。支援を受け入れると、自分が無能な人間だということになってしまう、と考えるわけです。相手がどうしてもと言い張る場合には、やむを得ず受け入れることもありますが、それは、断り続ければ、受け入れる以上に相手に迷惑をかける、と考えてのことなのです。

〈逃避する人〉は、いかなる場合でも、ほかの人たちに迷惑をかけたくありません。相手に支援してもらえるほど、自分は重要な人間ではないと考えているのです。

〈逃避する人〉が心の奥で――ほとんどの場合、無意識的にですが――考えているのは、次のようなことです。「おやおや、この人が私を支援しようとしているのは、私が無能で、一人ではやれないと思っているからなのだ」

相手が、寛大な心で、喜びをもって支援を申し出てくれていることが、どうしても理解できないのです。〈逃避する人〉が相手の申し出を受け入れるとしたら、それは、また、〈不正による傷〉が優勢になっている場合であるかもしれません。そんな場合は、「支援してもらったことをしっかり覚えていて、必ず同じことをして返そう、そうすれば私は正当だ」、と考えます。

結論を言うとすれば、〈拒絶による傷〉は、常に、〈在る〉ことの領域に存在しています。ある種の〈在り方〉をしていることによって、自分自身を裁くこと、あるいは誰かに裁かれることを恐れるのです。

一方、〈不正による傷〉は〈持つ〉領域、あるいは〈する〉領域に属しています。他人よりも少なく持つ、あるいは多く持つことを恐れます。また、まずい行動をすること、あるいは、あまりにも素晴らしい行動をすることを恐れます。

批判されること、欠点を指摘されることへの恐れは、どちらの傷にも共通しています。傷の痛みをやわらげるために、〈頑固な人〉は、公平かつ正当であろうとします。また、良い行動をして、人から受け入れられようとするのです。

正義としては神の正義のみが存在し、また、《原因と結果の法則》は常に正しく適用される、ということが、どうしてもエゴには理解できないのです。

エゴは、神が定めた法則を理解することができません。というのも、エゴには、精神の次元以上のことが理解できないからなのです。したがって、《ブーメランの法則》も理解できません。この、普遍的で、霊的な法則は、きわめて高度な知性に基づいており、絶対確実に作用します。私たちは、まいた種を必ず収穫するのです。それを意識していようが、していまいが、必ずそうなります。

どの傷からも影響を受けないとき、あなたは、次のような自然な受け答えをするでしょう。「支援を申し出てくださって、ありがとうございます。喜んで、お受けいたします」もちろん、あなたは、相手に借りができたとは感じません。

申し出を断る場合には、そのことが、あなたのニーズに応えることになるのか、あるいは、恐れに基づくものであるのかを確認する必要があるでしょう。エゴは実に巧妙な手口を用いるので、あなたは常に注意を怠らず、エゴのやり方を意識していなければなりません。

ある傷が活性化すると、人生の舵《かじ》を取るのは、あなたではなくなります。感情的になるのは、あなたの〈小さな私〉であるエゴなのです。

あなたが自分や他者を責めるとき、あなたはもうセンターにいません。その時、エゴがあなたを占領し、あなたの代わりに考え、行動するのです。あなたがセンターにいるとき、ハートにいるとき、あなたは静かな心で、自分が怒っていることを観察し、感じています。感情的になって相手や自分を責めることはありません。

魂の五つの傷があなたを苦しめるとき、あなたはハートの声に従えなくなります。自分のニーズを大切にできなくなるのです。

エゴは、みずからが存在することを証明し、ほかの人たちにそれをアピールするためなら、いかなることでもするでしょう。〈拒絶による傷〉は、エゴにとって最悪の傷なのです。この傷があると、エゴは、自分には存在する権利がない、自分はどうしようもない人間だと感じます。

エゴにとって最も重要な傷は、〈拒絶による傷〉なのです。この傷が活性化すると、必ずエゴが優勢になります。そして、そのあとで、ほかの傷が目覚め、この傷にさらに力を与えるのです。〈拒絶による傷〉とともにほかの傷が活性化し、あなたが苦しめば苦しむほど、エゴは、自分がしっかりあなたを守らねば、と考えるのです。そこで、あなたにはそれほどの苦しみを乗り越える力はないと考えて、数々の防衛的な行動を取るのです。あなたを守ろうとして抵抗すればするほど、苦しみもますます大きくなる、ということがエゴには分かりません。

こういうわけで、〈拒絶による傷〉は、ほかのすべての傷の基礎になっています。拒絶による苦しみは、あなたを、自分への憎しみ、同性の親への憎しみに駆り立てます。自分のモデルになってくれなかったことで、同性の親をひどく恨むわけです。ここで、思い出していただきたいのは、誰かを憎むということは、それ以前に、その人をものすごく愛していた、ということです。

憎しみを持っていると、私たちは重大な病気——つまり、死につながる病気——にかかりやすくなるでしょう。あるいは、大きなケガをするかもしれません。

憎しみは、真実の愛を感じることができない、という無力感から生まれます。憎しみが強くなればなるほど、〈拒絶による傷〉によってもたらされる苦しみも大きくなるでしょう。このことについては、『ガン——希望の書』において、もっと詳しく論じています。

食生活と体重に隠されたもの

ここで食生活に触れておきましょう。〈拒絶による傷〉を持っている人は、体重を増やさないようにする傾向があります。一般に、ネガティブな感情を多く体験する人は、食事の量が多くなりがちですが、〈逃避する人〉は例外なのです。

自分に対して強い憎しみをいだいているとき、〈逃避する人〉は食べものをそれほどとりません。自分は、食べものを摂取するに値しない、と考えるからです。

空腹を感じることができず、多くの場合、ほんの少ししか食べません。まれに食べすぎることがありますが、そんな場合は、アルコールと同じ作用を及ぼす——つまり、想像の世界に逃避することを容易にする——甘いものをたくさんとります。

時に食べすぎを許すとしても、〈逃避する人〉は太ることを自分に禁じています。消えてしまいたいと考えているため、自分のからだを目立つようにすることができないのです。そのため、〈拒絶による傷〉とともに〈不正による傷〉を持っている人は、食べすぎたときには、食べたものを吐き戻して、絶対に太らないようにするのです。

〈不正による傷〉がうずき出すと、〈頑固な人〉は自分が悪いと感じます。というのも、エゴが、「愛されるためには、美しい肉体を持っていなければならない」と言うからです。ダイエットをする人は、必ず〈不正による傷〉の影響を受けています。この傷があると、人生のあらゆる面で、自分をコントロールしようとするのです。これら二つの傷があると、しばしば食欲不振となり、また、いくつかの理由で吐き戻しをするようになるでしょう。

〈不正による傷〉が食生活に影響を及ぼすとき、〈頑固な人〉は、特に罪悪感から体重を増やすことになるでしょう。実際、〈頑固な人〉は、自分をコントロールできなくなると、そのことが原因で必ず罪悪感を持つのです。そして、罪悪感ゆえに、かえって過食に走るわけです。しかし、体重が増えた場合でも、完璧なからだを持ちたいという強い思いから、ふたたびダイエットを始めるはずです。

体重の問題に関しては、『〈からだ〉に聞いて食べなさい』の中で詳しく説明していますので、さらに興味のある方は、そちらも参照してください。

傷は必ず三つの形で活性化される

すべての傷は、三種類のやり方で活性化されることを思い出してください。第八章で説明した〈人生の三角形〉を参照すれば、あなたは次のことが理解できるでしょう。すなわち、あなたがほかの人たちを拒絶するのと同じ程度に、そして、自分がほかの人たちから拒絶されたと感じるのと同じ程度に、あなたは自分自身を拒絶している、ということです。これは、五つの傷のすべてについて、等しく適用されるのです。

あなたは、たぶん、この箇所を読んでいて、心にある種の抵抗を感じたことでしょう。というのも、ほとんどの人は、三種類のあり方のうち、一つのあり方しか自覚できないからです。それ以外の二つのあり方については、感じ取ることが難しいのです。

私は、しばしば、セミナーやワークショップの際に、次のようなコメントを耳にします。

私が自分自身を拒絶する：

「私の場合、私がほかの人たちを拒絶するよりも、はるかに多く、自分自身を拒絶していると思います。私は、存在感がほとんどないため、ほかの人たちが私から拒絶されたと感じることはないはずなのです。また、私がほかの人たちから拒絶されたと感じることもほとんどありません。逆に、ほかの人たちは、私に愛を示すためにたくさんのことをしてくれていると感じます。ただ、私がそれを受け入れられないだけなのです」

ほかの人たちが私を拒絶する：

「私の場合には、ほかの人たちから拒絶されることがほとんどです。そして、その発端は、私がまだ幼い時に、母親からひどく拒絶されるという経験をしたことでした。私は、母のように意地悪な振る舞いをしたことはありません。むしろ、まったく逆です。私は、ほかの人たちに、私がどれほど彼らを愛しているかを、常に示そうとしてきました。私が、自分自身を拒絶することもたまにありますが、母やほかの女性たちが私を拒絶してきたことに比べれば、まったく問題にならないでしょう」

私がほかの人たちを拒絶する：

「私に関して言うと、自分自身を拒絶するよりもはるかに多く、ほかの人たちを拒絶しています。そして、ほかの人たちはそれほど私を拒絶しません。ほかの人たちが私の気を引こうとすればするほど、私は彼らを嫌いになるように思われます。自分ではどうしようもないのです。私は、まず第一に自分のことを考え、それがほかの人たちを傷つけるかどうかなんて、ぜんぜん気にならないのです。それこそが、自分を愛することだと思います。とはいえ、私が人間関係をうまく築けないのは事実です。私は、自己中心的な人間として通っているからです」

エゴの影響を受けて、以上のように確信していることは、人間的であり、また、きわめて当然のことでもあります。しかし、私たちが意識的になればなるほど、どれほどエゴが私たちに影響を振るっているかが分かるでしょう。もし、あなたが、右の三つの例のどれかに当てはまるとしたら、一つの傷は必ず三つのあり方で活性化される、という事実を受け入れてください。たとえそれに同意できなくても、それを受け入れることによって、傷が活性化されたときに、より早く、あなたはそのことに気づけるようになるでしょう。

〈拒絶による傷〉と〈不正による傷〉が活性化されるとどうなるか

それでは、〈拒絶による傷〉と〈不正による傷〉が活性化されたときにどうなるか、という例を見てみましょう。その際に、仮面をつけた人がどう振る舞うか、ということも確認しておきます。この二つの傷は、どんな人によっても活性化されます。

〈拒絶による傷〉が活性化されると、あなたは自分自身を何の役にも立たない無能な人間だと見なすでしょう。そして、非常に大きな不安に襲われるのです。怒りとともに、自分自身、あるいは自分と同性の他人を責めるときは、〈不正による傷〉が活性化されています。その際に、本能的に仮面をつけることをせず、痛みを痛みとして認めて、ありのままに感じることができれば、癒やしの効果の高い素晴らしい妙薬を、あなたは傷に塗ったことになるでしょう。

〈不正による傷〉が活性化されたとき、〈頑固な人の仮面〉は二種類の違った仕方で表現されます。一つは穏やかな表現、もう一つは反抗的な表現です。

穏やかな表現では、あなたのからだがこわばり、目が冷たくなり、相手を厳しく見つめます。あなたは何も言いませんが、あなたが怒りを感じて、それを押し殺していることがよく分かるでしょう。あなたは、心の内を積極的に表現しません。こうした態度は、〈逃避する人〉の仮面と〈頑固な人〉の仮面の中間形態と見なすことができるでしょう。ある種の人たちは、一生のあいだ、こうした穏やかな表現に終始します。

反抗的な表現では、大声で叫んだり、怒りをあらわにしたりして、自分を守ろうとします。同性の親にも、ただちに刃向うでしょう。また、それ以外のどんな人に対しても攻撃を仕掛けます。

これからあげる例において、私が「カンタ」と言った時は、それを、あなたが自分のエゴにつけた名前と置き換えてみてください。あなたのエゴは、二種類の仕方で表現されます。一つ目は、心の中でされるエゴの演説をあなたが聞く、という形で。二つ目は、あなたが発する言葉を通してエゴが表現される、という形で。

傷の痛みが大きければ大きいほど、あなたは自己コントロールを失うでしょう。私たちは、次のような言葉を、これまでに何度も聞いたことがあります。「ごめんなさい。そんなことを言うつもりはなかったのです。でも、どうしても抑えられなくて」

私たちがエゴに乗っ取られると、エゴは、私たちのからだを使って自己表現をします。場合によっては、暴力を使うこともあるでしょう。

まず、**〈拒絶による傷〉**の例を見ることにします。

いま、あなたが、ある集まりに参加しているとしましょう。すると、突然、誰かがあなたに意見を求めてきました。あなたは心の準備ができておらず、とても居心地が悪く感じます。あなたは、皆から注目されるのが好きではないのです。あなたの言うことが、みんなの興味を引かないかもしれないし、もしかすると、それは間違っていると思われるかもしれないからです。

あなたは、ほかの誰かにみんなの関心が向けばいいと思いながら、あいまいな受け答えをします。あるいは、言いわけをしながら、トイレに行ったりするかもしれません。

実際には、そうしているのはあなたではなく、あなたのエゴなのです。エゴは、たとえば、あなたにこう言うでしょう。「何も言っちゃダメ。あなたは最低の人間なので、あなたが言うことは誰の興味も引かない。あるいは、みんなから間違っていると思われる。そうなったら、馬鹿を見るだけよ。何も言わなければ、苦しい思いをしないわ。小さいころ、みんなに笑われたり、無視されたりしたことがあったじゃないの」

このエゴの言うことを信じて、あなたは〈逃避する人〉の仮面をつけるでしょう。それこそ、あなたの〈反応〉的な振る舞いなのです。

一方、同じ状況で、あなたは、素早く自分のセンターに入って、冷静な観察者になることも可能です。

そして、カンタがあれこれささやき始めたとき、あなたは深呼吸を二〜三回して、もし可能なら水を飲み、カンタと次のような会話をすることができます。

「ねえ、カンタ。あなたが私を助けようとしてくれているのは知っているわ。たしかに、私の意見が受け入れられない可能性もある。あなたは、私を苦しみから守ってくれようとしているんだよね。でも、私は、いつか、しっかり自分を愛して、自分の居場所をもっと確保できるようにするつもりでいるの。

そして、ほかの人たちが同意してくれなくても、また、私が口ごもったり、間違えたりしても、それでいやな気分にならないようにしたい。それに、私がたとえうまく答えられなかったとしても、それは、私がどうしようもない人間だからではなくて、ただ、その時に、うまく考えがまとまらなかっただけ、と考えられるようにしたいの。

あなたが私のことを思ってくれているのは、よく分かっているわ。そんなふうにして、私を助けようとしているんだよね。でも、本当は、それでは、私を助けることにならないの。私は、前よりもずっと強くなったと感じているし、言いたいことを言った結果は、自分で引き受ける覚悟ができているわ。私を助けようとしてくれて、どうもありがとう。あなたは、もう、休んでちょうだい。そして、私のすることを黙って見ていてほしいの」

こんなふうにして、あなたは、センターに入り、〈拒絶による傷〉の活性化を冷静に観察できるようになるでしょう。このやり方を使えば、傷によって引き起こされる恐れと苦しみは、徐々にやわらぎ、やがて消えていきます。あなたは、仮面の罠にはまらず、逃避せずにすむでしょう。その時、あなたは自分の居場所をしっかりと確保できるはずです。

こうした状況において、もし、あなたが自分の意見を述べず、会話に加わらなかった場合、そのことによって、あなたに拒絶されたと感じる人たちもいることでしょう。そして、その人たちは、あなたに話しかけず、あなたを見もしない可能性があります。そうすると、今度は、あなたが、その人たちに拒絶されたと感じるはずです。まさしく、この状況において、あなたは自分を拒絶し、ほかの人たちを拒絶し、そして、その人たちから拒絶されたと感じているのです。

その時に、カンタがまたしゃしゃり出て、こう付け加えるでしょう。「ほらごらん。みんなは、あなたがそこにいないかのように振る舞っている。きっと、心の中で、こいつは本当にどうしようもないやつだ、と考えているに違いない。なるべく、みんなの関心を引かないようにすること。あなたは、何か言いわけをして、この場を離れた方がいいかもしれない。みんなにとって、しょせん、あなたなんかどうでもいい人間なのだから」

こういうカンタの演説を信じ続けるか、それとも、さっきより強い口調でカンタを説得するか、それはまったくあなたの自由なのです。

では、次に、**〈不正による傷〉**の例をあげてみましょう。

あなたが女性だとします。お母さんは、数年前に離婚をして一人で暮らしていますが、そのことを受け入れていません。彼女は、病気になったり、問題を引き起こしたりして、犠牲者の役割を演じ、あなたの関心を引こうとするでしょう。彼女は、あらゆること――からだの不調、天気、隣人、彼女を捨てた前の夫、お金が足りないこと、彼女に会いに来ない子どもたち――に関して不満を並べたてます。

女の子はあなた一人だけで、二人の兄弟はいろいろと口実を作って、母親に会いに行きません。あなたは母親をかわいそうだと思い、しばしば電話をかけ、また、週に一度は会いに行くようにしています。彼女が不平を言いだすと、あなたはどうしようもなくなって、ついつい彼女の面倒を見てしまうのです。

とはいえ、彼女は、あなたの言うことを聞く耳を持ちません。あなたは、すぐ、イライラし始めます。あなたの努力を認めない母親をあなたは不当だと感じるでしょう。あなたは、時には、ぶっきらぼうに振る舞い、なるべく早く帰ろうとすることもあります。

こうして、母親を訪問することは、あなたにとって苦役となり、帰るときはいつもネガティブな感情に満たされるのです。しかし、そんなふうに振る舞うのは、実は、あなたがカンタに支配されているからなのです。

あなたが、母親を不当だと感じて、会いに行くのをやめようとするたびに、カンタが次のようにささやくでしょう。「お母さんに会いに行かなければだめじゃないの。あなたが、たった一人の娘なんだから。彼女にイライラするのは、あなたに忍耐心がないからだわ。彼女の身にもなってごらんなさい。同じふうにされたら、あなただっていやでしょう。彼女に同情しないのは、あなたが意地悪だからよ」

母親があなたに対して不当である、とあなたが感じるなら、カンタの演説は次のようになるでしょう。「彼女は、なんて不当なの！　あなたが、彼女に電話をしたり、会いに行ったりするために、多くの時間を使っているのが分からないのかしら？　しかも、あなたが元気かどうかさえ尋ねない。自分のことしか頭にないのよ。まったく、年とともにますます自己中心的になってきている。あなたの言うことをぜんぜん聞かないじゃないの。あなたの話をさえぎってばかり。あなたの忠告を聞いていさえすれば、彼女の人生はもっとずっと快適になるはずなのに」

この状況において、あなたの母親も、あなたを不当だと感じて苦しんでいるのを、あなたは知っているでしょうか？　あなたが母親を不当だと感じているのと同じ程度に、あなたの母親もあなたを不当だと感じているのです。

こうした状況において、〈不正による傷〉とともに〈拒絶による傷〉が活性化された場合、カンタは、電話あるいは訪問の後で、あなたにこう言うでしょう。「あなたは、本当にどうしようもない娘ね。カンタは、にやさしくすることさえできない。どうして、口をつぐんで、母親の不満をじっくり聞いてやれないの？　母親もし、母親の面倒を見るのをやめたら、あなたは一生のあいだ後悔するはずよ。母親は、あなたを愛さなくなるでしょう。前に、三カ月のあいだ母親がふてくされて、あなたに何も話さなくなったとき、あなたがどれほど苦しんだか思い出すのよ」

以上が、典型的なカンタとの会話でしょう。しかし、もっと意識的になることで、あなたはカンタの言葉を見抜けるようになるはずです。自分の振る舞いは、すべて自分から出ていると思っているかもしれませんが、実際にはそうではないのです。

何かを変えようと思うなら、たとえば、カンタに次のように言えばいいでしょう。「またやって来たわね、カンタ。私を放っておいてくれないのね。あなたがそんなふうに私に話しかけ、あなたの信じていることを私に信じさせようとするのは、善い意図に基づいているのよね。あなたは、それが私の役に立っていると思っているけど、でも、実際にはそうじゃないの。ときにはイライラするし、母に会いたくないと思うこともあるけれど、それを私は、ありのままに認めたいと思う。

私が苦しむことをあなたは恐れているのね。だけど、私はいま、自分の思い通りに生きて、その結果は、きちんと引き受けたいと考えているの。たとえば、母が私に会いたくないと言っても、それはそれでいい。もうこれ以上、コントロールを失うのではないかという恐れによって、コントロールされたくないと思うの。だから、もうあっちに行って休んでちょうだい。私は、これから、自分で人生の舵を取り、その結果を、いさぎよく引き受けるから」

エゴの影響を受けていることに気づき、ふたたび自分のセンターに入るようにしていると、だんだん、自分のハートに従うことが容易になるでしょう。あくまでも、状況を冷静に観察するようにしてください。傷によって引き起こされる苦しみを感じたら、ゆっくりと深呼吸をして、次のように考えましょう。「この状況、またはこの人が、いま、私の〈拒絶による傷〉ないしは〈不正による傷〉を活性化した。まだ治すべき傷があること、つまり人間的であることを、私は自分に許します。いまは、拒絶されたこと、また、不当に扱われたことを、静かに感じるようにします。やがてまた、似たような状況に至ったとしても、私は苦しまないようになるでしょう」

こんなふうに傷に対応できるようになれば、あなたの経験が、良いものでも、悪いものでもないことが分かるようになるはずです。それは、ただ、〈人間的〉であるだけなのです。自分を裁き、批判し、人を裁くのではなく、あなたも、ほかのすべての人たちと同様に傷を持っていることを、ありのままに認めて、許してあげましょう。

次の章に進む前に、これから数日のあいだ、〈拒絶による傷〉や〈不正による傷〉が活性化されて、あなたが〈逃避する人〉や〈頑固な人〉の仮面をつけるたびに、それらをすべてノートに書き出してください。そうすれば、エゴの言うことを、ますます意識化することができるようになるでしょう。そのとき、あなたがエゴにどう答えたかも、ノートに書いてください。

その実践を続けることで、あなたは、より素早くカンタに対応できるようになるでしょう。特に、カンタと話す前、そして、カンタと話してカンタに感謝した後でどう感じたかを、じっくりと比較してください。そうすれば、センターに入れたことが、どれほど幸せであるかが分かるでしょう。

Chapitre 13

〈見捨て〉による傷と〈裏切り〉による傷を癒やす

〈見捨てによる傷〉と〈裏切りによる傷〉もまた、密接に結びついています。両者とも、幼い時に、異性の親またはその役割を演じた人によって活性化されます。〈見捨てによる傷〉は、三歳から五歳のあいだに、〈裏切りによる傷〉は、四歳から六歳のあいだに目覚めさせられるでしょう。もし、まだ読み直していないとしたら、本書の第三章と第五章を、ぜひとも読み直してみてください。

前章において、〈拒絶による傷〉が最も苦しく、かつ、最も大きな被害をもたらす、と指摘しました。二番目に苦しいのが、実は、〈見捨てによる傷〉なのです。なぜでしょうか？　それは、〈見捨てによる傷〉が、心の中で、受動的に経験されるからです。この傷は、特に、存在の最も深いところで経験された大きな悲しみによって特徴づけられます。多くの人たちが次のように言うのを、私はどれほど聞いたことでしょう。「時々、無性に悲しくなります。でも、どうしてなのか分かりません。私は、幸せになるためのあらゆる条件を備えています。良い人間関係、望み通りの仕事、かわいい子どもたち、などなど。それなのに、突然、深い悲しみに襲われることがあるのです。からだ全体でそれを感じます」

もし、あなたもそうした悲しみを知っているなら、それは、あなたが思っている以上に、あなたの中に〈見捨てによる傷〉が残っていることを意味しています。あなたは、苦しみたくないので、傷があることを意識せずにいるのです。そして、いろいろなことをしては、すべてがうまくいっている、と思い込もうとしています。たくさんの人たちとの交流もその一つでしょう。しかし、どうしても悲しみを抑圧しきれない時に、悲しみが表面化してくるのです。

悲しみが繰り返し戻って来ることを意識したなら、あなたは、そろそろ、〈見捨てによる傷〉を管理するすべを身につけたほうがいいでしょう。そのためには、傷をありのままに受け入れて、それを少しずつやわらげるための行動をすべきなのです。これからもずっと、悲しみとつき合わなければならない、とあきらめる必要はまったくありません。

〈見捨て〉に苦しむ人たちにとって、生きることが困難なのは、「自分は充分な関心や愛情を決して受け取ることができない」と、エゴによって思い込まされているからです。どんなことをしてでも、関心がもっとほしい、愛情がもっとほしい、と思っているのです。自分をまったく愛していないので、ほかの人たちからの愛情が欲しくてたまらないのです。

だからこそ、〈見捨てによる傷〉を持っている人は、からだが必要としていない時でも、驚くほどの量を食べるのです。そんな場合でも、この人の体重は増えません。というのも、心が満たされていないので、しょっちゅう次のように思っているからです。「私は、充分に満たされていない。愛情のしるしを充分に受け取っていない」

〈見捨てによる傷〉が活性化されると、一般的に、その反応は消極的な形で現われます。〈裏切りによる傷〉の場合、反応はより強く、より目立つものとなるでしょう。たとえば、父親から見捨てられたと感じている少女の例をあげてみます。父親は、多くの時間を、息子や妻と過ごしたり、仕事に費やしたりして、少女と一緒にいてくれません。この少女は、とてつもない孤独感を持っています。父親におもねって、その関心を引こうとしますが、充分それができたとは思えません。

自分が見捨てられたと感じたとき、少女は自室に引きこもって泣くでしょう。自分が本当に愛されていると感じられないのです。ほかの人たちからの関心を得ることができた時でも、それが父親からのものでないかぎり、少女は深い悲しみを感じるはずです。母親とのあいだに問題が生じると、少女は、父親に介入してもらいたいと考えます。父親がそうしない場合、彼女は、母親からは拒絶された、父親からは見捨てられた、と感じるのです。

この少女は、自分の目的を達成するためなら、病気になることも辞さないでしょう。しかし、その場合でも、父親は、あれこれと言いわけをして、少女の面倒を見てくれません。たとえば、「病気の子どもの世話を焼くのは、母親の役割だ」と言ったり、「病院に行くと気分が悪くなるから、病院には行きたくない」などと言ったりするのです。そこで、少女はさらに重い病気になったりします。哀れな少女は、何よりもまず、自分が持っている〈見捨てによる傷〉を癒やす必要があるのだ、ということが理解できないのです。

この傷をさらに活性化させるのが、少女が持っている〈エディプス・コンプレックス〉です。少女は、父親を理想的な男性として崇拝し、自分にあらゆる関心を注いでほしいと思っています。しかし、本当の問題は、彼女が自分をまったく愛しておらず、外側に愛情を求めてばかりいる、ということなのです。それを理解しないかぎり、問題は解決しないでしょう。

〈裏切りによる傷〉は、あなたが、心の中で怒りを感じたり、あるいは、言葉でその怒りを表現したりするときに活性化されます。「私を愛していると言っておきながら、どうしてパパはこんな行動をするの？　私を『自分の宝もの』だと言っているのに、どうして、私ともっと一緒にいてくれないの？　私がどれほどパパを愛しているか、分からないのかしら？　もっと関心を示してくれたら、私はすごくうれしいのに」

自分は父親に愛されようとして、できることはすべてしているのに、どうして父親がもっと関心を注いでくれないのか、まったく理解できないのです。特に、父親の〈言う〉ことと〈する〉こととのあいだに、大きなずれがあることが彼女を苦しめます。そして、裏切られたと感じるのです。自分の期待が満たされないと、彼女はきわめて大きな怒りを感じ、こうして〈反応〉的な振る舞いがますます多くなるのです。

この少女が、父親からの関心や愛情をまったく受け取れない場合、彼女の反抗がますます激しくなるのは目に見えています。子どもに愛情を与えるはずの父親が、どうして自分に愛情を示さないのかが、どうしても分からないからです。

〈操作する人〉は、二種類のやり方で怒りを表現します。**①かなり陰険なやり方で、相手を操ろうとする。②もっと分かりやすい、強烈な、攻撃的な方法で、相手を操ろうとする。**

ある人たちは、二つの方法を代わるがわる使い、別の人たちは、一つの方法をより多く使います。

先ほど例にあげた少女であれば、守ることのできないような約束をしたり、父親が聞きたいと思っていることを言ったりして、父親を狡猾《こうかつ》に操ろうとするでしょう。あるいは、攻撃的になった場合には、大声で叫んだり、父親を挑発したり、父親の言うことに反抗したり、ふてくされたり、父親に対して、エゴイスト、冷たい人間といった言葉をあびせかけたりするでしょう。こうして、〈裏切りによる傷〉がますます活性化されるのです。

〈操作する人〉は、相手を陰険に操ったり、攻撃的に操ったりして、目的を達成しようとします。

成人に達すると、〈操作する人〉は、配偶者を信頼することに困難を感じます。配偶者は、相手が、時には、とても愛想がよくて依存的になるのに、時には、突然変身して意地悪くなることが、どうしても理解できません。

〈裏切りによる傷〉を持つ人は、〈操作する人〉の仮面をつけ、あらゆる手段を駆使して相手をコントロールしようとします。なぜでしょうか？　それは、見捨てられるのが怖いからなのです。この恐れは、一般的に自覚されていません。だからこそ、〈操作する人〉は、自分を自立した人間だと思い込み、自分が苦しんでいることを表現できないのです。操作的な振る舞いを数多くするのですが、自分が〈見捨てによる傷〉によって苦しんでいることが自覚できないのです。


〈操作する人〉は二重の意味で苦しんでいます。見捨てられることを恐れているだけでなく、裏切られることもまた恐れているからです。


第五章において、〈操作する人〉は、女性の場合は力強い体格と骨盤の豊かさによって、男性の場合は力強い体格と肩幅の広さによって、見抜くことができると指摘しました。どうして、性の違いによって、こうした違いが出るのでしょうか？　それは、女性の場合、子どもを守るからだの部位が骨盤であり、男性の場合、それが筋肉と肩幅であるからなのです。

これらのからだは、異性に対して、次のように主張しているのです。「私が強い人間であることが分かる？　私はあなたを守ることができる。私と一緒にいれば、あなたは何も心配する必要はない。私があなたの面倒を見てあげましょう」

本人はこのように思っているわけですが、彼らの力強さは、そのように受け取られません。支配の象徴、または、信頼の欠如と見なされるのです。

食生活に関して言うと、〈裏切りによる傷〉を持っている人は、その罪悪感ゆえに、体重を増やす傾向があります。恐れがあるゆえに、また、他者の世話を充分していないという罪悪感があるために、または、他者の世話をしたくないという気持ちがあるために——それは、自分の弱さとして自覚されます——、食べものを過度に摂取するのです。その結果、食べものに関する自分のニーズを聞いていないことから来る罪悪感にさいなまれます。女性の場合、おなか、腰、ふともも肉が増えるでしょう。男性の場合、からだの上部に肉がつきます。もし、男性が、母親のように世話を焼きたいと思っていたとしたら、おなかに肉がつくでしょう。

私たちは、まず見捨てられる恐れを感じ、そのあとで、少しずつ、〈裏切りによる傷〉が表面化してきます。とはいえ、〈見捨てによる傷〉の方を主として癒やそうと計画して生まれてくる人たちもいるのです。その場合には、この傷に関連した振る舞いを多くするようになるでしょう。そういう人たちの〈裏切りによる傷〉は、それほど目立ちません。その傷を感じることがあまりないのです。そういう人たちは、たとえば、持続的な愛情関係を築くことができないでしょう。パートナーのちょっとした間違いや欠点でも、すぐに責めたてます。一方で、自分を信じることができません。

ある人たちは、自分は一人で生きた方が幸せになれると、自分にも言い聞かせ、ほかの人たちにもそう言うでしょう。「現在では、離婚率が五〇パーセントにも達しているでしょう。だから、私はもう結婚しようとは思わないのです。新たな出会いも求めません。現代では、親密な愛情関係を維持するのは、とうてい無理。私は、もう、誰も好きになりません。自分のことは全部、自分でやれますから」

私たちが異性の誰かを非難するとき、〈裏切りによる傷〉が活性化されています。一方、〈見捨てによる傷〉がうずくとき、私たちは自分を裁き、自分の運命を嘆きますが、それらはすべて自分の心の中だけで起こるのです。私たちは、ほかの人への言いわけを考え出し、自分への関心を得るために、あらゆることをしようとするでしょう。そうした人たちが――男性でも、女性でも――暴力を振るわれる関係から抜け出ることのできないタイプなのです。

私は、これまで、何人もの女性たちが次のように言うのを聞いてきました。「私は、夫から殴られるのを我慢しますが、それも、彼が飲みすぎて自己コントロールを失ったときだけです。彼は、とても苦しんでいるのです。しかも私は、彼が私を愛していることを知っています。それに、暴力を振るった翌日は、自分のやったことを後悔して、本当にやさしくしてくれるんです」

一般に、女性から暴力を振るわれる男性は、そのことを誰にも言いません。したがって、正確な統計の数値は存在しないのです。暴力を耐え忍ぶ人たちが〈見捨てによる傷〉を持っていることを知らないと、どうして何年ものあいだ、そういうひどい状況から逃げ出さずにいるのか、理解に苦しむでしょう。もちろん、理解できたとしても、それでは何の解決にもなりません。それよりも、そのように苦しむすべての人たちに対して、いたわりの気持ちを持つことが大事でしょう。そうすれば、あなた自身の〈見捨てによる傷〉が――たとえ、あなたがそれを持っていることを認めたくないとしても――徐々に癒やされていくはずです。

相手が「自分の意に添うように振る舞う」ことを、相手が「自分を愛する」ことだと誤解しているのが、〈見捨てによる傷〉と〈裏切りによる傷〉を持っている人たちの特徴です。だからこそ、〈依存する人〉と

〈操作する人〉は、相手に対して多くの〈期待〉を持つのです。〈依存する人〉は、配偶者が、本人のニーズを無視してまで自分を喜ばせようとするとき、相手が自分を愛していると感じます。さらに、嫉妬深くて、相手を自分の所有物だと見なすことが、相手に対する愛の証しであると考えるのです。ですから、相手に対する自分の愛を証明しようとするとき、〈依存する人〉は、自分のニーズを無視してまで相手の要求を受け入れようとするのです。そして、見返りに、相手に対しても同じことを要求するでしょう。

〈操作する人〉はどうであるかと言えば、〈依存する人〉が持つのと同じ期待を、心の中に隠し持っています。とはいえ、〈操作する人〉は、たとえば、不満な様子や攻撃的な様子を見せるなどして、陰険に相手を操ろうとするでしょう。

また、配偶者に対して、自分を喜ばせることを求めます。そうでない場合、ふくれたり、おどしたり、時には誘惑したりするでしょう。相手に対して多大な期待を持っており、見捨てられる恐れから自分が大げさな〈反応〉をしてしまうことを、自覚していません。

自分を喜ばせるために相手が一生懸命になるのは当然だと思う一方で、自分はどうかと言えば、いつも自分のことをまず第一に考えます。〈操作する人〉が自己中心的な言動を取る場合でも、その要求に対して「ノー」を言う相手こそ自己中心的なのだ、と決めつけてくるでしょう。

〈操作する人〉は、自分の間違いを認めることが絶対にできません。なぜなら、常に相手を言い負かそうと思っているからです。ほかの人、あるいは外部の状況を責めたてることが習い性となっているのです。自分の間違いを認めないためなら、いくらでも平然として嘘をつくでしょう。

〈頑固な人〉と〈操作する人〉のコントロール

〈裏切りによる傷〉を持つ人も、〈不正による傷〉を持つ人も、ともに多くのコントロールを行ないます。そこで、両者の違いはどこにあるのだろう、と疑問に思う人もいることでしょう。実は、違いは、その〈動機〉と〈恐れ〉にあるのです。

その違いを説明するために、自動車事故に遭った夫婦の例を取ってみましょう。夫の方が、知人に向かって事故の様子を語っています。もちろん、奥さんも同席しています。「私は、当然のことながら、法定速度で走っていました。すると、右方向から車が走ってきたのです。妻は、助手席に座っていたのですが、車を運転している女性がこちらの車に気がついていないらしいことを、私に、きちんと教えなかったんですよ。そのために、相手の車が私たちの車に突っ込んできました。ああ、まったく女ときたら、車の運転に関して、まったく分かっていないんですからね」

夫は、自分の妻がほかの車の接近を告げなかったこと、また、その車を運転していた女性が車の運転の仕方を知らなかったことを、笑いながらこれ見よがしに指摘したのです。すると、奥さんの方が、すかさず反論します。「なに言ってるの。その車は細い通りから急に飛び出してきたのよ。運転手が私たちの車を見ていたかどうかなんて、私に分かるわけないでしょう。私だったら、運転中には、あらゆる方向に注意を払うわ」こうして、彼女は、自己弁護をし、自己正当化をするのです。

この状況は、夫と妻それぞれにおいて、別の恐れを目覚めさせました。夫の方は、ほかの人たちよりも自分の方が運転が上手だと思っているにもかかわらず、運転が下手だと非難されることを恐れています。〈操作する人〉の仮面に邪魔されて、自分の過失を認めることができないのです。そのため、あらゆる努力を払って、自分以外の〈犯人〉を探そうとするわけです。

一方で、妻の方は、自分たちの車に突っ込んできた女性の運転手に罪を着せることで、自己正当化を図ろうとしています。つまり、〈頑固な人〉の仮面に支配されているわけです。一方で、女性の運転手があらゆる方向に注意を払っていなかったことを非難しつつ、もう一方で、自分が間に合うように夫に警告しなかったことで、ひそかに自分自身を非難しているわけです。

ここで、〈頑固な人〉がしばしば自己正当化を図るのは、〈罪悪感〉による、ということを思い出しておきましょう。〈頑固な人〉は、当人自身がもともと罪悪感を持っているから、ほかの人たちがそれに反応して、当人を責めているのだ、ということが、どうしても理解できないのです。

この場合では、妻が、夫の反応によって裏切られたと感じ、その結果、〈操作する人〉の仮面をつける場合もありえるでしょう。その場合、次のようなことを言うはずです。「ねえ、どうしてあなたは、ほかの人たちを非難するの？　あなたが運転していたのでしょう？　だったら、あなたが、まわりで起こっていることに注意を払うべきだったのよ。あなたは、ものすごく傲慢なので、自分の非を認めることができないのね。いつもそうだわ！」こんなふうに、二人の〈操作する人〉が目を覚まして、二人のエゴイストとして熾烈な戦いを始めるわけです。これらの振る舞いは、すべて、エゴにエネルギーを与え、傷による苦しみを、さらにひどくするだけだということを知ってください。

コントロールすることとニーズを肯定することの違い

ほかの人たちがそれを推察してくれるのを待つのではなく、自分自身で自分のニーズを肯定することが大事なのです。でも、ほとんどの人は、そのためにどうすればいいのか分かりません。〈依存する人〉と〈操作する人〉は、一般的に、自分のニーズをきちんと意識しており、それを表明すべきだと考えているのですが、実際にはそうできません。〈依存する人〉は、嘆くことによって自分の要求を伝えようとするでしょう。そして、相手がそれを察してくれることを期待するのです。相手がそれを察してくれれば、自分は本当に愛されていると感じます。〈操作する人〉は、命令することによって、自分の要求を伝えるでしょう。自分の望むことを相手がただちに理解して、それに応え、自分を愛していることを証明してほしいのです。

ここで、ある夫婦の例をあげてみましょう。夫は、毎晩、違った時間に家に帰ってきます。妻は、そういう状況では夕食を用意するのが難しい、ということを伝えようとします。

まず、〈依存する人〉である妻が、嘆く調子でこう言うでしょう。「冷めた料理を食べるのはもう我慢できないの。どうして、帰ってくる前に電話をしてくれないの？　私が、今か今かとあなたの帰りを待っているのは知っているでしょう？　私は、一人で夕食をとるのがさびしいのよ」

以上でお分かりのように、彼女は自分のことだけを話し、しかも、嘆いてばかりです。明確な要求をしません。したがって、お互いに何らかの約束をすることができないのです。

次に、〈操作する人〉である妻は、強い調子でこう言います。「帰宅する時間が変更になった場合には電話をしてって、これまでいったい何度言ったと思う？　いい、これが最後の警告よ。次から、連絡がなかった場合には、あなたが自分で夕食の用意をするのよ！　私はもう、これ以上、我慢できませんからね！」

あなたにも分かるように、これは要求ではなく、命令です。夫婦のあいだには、まったく理解が成立していません。

あるべき要求の仕方は、次のようなものでしょう。「帰宅が遅れることになった日に、私に連絡をくれるのはすごく難しい、ということはよく分かっているの。でも、私は、あなたの好きなものを、愛情をこめて作りたいの。そして、温かいうちにあなたと一緒に食べたいのよ。あなたが時間通りに家に帰って来ないので、私が一人きりで食べ、そのあと、帰ってきたあなたが自分で食事を温め、しかも後かたづけもする、というのを、どう感じるかしら？　ね、だから帰宅が遅れるときは、ちゃんと電話をしてほしいの」

この場合、妻は、夫の立場もしっかりと考えています。こんなふうに話をすれば、明確な相互理解が生じて、しっかりした約束をすることができるでしょう。

〈真実〉であるとはどういうことか

〈頑固な人〉と〈操作する人〉は、〈真実〉であることがどういうことであるのか、どうしても理解できません。ＥＴＣの教えにおける定義によれば、真実である、とは次のようなことです。

「考えること、感じること、言うこと、することのあいだに矛盾やずれがない。しかし、だからといって、考えていることをすべて言う必要はない。相手から質問された場合には、自分の考えていること、感じていることに応じて、〈真実〉を言う必要がある。また、自分自身と相手に対して真実であるためには、言葉と行動のあいだに矛盾があってはならない」

私たちが真実である場合、ネガティブな感情も非難も起こりません。私たちが、自分の真実に従って行動するとき、たとえそれが、相手の気に入らなくても、それで相手が私たちを怨むということはありません。むしろ、逆に、相手は、私たちの真摯な態度を見て、私たちを尊重するでしょう。

しかし、私たちが、〈不正による傷〉や〈裏切りによる傷〉によって影響されるとき、私たちは、〈真実〉について間違った考え方をします。そのとき、私たちは、考えていることをすべて言うことが——相手がそれを求めていないのに——真実であると思うのです。

私が一人目の夫と生活していた時、ものごとをはっきりさせるために、私は考えていることをすべて言っていました。私は、よく、キャンドルをともしながらの〈お話し会〉をして、〈真実〉であろうとして、経験したこと、考えたことを洗いざらい夫に話していたのです。私が心地よく生きられるように彼を変えようと考えて、そうしたことをすべて話していたわけです。その場合、私の〈操作する人〉が優勢となって、私のムシェットに話をさせていたことになります。私は〈真実〉だったのではなく、ただ私の不満をぶちまけていただけなのです。

〈頑固な人〉は、同性の人に対して、同じように振る舞います。相手に対して、ものごとをはっきりさせることによって、自分が〈真実〉でありえると考えていますが、実際には、相手が不正であると考えて、相手を変えようとしているだけなのです。

自分が不満を感じる状況において〈真実〉であろうとするなら、相手がどう感じているかを確かめながら、自分の考えていること、感じていることを話す必要があるでしょう。それは、また、自分の恐れや欲求の責任を引き受けるということでもあります。それはまた、相手と自分の両方にとって都合の良い解決方法を見つけるために自分を表現する、ということでもあるのです。

〈見捨てによる傷〉と〈裏切りによる傷〉が活性化されるとどうなるか

以下の例を読めば、エゴに影響された行動――つまり、仮面をつけた時の振る舞い――と、センターに入っている時の行動――つまり、ハートに従っている時の振る舞い――の違いがよく分かると思います。同じ状況に遭遇したとしても、仮面をつけることなしに傷の痛みを感じ取り、そして、その傷に妙薬を塗ることもできる、ということが分かるでしょう。

エゴにどのようにして話しかけるかを説明する際に、私は、ここでも、「カンタ」や「ムシェット」という名前を使います。ですから、あなたは、それらを、自分のエゴに与えた名前に置き換えてください。

ここで、第十章においてあげた、息子との関わりにおける私の例を取り上げてみましょう。息子の事業の計画に投資をするのですが、計画が成功する前に息子がその計画を投げ出してしまう、そうすると、そのたびに、私の〈裏切りによる傷〉が活性化されるのでした。

この傷に気づくのはとても簡単です。なぜなら、その時、無視しがたい怒りが湧いてきて、異性である相手を非難することになるからです。それらの状況があまりにも耐えがたいので、私は、毎回、もう二度と投資はすまい、と堅く心に誓うのです。そして、こう考えます。「たとえ彼が、ひざまずいて頼んだとしても、もう、絶対に投資はしない。たとえ、なんと言われて非難されようとも、これほど失望し、怒り、苦しむのは、もういやだから」

時がたち、息子はまた事業の計画を立てますが、それがとても面白そうで、しかも、必ず成功しそうに思えるのです。そこで、私はこう考えます。「また投資しようかな？　きっと、彼も自己変革しただろうし、今回は、途中であきらめず、きっと最後までやりぬいて成功するに違いない」

この状況において、私が大きな期待を持っていたのは、火を見るよりも明らかでした。しかし、すでに述べたように、現在では、私は別の意図を持って、息子の計画を助けようとしています。かなり前に、息子は、私の〈裏切りによる傷〉の癒やしを促進するためにいてくれるのだ、ということに気づいたからです。でも、私はまだこの傷を完全に癒やすことができていません。私が、息子に対して、まったく期待しなくなった時に、私は本当に癒やされたということが分かるでしょう。

もちろん、私は息子の計画が成功することを望んでいます。しかし、一方で、たとえ息子が、また、計画を途中で放棄したとしても、私は、激しい怒りにとらわれず、平静な心でいたいと願っているのです。彼のためにした投資は、すべて私自身の選択でした。誰かに強制されたわけではありません。ですから、息子を助け、その夢を実現させてあげたいと決意した私が、その結果を引き受けるのは当然のことでしょう。息子には、絶対に成功して私の期待に応える、という義務はないのです。

そうした状況において裏切られると、特に私の〈見捨てによる傷〉がうずき出すので、私はとても苦しみました。しかし、それを自覚し、しかも告白するには、何年もかかったのです。彼が私に約束し、しかもその約束を守らなかった時、私は裏切られただけではなく、母親として見捨てられたと感じ続けました。

そんな時、仮面とエゴが、私に、次のようにささやきかけたのです。【ほんの少しでも**私**を愛していれば、息子は、**私**との約束を守るために、もっと努力するはずだわ。**私**がどれほど喜ぶか、知っているのだから。愛する人に対して、こんなことをするなんてありえない】

ここで、ムシェットが私に語りかけているのは明らかでしょう。【**私**だったら、絶対あんなふうにはしない。自分を助けるためだったら、どんなことでもしてくれる母親に対しては、特に。彼は、なんという

恩知らずなの！】

私は、息子をありのままに認めて受け入れる必要があるのです。彼は、次から次へと計画を立てます。彼は、どんどん新しいアイディアを思いつく天性の発明家なのです。ずっとそうでした。それぞれの人は、あるときに、自分の生き方を変えたいと思えば、変えることができます。しかし、誰かが、その人に代わってそうすることはできないのです。

息子は、私のそれと同じくらいの、大きな〈裏切りによる傷〉によって苦しんでいます。私を裏切っていることを認めないかぎり、彼は変わることができないでしょう。ほかの誰も、彼に代わってそうしてやることはできません。私は私で、自分の傷を癒やすことに専念する必要があります。一方で、別の状況では、私の振る舞いによって、息子が、裏切られたと感じていることを認めなければなりません。

ハートの声に耳を傾けるとは、〈人生の三角形〉を思い出すことです。その時に、初めて、私たちは〈責任〉を引き受けることができるでしょう。責任を引き受けることによって、私は、新たに投資をして、なおかつ、息子が私の期待通りにしなくても、その結果を潔く引き受けることができるようになります。そうすれば、私は怒りを感じないですむでしょうし、息子も、自分自身も、責めなくてすむのです。過去において私が怨みを持ったとき、実は、私は自分自身の裏切りに苦しんでいたのです。なぜなら、私は自分に対する約束――息子が約束を守らなくても怒らないという――を守らなかったからです。ちょうど、息子が私への約束を守らなかったように。

ですから、ムシェットがまた戻ってきて、私に、自分に対する疑いと、息子に対する疑いをいだかせようとしたとき、私は次のように言いました。

「ねえ、ムシェット、あなたの言うこともよく分かります。あなたは、私が苦しまないように助けたいのね。それに、これまで何度も失望させられているのに、まだ息子を支援しようとすることに同意できないでいるんでしょう。

私を助けようとしてくれることに感謝します。あなたの良き意図は充分に分かっています。ただ、私は、期待をすることなく息子を支援できるようになりたいの。特に、自分を受け入れ、そして息子を受け入れられるようになりたいの。たとえ、物事が私の望むように進まなくてもね。コントロールするのではなく、手放すことができるようになりたいの。

結果の良し悪しではなく、自分自身の良き意図をあくまでも大切にしたいの。どうか、私のことは心配しないで。だって、私は、自分の決意の結果をすべて引き受けることができるのだから」

こうした経験を通して、〈裏切りによる傷〉の陰に、大きな絶望が潜んでいることに私は気づくことができました。だからこそ、私たちはすべてをコントロールしようとするのです。コントロールすることによって、希望を手に入れられると思い込んでいるからです。しかし、今後は、コントロールを手放して、人生をもっと信頼することにしましょう。これまで、〈にせの希望〉にすがって生きていたことに気づいたのですから。

それでは、ここで、ある父親とリュシーという娘のあいだの〈裏切り〉の例を見てみましょう。父親は、大学生の娘の学費を払うために、かなり頑張って貯金をしました。ところが、その娘がアフリカ人と恋愛していることが分かったのです。娘から恋人を紹介された父親は、猛烈に怒りました。娘が、フランスにおいて将来の見込みのない――これは父親の見解です――男性と付き合っていることが許せなかったのです。何とかして娘に思いとどまらせようとしたのですが、娘は隠れてその青年と会っていました。

ある日、娘は、その青年と結婚してアフリカに住むつもりだ、と父親に告げました。父親は怒り狂って、娘にこう言いました。「お前があの男と結婚するなら、お父さんもお母さんも結婚式には絶対に出ないからな。それに、お前を勘当して、二度と会わないようにする」

リュシーはその青年と結婚して、アフリカに行きました。彼女がフランスを去って二五年後に、ラ・レユニオン島でのワークショップにおいて、私は彼女と出会いました。彼女は、結婚して以来、両親と会っておらず、また、三人の子どもも、祖父母に会うことができないということでした。

リュシーはものすごく苦しんでいましたが、父親が譲らなかったので、彼女も反抗を続けていました。ここで、二人が〈裏切りによる傷〉を持っていることは、簡単に見てとれるでしょう。また、二人とも、きわめて強固な〈操作する人〉の仮面をつけていることが分かります。

〈五つの傷〉を癒やすためのワークショップに参加しているあいだ、リュシーは、父親もまた裏切られたと感じていることを、どうしても理解できませんでした。とはいえ、親の怒りによって子どもの恋愛関係が破綻する場合、そこには、必ず、重篤な〈裏切りによる傷〉が関係しているのです。長いあいだ対立を続け、何としてでも勝ち、相手に譲らせて、先に謝らせる、ということができるのは、〈操作する人〉だけなのです。

私は、リュシーに次のように尋ねました。「あなたのお父さんは、大好きな娘のために、大きな犠牲を払って貯金をし、あなたが、卒業後、素晴らしい職業につくことを願って、あなたの学費を払い続けました。それなのに、あなたは、職業につくこともなく、お父さんが反対する青年と結婚しました。その時、お父さんが、どんなことを感じたか、あなたには想像できますか？　あなたのお父さんは、大好きな娘が、素晴らしい職業につくであろう青年と結婚することを期待していたのに、あなたは、それとまったく反対のことをしました。その時、お父さんが何を感じたか分かりますか？　お父さんが、娘にひどく裏切られ、愛されていないと感じたことを、あなたは想像できますか？〈操作する人〉は、相手が自分の期待に応えたときだけ、愛されていると感じるのです。あなたのお父さんは、〈相手の意に沿う〉ことが〈相手を愛する〉ことだと思い込んでいるのです」

するとリュシーは、大泣きし始めました。この二五年間、父親もまた彼女と同じくらい苦しんできたということが本当に分かったのです。また、父親が、ずっと人種差別主義者だったということも、突然、思い出しました。そして、自分が黒人の青年と恋におちたのは、無意識のうちに、父親に挑み、父親がどれほど自分を愛しているかを、確かめたかったからだ、ということを理解したのです。

その時、カンタが舞い戻って来て、リュシーに対し、あなたの家族が父親に会えないのは、父親が悪いからなのだから、あなたが譲る必要はない、と説得にかかりました。そこで、彼女は、カンタにこう言ったのです。

「ねえ、カンタ、私は二五年前から、あなたが同じことを言うのを聞いてきました。そして、そのあいだ、私はずっとあなたに同意してきました。あなたが良い意図に基づいて忠告してくれているのは分かっています。私がお父さんと会いさえしなければ、私はもう二度と苦しまない、とあなたは思い込んでいるのね。

確かに、父に会ったら、私の期待通りに、ことは運ばないかもしれない。でもね、もうこのままではいやなの。だって、私は、ひどく苦しんでいるのだから。いま、ようやく、私とお父さんが、二人とも、〈裏切りによる傷〉を持っていることが分かったの。そして、私は、お父さんとどうしても仲直りしたいのよ。私は、自分の行動の結果を全部引き受ける覚悟ができている。だから、あなたは心配しなくても大丈夫よ。どうか、私をそっと見ていてちょうだい。そして、私に新しい経験をさせてほしいの。あなたは、長いあいだ、ずっと私のために、いろいろしてくれたわ。本当にありがとう。これからは、私がちゃんと自分自身の面倒を見るから大丈夫よ」

リュシーは、さらに、自分が、母親とのあいだで、〈拒絶による傷〉と〈不正による傷〉を活性化してきたことを話してくれました。リュシーと母親は、年に何度か、父親に隠れて電話で話をしてきました。母親がもっと強くなり、自分の夫に対して、孫たちに会いたいと思っている気持ちを打ち明けてくれることを、リュシーは望んでいました。

リュシーは、私と話しているとき、母親が、自分の夫に立ち向かうことをひどく恐れており、そのことでとても苦しんでいる、ということを感じることができました。また、自分自身も父親の怒りをすごく恐れており、だからこそ母親に介入してもらいたいと思っていたことを自覚できました。でも、母親がそうしなかったので、リュシーは〈拒絶〉されたと感じていたのです。

彼女は、私にこう言いました。「母が私の味方になってくれない限り、私は大したことのない人間なんです。でも、私自身、子どもの味方になってやることができていません」

これこそ、彼女のエゴの言葉なのです。カンタが話しかけてきて、あなたは価値のない人間なのだ、あなたが母親と仲直りするなんてもってのほか、あなたは母親の悪口を言い続けなさい、と言ってきたとき、リュシーは次のように答えなくてはなりません。

「ねえ、カンタ、あなたが言うことはよく分かるわ。あなたは、私を守ろうとしてくれているのね。私は、お母さんが私の味方をしてくれて、お父さんに立ち向かうことを望んでいる。だけど、彼女にはそれができないということが分かっているの。ちょうど、私が、この二五年間そうできなかったようにね。私は、自分のこの恐れを受け入れ、そして、お母さんの恐れも受け入れようと思います。

私の言っていることにあなたが反対するのは知っています。でも、私はかなり強くなったので、これからは、両親に立ち向かうことができると感じているの。あなたが、ずっと、私を助けようとしてきたのはよく分かっています。でも、いまでは、それは私を助けることにならないの。私が、別の生き方をしたいと思うようになったから。これまで私を助けてくれたことに感謝します。あなたは、もう、私を助けてくれなくてもいいのよ。ありがとう」

ワークショップもそろそろ終わりというころ、リュシーは、近いうちに、両親に、そして特に父親に話をしようと決心しました。もう両親と対立する気持ちはないこと、だから会いに行きたいということを、両親に伝えたがっていました。数年後、リュシーがフランスに戻って来た時、私は彼女に再会しました。彼女は、両親と和解できてとても幸せそうでした。本当は両親もリュシーと仲直りしたかったのですが、自分たちから一歩を踏み出すことができなかったのです。リュシーは、もう、両親に対しても、自分自身に対しても、とがめる気持ちを持っていませんでした。ハートの中に本当の温かさを感じており、そのために再会がスムーズに行なわれたのです。

彼女が二五年ものあいだ苦しんだのは、とても残念なことです。私たちは、苦しみの限界に達するまで、自分の生き方を変えてハートの道に従うことがなかなかできないものです。ここで、次のことを確認しておきましょう。すなわち、最も知的なのは、他者と和解しようと決意して、自分から行動を開始した人である、と。知的であるとは、いかなる恐れがあろうとも、自分の幸福を最優先することなのです。

次に、恋愛関係における〈見捨て〉と〈裏切り〉の例をあげてみましょう。エミリーという女性です。彼女は、何度かの恋愛と二回の結婚に失敗しました。別れのたびに、彼女は、自分の話を聞いてくれる人にこう尋ねたのです。「私の気が強いことに気づくと、男たちは私のもとを去るの。どうして、私は、そんな男たちばかり惹きつけるのかしら?」

もちろん、問題を引き起こしているのは、彼女の強烈なエゴです。このエゴは、彼女に、「悪いのは自分ではない、男たちが弱すぎるのだ」と思い込ませています。彼女は、その強すぎるエゴゆえに男性たちから見捨てられ、その結果、〈操作する人〉の仮面のせいで、男性たちに罪をなすりつけるのです。エゴは、エミリーに、次のような言葉をささやきかけるでしょう。【あの馬鹿な男たちは、あなたの足元にも及ばない。いつになったら、あいつらは目を覚ますのかしら? あなたに釣り合う男が、きっとどこかにいるはずよ】

エミリーが自分の責任を引き受けて、相手の男性たちの振る舞いは、単に自分自身を映し出しているに過ぎない、と受け入れるまでは、彼女の男性との関係に変化は起こらないでしょう。そうなるためには、彼女の方に大きな自己変革が必要です。

彼女が自分の何を受け入れていないかを発見するには、男性たちの振る舞いをよく観察して、本書の最終章で説明されている《鏡の手法》を適用するしかありません。彼女の話を聞けば、彼女が男性たちの弱さを受け入れていないことは明らかです。彼女が自分を裁きも批判もせずに、自分自身の弱さを受け入れられるようになれば、相手の男性に対して、同情の気持ちを持つことができるでしょう。その時、初めて、彼女は本当に、自分の心のあり方をそのまま受け入れられるようになるのです。事実、私たちが自分自身を変えて、困難な状況を心地よいものに変えるには、自分自身をありのままに受け入れるしかないのです。

彼女が男性たちに見捨てられるたびに、カンタが次のように言うことは容易に想像できるでしょう。【ほらごらん。また同じように見捨てられた。それは、あなたが私の言うことを聞かずに、また新しい関係を始めたからよ。不快な経験をさんざんしたのに、男たちなんか信じられないということがまだ分からないの？　自分の方が女よりも、だんぜん優れている、とあいつらは本気で思い込んでいるのよ。だから、自分より強い女が我慢できないの。あなたは一人で充分、生きられる、あなたの人生には男なんか必要ない。それがどうして分からないの？】

エミリーの本当のニーズは、自分をありのままに愛すること、さらに、恋愛を通して自分を受け入れることなのですが、カンタにはそのことがどうしても理解できません。エゴには、エミリーの人生計画（霊的な情報）が分からないのです。エミリーの記憶に刻まれたこと（この世の情報）しか、エゴには理解できません。

エゴは、今という瞬間を生きることができません。エゴにとっては、過去だけが現実です。過去の同じフィルムを際限なく再生し続けるのです。

カンタが演説を始めたら、エミリーは次のように言わなければなりません。

「私のこれまでの経験から、男たちは誰でも同じだとあなたが思っているのはよく分かるわ。もう二度と新しい関係を始めないように、あなたが私を説得しようとしているのも知っている。だって、見捨てられるという苦しみから、私を守ってくれようとしているのだからね。確かに、そのせいで、私はますます苦しくなっている。でもね、ずっと一人きりで生きるということは、私には耐えられないの。だから、今度は、新しい経験をしてみたい。つまり、自分の生き方を変えるという経験をね。

そのためには、これまでとはまったく違った方向に進む必要があるでしょう。苦しい経験が繰り返させるのは、私が自分の弱さを受け入れていなかったからだ、ということが分かったの。これまで、そのことが分からなかったのは、どんな手段を取ってでも、自分が強いということを世の中に示そうと思って行動してきたからなのね。ようやく、私は強いと同時に弱いということが分かったわ。私は、その両方であっていいのよ。それが分かれば、私は、男性たちの強さも弱さも受け入れることができるでしょう。

私の決意にあなたが同意できないことは分かっています。でもね、私の思い通りにやらせてほしいの。だって、私は、その結果をすべて引き受ける強さを持っているから。もう私が苦しまないように、私を守ろうとしなくても大丈夫よ。今まで、あなたがやってくれたことに、心から感謝しています。あなたの意図は常に善きものだったのだから。さあ、もう休んでちょうだい。これからは私をそっと見守っていてね」

このように、エゴの影響から離れ、ふたたびセンターに入ることができれば、私たちは、ハートの道に従えるようになるでしょう。これまで述べてきたような困難な状況を、私たちは〈観察〉することによって乗り越えられます。傷によって引き起こされた苦しみに反応してしまったとしても、静かに深呼吸をして、次のように考えましょう。「この状況、またはこの人物が、私の〈見捨てによる傷〉あるいは〈裏切りによる傷〉に触れたことは認めます。いま、私は、見捨てられた、あるいは、裏切られた、と感じています。でも、やがて、こうした状況によってそれほど苦しまなくなることを、私は知っています」

このように傷に対処すれば、あなたは自分の経験を観察して、それが、良いことでも悪いことでもない、ということが分かるでしょう。人間である以上、そういう経験をすることは当然なのです。自分を裁き、批判し、なおかつ他者を裁くのではなく、ほかのすべての人たちと同じように、自分がまだ傷を持っていることを許しましょう。そうすれば、カンタと対話することが、もっとずっと容易になり、また、自分の経験をほかの人たちと分かち合えるようになるはずです。

次の章に入る前に、これから述べることを、ぜひ行なってください。今日から数日のあいだ、〈見捨てによる傷〉と〈裏切りによる傷〉が活性化したために、あなたが〈依存する人〉の仮面と〈操作する人〉の仮面をつけた場合、そのつど、それをノートに書き出してください。その作業を通じて、エゴがあなたにどんなことを言うかが、よりはっきりと意識化されるでしょう。

さらに、あなたがエゴにどんなふうに答えたかも書いておいてください。そのように実践し続ければ、エゴとの対話が自動的にできるようになるでしょう。特に、カンタと対話して、カンタに感謝する前と後の、あなたの心境の違いに注意してください。以上のことをすれば、あなたは、ふたたびセンターに入ることができて、素晴らしい幸福感を得ることができるはずです。

Chapitre 14

〈侮辱〉による傷を癒やす

この章を読む前にも、本書の第四章〈侮辱による傷〉について書かれた部分を読み直すことをお勧めします。五つの傷のうち、この〈侮辱による傷〉だけが、すべての人に見られるわけではない傷です。あなたも、時々、侮辱されたように感じることがあるでしょう。でも、あまり言葉にこだわらないようにしてください。あなたの感情と、傷の名前それ自体を混同しないようにしていただきたいのです。たとえば、〈拒絶による傷〉に触れられた場合でも、あなたは侮辱されたと感じるかもしれません。どの傷が活性化されたかを本当に知るには、自分の〈反応〉をよく観察する必要があるのです。

あなたの肉体が、〈侮辱による傷〉を持つ人の特徴をまったく示していない場合には、あなたが侮辱されたと感じたときの、あなたの〈振る舞い〉に注目してください。そうすることによって、あなたが深いところで感じていることを確かめることが可能となるでしょう。

ほかの傷に関しても同じです。多くの人が、拒絶された、あるいは見捨てられたと言うときに、その振る舞いを見れば、実は、〈不正による傷〉や〈裏切りによる傷〉が活性化されていることが分かります。ある状況において、どの傷がいちばん活性化されているかに注目すれば、自分の中で何が起こっているかが分かります。次に、その苦しみの背後に、〈拒絶による傷〉や〈見捨てによる傷〉が隠されていることに気づけばよいのです。

繰り返しますが、自分がどのような振る舞いをしているかによって、活性化している傷を特定化することが大切なのです。たとえば、ある女の子が、お母さんから侮辱された、と感じた場合を見てみましょう。この場合、必ずしも〈侮辱による傷〉が活性化されているとは限りません。彼女が、侮辱として経験していることが、〈拒絶による傷〉あるいは〈不正による傷〉の活性化によって引き起こされている可能性もあるのです。どの傷が活性化されたかを知るには、彼女の振る舞いを見なければなりません。

自分の本当の姿をありのままに受け入れることによってのみ、それぞれの傷が少しずつ癒やされていくのです。

たとえば、あなたが〈侮辱による傷〉を癒やしたいと考えているのに、実際には、ほかの傷がうずいている場合、傷を癒やすことはとても難しいでしょう。ありのままに自分を受け入れて観察することが、傷を癒やすための唯一の方法なのです。

第四章で述べたことを簡単にまとめておきましょう。すなわち、〈侮辱による傷〉は、あなたと他人の関係ではなくて、あなたとあなた自身の関係に影響を与えているのです。〈侮辱による傷〉が活性化されているとき、あなたは相手を侮辱しようとはしません。それどころか、むしろ、相手を守ろうとしたり、許そうとしたりするでしょう。

しかしながら、〈マゾヒストの仮面〉をつけた人の振る舞いによって、ほかの人が侮辱されたと感じることは、しばしばあるのです。たとえば、親が太っていることによって、あるいは、その親のセクシャリティに関連したある振る舞いによって、子どもが侮辱されたと感じることがあるでしょう。

私たちのすべての傷は、誕生の時にすでに存在しています。傷の深刻さは、私たちの魂の進化の度合い、また、エゴの支配の度合いによって決まるでしょう。私たちは、転生を繰り返しており、しかも、過去世の記憶は消えていますので、自分がどの程度進化しているかを知るのはかなり難しいのです。この地上でのさまざまな経験を通してのみ、自分がやるべきことのうち何が残されているかが分かります。

〈侮辱による傷〉で苦しむ人は、自分より上位の人に監視されていると感じ、特に肉体レベルで、しばしば罪悪感を持ちます。こういう人が傷を治すには、自分が限界を持つ人間であることを受け入れ、五感の喜びを開放する必要があるでしょう。実は、この傷の背後には、きわめて感受性の鋭い人が隠れており、この人は、自分を受け入れ、自分を愛することによって、感覚の喜びを味わいたいと強く願っているのです。しかし、エゴが、それは良くないと考えているために、当人は大いなるジレンマにおちいっています。

〈マゾヒストの仮面〉を持つ人の肉体的特徴は、その〈丸さ〉にあると言えるでしょう。この人が太ると、ますますその丸さが目立つようになります。深刻な〈侮辱による傷〉を持っている人は、若いころから、かなり太っています。こういう人たちは、自分が望むときに、自分に対して感受性が鋭いことを許している、と考えています。かなり挑発的で誘惑的な服装をしますし、たくさん食べますし、自分を愛している、自分の体重を受け入れている、セックスの面でもとても活発だと主張するのです。でも、心の奥底では、自分が物質面を愛しすぎていることに罪悪感を持っており、特に、神に対して罪悪感をいだいているはずです。

だからこそ、〈侮辱による傷〉は、自分との関係で活性化するのです。たとえば、誰かが、この傷を持つ人に対して、服装の面、食事の面、体重の面に関して、普通の人なら不愉快になるような指摘をしたとしましょう。その場合でも、この人は、相手を怨むということをしません。むしろ、相手の言うことを認めて、顔を赤らめたり、自分をさげすんだり、責めたりするのです。このように、自分に対して下す評価が、恥の感覚に基づいているのです。

もしこの人が、相手を責めるとしたら、それは、ほかの傷が同時に活性化されている場合です。〈不正による傷〉が活性化されれば、その人は、自己正当化を図って、相手が悪いと思うでしょう。でも、決してそれを相手には言いません。

活性化されたのが〈裏切りによる傷〉だった場合、この人は相手にこう言うでしょう。「なによ、それじゃあ、あなたは完璧だとでもいうの？」こうして、相手の不完全さを強調するのです。

〈見捨てによる傷〉が活性化した場合、その人は、泣いたり、心の中で嘆いたりするでしょう。

〈拒絶による傷〉が活性化すれば、自分は何も聞かなかった、何も影響を受けていない、という振りをするか、黙ってその場を離れるでしょう。

〈霊的〉な人になるには

〈侮辱による傷〉を持つ人にとっていちばん重要なのは、至高の力を持つ神との関係です。こういう人は、本質的に霊的であり、自分が神に値する人間であることを望むでしょう。神がいつも自分を監視していると感じています。何をしても、何を考えても、自分が常に見張られていると感じるのです。しかも、自分は充分に霊的ではない、と感じています。

ここで指摘しておきますが、こうした神との関係は、宗教とはまったく関係ありません。むしろ、宗教の実践者ではない人たちに多いのです。神の権威に対する恐れは、過去世において解決されなかった問題に由来しています。

もし、あなたがこうした特徴に当てはまるとしたら、あなたが〈霊的〉という言葉に与えている定義を、ぜひとも変える必要があるでしょう。常に、立派で、寛大で、親切な人であろうとすると、いつのまにか傲慢な人になってしまいます。ですから、そうであろうとするのをやめた方がいいでしょう。そして、他者にひたすら奉仕しようとすることは、必ずしも神にふさわしい人間になるための道ではない、ということを悟るのです。なぜなら、神は、あなたの幸福しか願っていないからです。

あなたは〈マゾヒストの仮面〉をつけているので、他人のニーズにばかり目がいって、自分のニーズを感じ取ることができないのです。自分のニーズを満たさない人は、決して幸福になることができません。それが簡単でないことは、私もよく知っています。というのも、あなたは、奉仕した相手からの賛辞に慣れすぎているからです。でも、奉仕された人たちは、あなたがいつ自分自身の面倒を見るのだろうと不思議に思っているはずです。

〈マゾヒストの仮面〉をつけた人は、まわりの人たちからの賛辞をたくさん受け取ります。そして、それらの賛辞を通して、神が自分を祝福してくれている、ほめてくれていると感じるのです。

神にふさわしい人間になる、というのは、エゴが仕掛けた罠です。神というのは、創造的エネルギーの別名であり、あなたを観察して、それは良い、それは悪い、と判定する〈人間〉ではありません。いわゆる善・悪の観念は人間が発明したものであって、神とは何の関係もないのです。実際には、〈純粋な経験〉しかありません。あなたの〈内なる神〉は、あなたにとって必要なものを創り出す大いなる能力が、あなたに備わっているということと、また、あらゆるものは神の表現であるということを、あなたに知ってもらいたいのです。

また、ほかの人たちに最も必要なことをあなたが知っている、と思い込むことは、エゴを肥大させる結果にしかなりません。ほかの人を助けるのは、その人から助けてほしいと頼まれた場合だけにしましょう。そして、その場合、自分に対する愛、そして相手に対する愛から、相手を助けるようにしてください。自分のニーズを決してないがしろにしないようにしましょう。そして、その経験から学べることを大切にしてください。

〈マゾヒスト〉は自由になることが怖いので他者に奉仕する

自由になることへの恐れは、〈マゾヒスト〉にとって最も大きな恐れです。そのため、〈マゾヒスト〉は、親しい人たちの世話を焼くことによって忙しくして、自分を自由から遠ざけるのです。そうすれば、罪悪感を感じなくてすむし、自分が自由でないことを自覚せずにいられるからです。

ほかの人たちにとって、自分は不可欠な人間だと思うことは、あなたのエゴを肥大・増長させるという意味で、非常に有害なものなのです。〈侮辱による傷〉に苦しむ人は、一見すると謙虚で控えめに見えますが、実際には、傲慢な側面、他者に対する優越感を、非常にうまく隠しているのです。とはいえ、ほかの人たちの世話をあまりにも焼きすぎるので、その人たちは、子ども扱いされているように感じることもあるでしょう。

身近な人たちの世話を焼くために大変忙しくしているので、〈マゾヒスト〉は、自分のための食事を作る時間さえなくなることもあります。とはいえ、ちょっとした時間に口に放り込むためのものは、必ず確保してあるのです。そんな時も罪悪感を持つために、どんどん太っていくのです。

また、〈マゾヒスト〉は、食べすぎないようにするために、正式な食事をせずに、小分けに少しずつ食べるということをします。そして、しばしばこう考え、また、他人にも言うのです。「ほかの人たちよりも食べる量が少ないのに、どうして私は太り続けるのかしら?」

とはいえ、〈マゾヒスト〉は、肉体的にも、精神的にも、他人のニーズはよく考えるのに、自分自身のニーズはほとんど考えません。ほかの人たちの視線を見て、彼らが自分をどのように考えているかを感じ取ります。その結果、屈辱感を持ち、さらに自分を責めることになるでしょう。他者は、〈マゾヒスト〉自身の考えを、まさに鏡のように映し出しているわけです。

以上の状況が自分に当てはまるようなら、カンタがどれくらいの頻度で自分に話しかけているかに注意してください。おそらく、一日に何度も話しかけてくるはずです。そんな場合、すでに示したようなやり方で、カンタに答えるようにしましょう。

食べもの、セックスなど、感覚に関わる面で〈行きすぎ〉があったために、罪悪感が表面化した場合には、カンタに次のように言いましょう。

「ねえ、カンタ、私が感覚を濫用したことは知っているわ。あなたは正しい。でも、それは、私が、それ以前に、あまりにも自分をコントロールしようとしたからだ、ということは分かってね。私は、もともと感受性が鋭い人間なの。それで、今世での私の人生の目的は、自分のニーズを満たしながら、なおかつ感覚を統御するということなの。

でも、それはまだ実現されていないので、私はこれからもいろいろな状況を経験しなくてはならないでしょう。だけど、どうやって人生の計画を達成するかについては、私自身にまかせてほしいの。不愉快な状況に遭遇するかもしれないけれど、私はきっとそれらを引き受けることができるでしょう。だから、あなたは休んでいてちょうだい。そして、私に、人生の舵とりをまかせてほしいの。これまで一生懸命、私を助けてくれたことに感謝しています。でも、これからは、自分で自分の人生を生きたいの」

また、〈侮辱による傷〉に苦しむ人たちは、特に、歩いたり走ったりすることにおいて、自分があまりにものろいと考えています。それは、感覚の喜びをより多く味わうためだと、それらの人たちから聞いたことがあります。でも、やがて、その人たちは、いつも必ずそうしなければならないわけではない、時には速く動いてもいいのだ、ということを理解するでしょう。もしあなたがそういう人だったら、時間はあなたのものであり、その時間の使い方を決められるのはあなただけである、ということを知ってください。

〈侮辱による傷〉が活性化されるとどうなるか

まず、ある人が、エゴに影響されたとき――つまり、仮面をつけたとき――どのように振る舞うかを見てみましょう。次に、同じ人が、センターに入ったとき――つまり、ハートに従ったとき――どう振る舞うかを見てみます。そうすれば、同じ状況であっても、仮面に支配されずに〈侮辱による傷〉を感じ取ることが可能である、ということが分かるでしょう。

では、数年前から、魅力的な男性であるアランと結婚しているモニックの例をあげましょう。彼らには友人が多く、その付き合いもさかんです。友人どうしのパーティがよく開かれますが、そんな時、アランは、いつもほかの女性たちとばかり話をし、しかも、モニックの前で、平然と、彼女たちの腰を抱いて口説くのです。自分が持っている誘惑者の面を、しっかり妻に見せておく良い機会だと思っているからです。モニックは平静を装いつつ、心の中で次のようにつぶやきます。「私に隠れて何かをされるより、私の目の前でやってくれた方が、ずっといいわ」

とはいえ、ある時、彼女は私に、「少なくとも、ダンスは私としてくれてもいいと思うんですけど」と言いました。あとで彼女が、夫のアランにそう言ったとき、彼はこう答えました。「君とは踊りたくない。だって、君は太りすぎているからね。もし、僕と踊りたいなら、もっと痩せなくちゃ」

この場合、普通の女性だったらどう反応するでしょうか？　当然、怒りますよね？　モニックも、もちろん怒りを感じました。でも、それをおもてに表わしませんでした。なぜなら、細身の女性を好む夫とダンスをするには、自分はまったく適さないと思ったからです。

この時、モニックは、ただちに〈マゾヒストの仮面〉をつけました。そして、カンタが彼女にこう思わせたのです。

「夫の言うことは正しいわ。確かに、私は太りすぎているもの。こうしたパーティに連れてきてくれるだけでもありがたいと思わなくちゃ。ほかの女性たちが何を考えているか、よく分かる。彼はもう私とセックスしていないはずだ、と考えているに違いないわ。

確かに私は、不快なほど太っている。本当にその通り。私は意志が弱くて、いつも食べすぎる。特に、甘いものには目がないんだから。いつも、もっと痩せなきゃいけないと思うのに、絶対にそうできない。それに、以前の、もっと痩せていた時の私は、男性たちにとって魅力的すぎたわ。結婚した今では、むしろ太っているからこそ、私が浮気する心配はないの。痩せていたら、きっと自分の気持ちを抑えることができないでしょう。痩せていれば、たぶん火遊びの危険がある。でも、これだけ太っていれば、みんな私を不快に思うだけでしょう?」

もしあなたが似たような状況にあるのなら、あなたに絶えず話しかける声を聞いて、それを信じ込むのではなく、その声に、次のように反論すればいいのです。

「おやおや、またあなたなのね、カンタ。あなたが、私に、太っていれば男性たちの気をそそらないからいいことだ、と言って私を助けようとするのはよく分かるわ。確かに私は痩せたいと思っているけれど、その前に、このままで自分はきれいだと思い、しかも、素敵なセックスを楽しむことが必要なの。

夫について言えば、彼は、私が自分について考えていることを映し出している鏡に過ぎない。私が自分に官能的であることを許せば、夫も私を望むはず。でも、官能的になったら、私がそれを濫用するに決まっている、とあなたは思っているのよね。

でもね、しばらくは、この体重のままでいることの結果を引き受け、しかも、官能的であることの結果も引き受けられると確信しているの。もう、私のことは心配しなくても大丈夫だからね。これまでのあいだ、ずっと私を助けようとしてくれたことに感謝します。これからは、自分のことは自分で決めるから、あなたは休んでいてね」

こんなふうに、少しずつ、エゴの影響から離れて、ふたたびセンターに入れば、ハートの声を聞くことが容易になるでしょう。あなたは、前述したような状況を、静かに観察できるようになるはずです。ついつい傷に反応してしまったら、静かに深呼吸をして、次のように考えましょう。

「この状況、またはこの人が、私の〈侮辱による傷〉に触れたことを認めます。私は、自分が弱さを持つ人間であり、癒やすべき傷がまだあることを受け入れます。まだしばらくは、自分が侮辱されたと感じるでしょう。でも、やがて、こうした状況が私を苦しめることは、少なくなっていくと思います」

このように、善・悪の判断をせずに、自分が経験していることを冷静に観察するようにしてください。それが傷を癒やすことになるでしょう。自分を裁き、批判する代わりに、傷を持っていることをありのままに受け入れるのです。それこそが、自分を愛しているしるしなのです。

次の章に入る前に、これから言うことを、ぜひ行なってください。

まず、数日のあいだ、〈侮辱による傷〉が活性化されて、〈マゾヒストの仮面〉をつけたら、その経験をすべてノートに書き出してください。そうすることによって、エゴがあなたにささやくことに対して、意識的になることができるでしょう。

次に、あなたがエゴに答えることにした内容を書き出してください。この実践を繰り返すことによって、あなたはやがて、エゴと、ごく自然に対話できるようになるでしょう。特に、エゴと話をして感謝した後では、それ以前と、感じ方がどのように違うかを確かめてください。そうすれば、ふたたびセンターに入れた幸せを、しみじみと感じることができるでしょう。

Chapitre 15

どの傷が活性化したのかを知る方法は?

この章のタイトルは、魂の傷に興味を持っている人たちから、しばしば受ける質問でもあるのです。確かに、苦しみを感じている時、どの傷が活性化されているかを正確に知ることができれば、その苦しみに、より速く対応することができるでしょう。とはいえ、それを知るのは必ずしも簡単ではありません。というのも、そのためには多くの実践が必要であり、単なる知識だけでは熟練者になれないからです。ある知識、または技術は、それを何度も繰り返し実習してこそ、本当に自分のものとなるのです。

たとえば、あなたが「チャ・チャ・チャ」を踊れるとしたら、それは、あなたが基本のステップについての知識を持っているからだけではないでしょう。あなたは、何度も練習をした結果、それについてあれこれ考えなくても、自然に踊れるようになっているはずです。その音楽を聞けば、あなたが足に動くように命じなくても、おのずとあなたの足が動くでしょう。

傷についてもまったく同じことが言えます。技術を適用できるように、繰り返し実践する必要があるのです。以下に示す段階を踏めば、あなたは、みずからにいくつかの質問をすることによって、問題の核心に迫ることができるでしょう。

第一段階：エゴを認める

第十章で学んだことに基づけば、あなたは、エゴが優勢になった時、すぐそのことに気づけるでしょう。つまり、あなたが、誰かを裁き、非難するとき、あるいは、何らかの不快——恐れ、不安、心配、罪悪感、懸念、逡巡、疑い、怒りなど——を感じて、過去や未来に思いを馳せるとき、必ずエゴがあなたを支配しているのです。

では、ここで例をあげてみましょう。この本を書いている最中に、私の家で、いくつかの工事をする必要がありました。その工事の計画を立てるとき、私は、それらが終わったら、我が家がどれほど美しく、快適で、住みやすくなるかを考えていたとしましょう。この場合、私は自分自身であって、自分のニーズをきちんと聞いています。私は、未来に関して計画を立てていますが、不快感がいっさいないので、エゴは口出しをしていないことが分かります。

ところが、私が工事をするのは、他人の目を気にしてのことであり、工事が終わったら、きっとたくさんの賞賛がもらえるだろう、と考えていたとしたら、私は〈承認〉を求めている、つまりエゴに支配されている、ということになるのです。エゴは、家、財産、お金、知識――つまり、私たちが所有できるもの――を自分だと見なしています。エゴが、これらのものと自己同一化すればするほど、それらを失うことが怖くなるでしょう。

工事のあいだ、私は、お金が足りなくなるのではないか、職人たちに手抜き工事をされるのではないか、と思ったり、あるいは、自分の決めたことはまずかったのではないか、と疑ったりするかもしれません。そうすれば、不快感がつのるばかりでしょう。つまり、私はエゴに支配されているということなのです。エゴが優勢になっているかどうか分からない場合には、次のように自問してみましょう。「この状況で、私は、安らぎを感じており、幸せで、満足しているだろうか？　あるいは、何らかの不快を感じているだろうか？」

ここで注意すべきことを一つ、言っておきましょう。それは、エゴの活動と精神の活動は違う、ということです。たとえば、あなたがたくさんの計画を立てなければならず、あれこれ多くのことを考えなければばいけないとしましょう。すると、ある時には、自分には荷が重すぎるので、少し休みたいと思うかもしれません。その際に、不安も不快も感じていないとすれば、それは、ただの事実の認定であり、エゴは関わっていません。ですから、そのような状況においては、精神に負担をかけないような、何らかの楽しい活動をすればいいと思います。私の場合でしたら、新しい料理を作ってみたり、推理小説を読んだりするでしょう。あるいは、あなたが瞑想に親しんでいるなら、瞑想することによって心を落ち着かせてもよいでしょう。

第二段階：自分の感情に気づく

次のように自問してみましょう。

- この状況で、私は何を感じているだろうか？
- この感情は、からだのどこに感じられるだろうか？
- 私は何を恐れているのだろうか？

不快の正体を特定できなければ、あなたはその不快を癒やすことができません。

ほとんどの人たちが、右の質問に答えられないことを、これまでの経験を通して、私はよく知っています。自分の中で何が起こっているかを正確に感じられる人は、本当に少ないのです。したがって、ほとんどの親は、そうした能力を自分の子どもたちに伝えることができません。そもそも、どうすればそうできるかを、自分たち自身が知らないのですから。では、次に、ETC提供のワークショップ「本当の気持ちを発見する」で使われているリスト（不快な感覚のリスト）をあげておきましょう。これを使って、あなたがどのように感じているかを発見してください。

不快な感覚のリスト

唖然とした	気を悪くした	高ぶった	無愛想な
頭の鈍い	緊張した	たじろいだ	不安定な
圧倒された	くたくたになった	断ち切られた	不安になった
哀れな	くたびれた	だめになった	不機嫌になった
安全でない	苦悩した	短気な	不幸な
怒り狂った	ぐらつかされた	力が及ばない	不公平な
痛めつけられた	苦しんだ	調子が狂った	ふさぎ込んだ
いらいらした	痙攣した	疲れた	不満な
疑い深い	激怒した	疲れ果てた	不愉快な
打ちひしがれた	興奮した	使われた	憤慨した
うんざりした	興奮していらだった	罪がある	茫然自失の
侵された	傲慢な	冷たい	飽和した
怒りっぽい	酷使された	動転した	まごついた
恐れた	孤独な	動揺した	麻痺した
落ち込んだ	困った	当惑した	みじめな
落ち着かない	怖がっている	毒気を抜かれた	無価値な
おどおどした	壊れやすい	とげとげしくなった	無感覚な
驚いた	混乱した	閉ざされた	無関心な
おびえた	困惑した	閉じこもった	無気力な
お人よしな	晒された	囚われた	無口な
重い	士気をくじかれた	取り乱した	むっとした
思い違いをした	嫉妬深い	煮え切らない	無の
愚かな	失望した	ねたんでいる	無力な
加減が悪い	従属した	能力を欠いた	面食らった
がっかりした	消耗した	敗北した	もろい
悲しい	ショックを受けた	恥じ入った	憂鬱な
悲しんでいる	神経質な	パニックにおちいった	優柔不断な
気がかりな	心配そうな	反発した	揺さぶられた
傷ついた	心配な	煩悶した	よそよそしい
傷つきやすい	衰弱しきった	悲観的な	欲求不満の
期待が外れた	絶望した	引き裂かれた	弱い
汚い	総毛立った	びくびくした	弱まった
気詰まりな	退屈した	否定的な	落胆した
切り離された	怠惰な	疲弊した	慄然とした

ある苦しい状況で、あなたがどんな感情を持っているかを発見したいとき、このリストをゆっくりと読んでいってください。感情を深く感じれば感じるほど、あなたは自分の中に深く入っていけます。そして、癒やしの可能性を高めていけるのです。このエクササイズを繰り返し実践することによって、やがて、リストを読まなくても、素早く答えを得ることができるようになるでしょう。

次にあげるのは、相手に対する反応のあとに出てくる気持ちであり、その背後には、もっと深い感情が隠されていることがあります。

こうした感情を特定することによって、あなたが、自分に関して何を恐れているのかが簡単に分かるでしょう。

相手に対する反応のあとに出てくる気持ち

あざけられた	支配された
あやつられた	侵入された
威圧された	捨てられた
息が詰まった	責められた
いらだった	だまされた
裏切られた	付け込まれた
追い出された	つぶされた
追いつめられた	なおざりにされた
脅かされた	盗まれた
おとしめられた	離れた
格下げされた	はねつけられた
価値を下げられた	否定された
傷つけられた	侮辱された
気分を害された	暴行された
拒絶された	見捨てられた
嫌われた	むごく扱われた
軽蔑された	無視された
攻撃された	汚された
告発された	理解されない
裁かれた	利用された
しつこく悩まされた	罠にはめられた
叱責された	笑いものにされた

私たちは、他人に関して恐れを持つのではありません。他人に起こることを恐れていると考えますが、実際には、それが私たち自身に与える影響を恐れているのです。

恐れは〈エゴ〉に属しており、〈本当の自分〉に属しているのではない、ということを知ってください。ただし、現在直面している危険に対処するための現実的な恐れは別です。もし、自分が何を恐れているか分からない場合は、それを無理に見つけようとしないでください。そのことを、〈手放す〉と言います。ただし、次のように、繰り返し質問してもいいでしょう。「この状況において、私は自分に関して何を恐れているだろうか？」

もし、答えがただちに帰ってこない場合、あなたはまだ、それを受け取る準備ができていないのです。したがって、そういう時は、無理をしない方がいいでしょう。むしろ、あなたの〈内なる神〉に助けてくれるように頼んだうえで、そのことを手放してください。そうすれば、翌日、または何日かしてから、ごく自然に答えが思い浮かぶでしょう。

しばしば、その答えは、次のような疑問として思い浮かびます。「私が〇〇を恐れているのは、本当のことだろうか？」そして、そう、まさしくそれが答えなのです。

第三段階：裁き、非難、反応の相手を確かめる

ここでは、次のように自問してみてください。

・この状況で、私は、誰を裁いているのだろうか？　あるいは、誰を非難しているのだろうか？

恐れを感じたために自分を裁いているとしたら、〈拒絶による傷〉あるいは〈見捨てによる傷〉が活性化しているのです。屈辱感を感じたために自分を裁いているとしたら、〈侮辱による傷〉がうずいています。怒りを感じたために、自分とは性の異なる相手を非難しているとしたら、〈裏切りによる傷〉が活性化しており、あなたは〈操作する人〉の仮面をつけています。その怒り、または反抗は、表現されるかもしれないし、あるいは、抑え込まれるかもしれません。とはいえ、たとえ抑え込まれたり、復讐の計画を立てるだけだったり、後で相手に立ち向かおうと思ったりしたとしても、苦しみがそれだけ小さいというわけではありません。苦しみは大きいのです。内側に感情を抑え込めば、苦しみはより大きくなり、問題はますます大きくなるでしょう。

怒りを感じて、自分自身、あるいは自分と同性の相手を非難した場合、〈不正による傷〉が活性化しており、あなたは〈頑固な人の仮面〉をつけています。あなたの自己正当化の気持ち、あるいは、相手を非難している気持ちは、その場でただちに表現されるか、または、心の中に抑え込まれるでしょう。しかし、抑え込まれた場合でも、怒りは、あなたの動作や視線、声の調子などから容易に感じ取ることができます。

このように、裁きや非難が誰に向けられているかが分かれば、あなたのどの傷が活性化しているかが分かるのです。次に、その傷から自分を守るために、どのように振る舞っているかが自覚できれば、自分がどの仮面をつけているかが分かるでしょう。

ここで、先ほどあげた感情のリストを何度か読み返し、次に、本書の第二〜六章で説明された態度や振る舞いを何度か読み返してください。さらに、第十二章、第十三章、第十四章を繰り返して読み返せば、あなたの理解は一段と深まるでしょう。一度通読しただけで理解するのは困難なので、そのように何度でも読み返すことをお勧めします。

〈裁き〉と〈傷〉を混同しない

あなたがどの仮面をつけているかを特定するためには、裁きと傷をしっかり区別する必要がある、ということをここで確認しておきましょう。

ここで、上司との関係がうまくいっていないルネの例を見てみましょう。上司は、ルネに話しかけるとき、彼女を見ることさえしません。ルネよりもずっときれいな、シュザンヌという別の従業員が気に入っているのは明らかです。ルネは職場でますますネガティブな感情を持つようになり、家に帰ってからも職場のことが気になって仕方ありません。その日に起こったことを考えてばかりで、カンタにすっかり支配されています。

- 【どうして上司が**私**に対してあんなふうに振る舞うのか、**私**にはまったく理解できない。**私**は、一生懸命、彼のために尽くしているのに】
- 【どうして、上司はシュザンヌばかりほめるのかしら。仕事ができるようにシュザンヌを支えているのは**私**なのに。ほめられるべきなのは**私**だって、どうしてシュザンヌは上司に言わないのだろう？　上司のほめ言葉に対してあんなふうに微笑《ほほえ》んでいる。なんという偽善者！　それなのに彼女は、**私**が同僚なのですごく恵まれている、なんて言っている。**私**が彼女をこれからも助けることを期待して**私**にそう言っているということを、**私**はちゃんと知っているんだから】

・【緊急の用事が入ったとき、残業をするのはいつも**私**。上司は、シュザンヌに残業させることなんて、これっぽっちも考えていないんだから】

・【今日は、もう最低だったわ。上司はこう言った。「ルネ、今日はまた特別きれいだね」。**私**を、頭からつま先までジロジロ点検しながら。それから、上司とシュザンヌは目を見合せて、明らかに**私**を馬鹿にするような顔をした。そんなことを言うんだったら、いっそ黙っていてほしいくらいだわ。彼と**私**が一緒に働き出してから、こんな不快なお世辞を言われたのは初めてよ】

・【**私**はこの仕事を辞めようと思っている。拒絶され、侮辱されることに、**私**はもう我慢できない】

こうした状況が、〈侮辱による傷〉を刺激しているとルネが考えるのは当然でしょう。確かに、そうした状況は侮辱的だと言えます。ところが、活性化しているのは別の傷なのです。

では、上司との関係をまず見てみましょう。上司の前で、ルネが明らかな反応を見せず、すべてを心の中に抑え込んでいるのを見れば、上司の振る舞いが、彼女の〈拒絶による傷〉を刺激しているのは明らかです。彼女は、〈逃避する人〉の仮面をつけているのです。彼女は、身を引いて、自分の中に閉じこもっています。自分の心のいちばん深いところでどのように裁いているか、ルネはまったく意識化できていないのです。それは、こういった内容です。

・もちろん、私はシュザンヌと比べたら、全然きれいじゃない。私は超ダサいのだから、上司がシュザンヌを気に入るのは当然だわ。

•彼の態度に私がすごく傷ついているって、どうして言えないんだろう。なんて私は臆病なの。今日だって、あのわざとらしいお世辞に次のように答えることもできたはず。「この二年間、ほかの日には別の言い方をしていただいて感謝しています！」そんな言い方をしたら、確かにイヤミだし、無礼だと思う。だけど、少なくとも、私が他人から笑われてばかりいる怖がり屋じゃないってことは示せたはずだわ。

•シュザンヌが電話で知り合いとおしゃべりしていたり、爪を磨いたり、仕事をしているふりをしたりしているときに、上司は仕事をすべて私に押しつけてくる。そんな時は、「ノー」って言おうと何度決心したか分からない。それなのに、私は、どうして自分が決心したことを実行できないのかしら。私って、本当にだめな人間だわ。

こんなふうに、ルネは絶えず自分を拒絶しています。そして、カンタに責められるのです。苦しまないために、〈否認〉を使っている、そして、そのせいで、自分が本当に思っていることを意識化できない、という事実に気づかないかぎり、ルネは自分を変えることができないでしょう。

彼女は、自分の外で起こっていることしか見ていないのです。さらに、上司が彼女の仕事ぶりに満足しており、だからこそいちばん重要な仕事を彼女にまかせている、という事実に気づくことができません。上司が彼女を解雇しないということ自体がその証拠なのですが、彼女の目は、まったくそこに向きません。

上司とのあいだで起こっている〈拒絶〉の問題は、彼女と父親とのあいだで起こった拒絶を反映しているのです。あるいは、学校やその他の場所で起こった、異性の先生とのあいだで経験した拒絶を反映しているのです。〈拒絶による傷〉と〈不正による傷〉は、もともとは、同性の親とのあいだで作られるものです。しかし、異性の親との良くない関係に、同性の親が介入して助けてくれない時、異性の親によって、この二つの傷は活性化されるのです。

ルネが、もし、攻撃的な態度で上司に反応したとすれば、そのときは〈裏切りによる傷〉が活性化されているのです。その場合、上司が、彼女を信頼して大事な仕事をまかせているということ、しかも、彼女をほめて、彼女に感謝の思いをうまく伝えることができない、ということをルネは理解していないのです。

人間関係における傷は、幼いころ、親とのあいだで起こった愛情関係に原因があります。職場で作る傷は、あらゆる〈学び〉の形態に関連して作った傷と、つながっています。

次に、ルネとシュザンヌの関係を見てみましょう。ルネがシュザンヌに対抗しないのは、〈拒絶による傷〉が原因だと考えられます。シュザンヌとの関係で〈不正〉を経験しているのは事実ですが、〈拒絶による傷〉があまりにも優勢なので、ルネは典型的な〈逃避する人〉となってしまうのです。もし、ルネが自己コントロールを失って、シュザンヌに対してあからさまに怒りを向けたとすれば、その時は〈拒絶による傷〉よりも〈不正による傷〉が優勢になっていると言えるでしょう。

もし、ルネが、上司の態度をもうこれ以上許せないという理由で仕事を辞めたとすれば、〈拒絶による傷〉があまりにも大きな苦しみを味わわせるので、苦しみに直面するよりもその場から〈逃避〉することにした、ということになるでしょう。

傷に苦しむほとんどの人と同様に、ルネもまた、彼女を苦しませているのは、状況や他人であると思っています。そして、それは、彼女を乗っ取っているカンタの反応である、ということがどうしても分からないでしょう。

結論を言いましょう。そのために、〈内なる神〉とつながって自分自身の人生を創り出すことができないのです。どの傷が活性化しているのかを突き止めることが何よりも大事だということです。そうすることによって、あなたは初めて、過去の出来事との関連づけを行ない、次の章で説明される、癒やしの次の段階に進むことができるからです。

ますます増えている傷

離婚が、戦争が、そして、肉体的または精神的な病気がますます増えていることを見れば、私たちの社会には多くの苦しみがあって、しかも、それが日に日に拡大していることがよく分かるでしょう。それらの苦しみを麻痺させるお手軽な手段は、アルコールやドラッグであり、事実、それらの消費はどんどん伸びています。

ある神経科医から聞いた話ですが、老人たちに見られる精神異常に、現場の医師たちは、まったくお手上げの状態だそうです。それらの病気を、アルツハイマー、あるいはパーキンソン病と診断できない場合、脳細胞の変質によって起こるそれらの病気を一つにくくって「パーキンソン症候群」と名づけるのだそうです。では、どのようにその病気を治療するのですか、と尋ねたところ、手の打ちようがないので、さまざまな試みをとにかく行なって、ただその結果を待つしかない、ということでした。

医学がすごく発達したのに、どうして病人がこんなに増えるのだろう、と多くの人たちが思っているはずです。私はどうかと言えば、それは、私たちが医学に頼ってばかりいて、自分の生き方の責任を引き受けていないからだ、と考えるのです。

ここで、エゴの非常に重要な一面を指摘しておきましょう。

私たちは、自分の人生を自分で創り出すことができる、ということをエゴは認めようとせず、問題は外からやって来ると信じています。そのため、問題の解決策を、必ず、私たちの外に探すのです。

さらに、製薬会社が巨大になり、途方もなく多くの薬を製造するので、私たちの感覚が麻痺してしまっているのです。薬に頼ることで、私たち人間は、自分自身で責任を取ることを忘れています。問題に正面から立ち向かおうとしないのです。

問題の責任を自分で引き受けないかぎり、それらの問題は、さらに大きなものとなって、私たちのところに戻ってくるでしょう。

どんな医者も、また、どんな薬も、あなたを決定的に治すことはできません。たとえ手術を受けようとも、あるいは、どんな薬を飲もうとも、問題は必ず私たちのもとに戻ってくるでしょう。

医学や薬によって、確かにしばらくのあいだ、苦痛がやわらぐことはあるでしょう。しかし、それらは、必要に応じて、期限を決めて、使うべきだと思います。医学、薬、各種セラピー、その他の外部からの支援は、真の癒やしはあなたの内側から起こる、とあなたが本当に知ったとき、初めてその効果を発揮するのです。あなたがそれを受け入れれば、癒やしの過程が始まるでしょう。この本の主要な目的は、あなたが自分で責任を引き受けられるように支援することなのです。

あらゆる肉体的な病気は、あなたの魂の癒やされていない傷によって引き起こされる苦しみの反映である、ということを忘れないでください。

もし、あなたが、魂の傷ですごく苦しんでいるとしても、それを治す力は、あなたの内部にしかないのです。大きな傷があることは、あなたが幼いころから苦しんだという事実によって、また、自分にはとてもそれを解決することができないだろうと感じた事実によって、知ることができるのです。さらに、あなたは、親しい人たちよりもあなたの方が苦しんでいるし、誰もあなたを助けることはできない、と感じたはずです。トンネルの向こうに光を見ることができなかったのです。

すでに指摘したことですが、〈拒絶による傷〉が引き起こす苦しみが最も大きく、そのために、人びとは、その苦しみを否定して、何も感じないようにするのです。しかし、人びとがその苦しみを抑圧すればするほど、それは巨大なものとなって、あとで必ず、その人のところに戻ってくるのです。時間が経つにしたがって、その苦しみは、強迫的な不安に姿を変えて、あるいは、きわめて重篤な病気に姿を変えて、あなたのもとに戻ってくるでしょう。

もし、あなたが、きわめて重大な傷によってひどく苦しんでいるとしたら、その傷は、数多くの転生を通じて作られてきた可能性が高いと言えます。それぞれの転生で、あなたの魂は、傷が癒やされるのを強く願ったのですが、残念ながらそうはいきませんでした。それは、あなたが、人生の主導権をエゴに引き渡してきたからです。だからこそ、各転生を通じて、傷が大きなものとなってきたのです。あなたが、傷の手当てをしっかりせずに、ただ絆創膏を貼って隠しているだけでは、傷は時間とともに深刻になるだけでしょう。

傷が大きければ大きいほど、あなたは、決意、勇気、力、そして根気を必要とするのです。それらを総動員して、あなたの傷に立ち向かい、あなたの人生の指揮権を取り戻す必要があるのです。決意をすることが、最も大切な段階です。決意さえしっかりすれば、時に勇気が足りないとしても、あなたは、目的に達するための方法を必ず見つけることができるでしょう。目的地さえはっきりしていれば、あなたは〈内なる神〉からの支援を必ず受けられるはずだからです。

Chapitre 16

〈真の許し〉が起こす人生の奇跡

ここまで読んできて、傷を癒やすには、傷を意識化して受け入れることが何よりも重要であることが分かったと思います。それはまた、エゴが、あなたを助けようとして、傷に関連した〈思い込み〉を維持し続けている、ということを認めることでもありました。エゴが参照できるのは〈記憶〉だけなので、それも仕方のないことではあるでしょう。エゴにとって、あなたの魂、あなたの本質、あなたの人生計画などは、まったく問題にならないのです。

たとえあなたが百回生まれ変わったとしても、〈意識化〉をしないかぎり、エゴはあらゆる手段を使って自分の考え方をあなたに押しつけてくるでしょう。エゴの考え方を受け入れたのはあなたであることを忘れないでください。

エゴは決して消滅しません。なぜなら、エゴはあなたの精神の一部をなしているからです。あなたは、生まれた時点で、すでに、何百もの〈思い込み〉を持っていたのです。さまざまな転生を通じて、あなたが、感情のレベルや精神のレベルに書きこんだ情報は、永遠の生命を持つ魂にしっかりと保存されているのです。あなたの地上での人生とあなたの魂を対比してみると面白いでしょう。あなたは、この地上で、毎日、違った服を身につけ、違った場所に行くでしょう。そして、さまざまなことを経験し、さまざまな感情を持つはずです。一日のうちに経験されたことは、あなたの記憶にしっかりと書きこまれます。あなたにとってのその一日が、魂にとってのあなたの一生である、と言えば分かるでしょうか。

たとえば、あなたが隣人と大ゲンカをしたとしましょう。あなたは、強い怒りを抱えたまま、しかも、解決策を思いつかないまま、ベッドに入ります。翌日になりました。しかし、あなたが一晩寝たからといって、問題が自動的に片づいているわけではありません。このケンカによって活性化した傷（の一つ、あるいはいくつか）が、あなたを苦しめます。

夜のあいだ、無意識のうちに怒りをつのらせていたとすれば、その出来事は、あなたにとって、さらに重大なものとして感じられるでしょう。数日経っても、あるいは、数カ月経っても、問題がそのままであるならば、あなたは、精神的にも、感情的にも、肉体的にも消耗して、エネルギー欠乏状態になるはずです。

あなたが、もし、隣人は何も分からない人間だ、だから問題を解決しようとしても、まったく無意味である、と考えたとすれば、あなたは問題を否認していることになります。このように、あなたが問題を否認して抑圧するたびに、その問題はさらに大きくなり、あなたにさらなる間違いを犯させるでしょう。先ほどの、治療をせずに絆創膏で隠しているだけの傷と、まったく同じなのです。

魂は、エゴが作り出した〈不要物〉から解放されないかぎり、いつまでも転生を繰り返します。過去の転生で蓄積された精神的なお荷物、感情的なお荷物を、あなたは、いつまで運び続けるつもりですか？この〈不要物〉は、〈いぼ〉のようなもので、自然なものではないのです。

あなたのからだが、〈いぼ〉で完全に覆われているところを想像してみてください。そんな状態で鏡を見て嬉しいですか？　あるいは、そんな姿を他人に見せられますか？　もちろん、答えは「ノー」でしょう。あなたはあらゆる犠牲を払ってでも、それらの〈いぼ〉を取り除こうとするはずです。

あなたの魂も、実は同じことを望んでいるのです。魂は、あなたが、エゴの思い込みである〈精神のいぼ〉に覆われているのが、決して自然ではないと思っているのです。

それらの〈いぼ〉があるために、あなたは、真実の愛に帰還することができず、また、心の平安を得ることができずにいます。だからこそ、魂は自動的に生まれ変わることになるのです。物質世界に降りてこないかぎり、それらの〈いぼ〉からは解放されないからです。

肉体が死ぬと、魂は霊的世界に帰り、そこで反省をして、解決されなかった問題を確認します。それから、指導霊の支援のもと、次の転生の計画を立てるわけです。ところが、地上に生まれ変わると、あなたはその計画をすっかり忘れてしまい、最初の数年のあいだにエゴの支配を許し、ふたたび苦しみ始めるのです。私たちは、どうして、魂のニーズに耳を貸さずに、エゴの言うことを聞いてしまうのでしょうか？それは、地上において肉体に宿ると、エゴの力がきわめて強大になるからです。エゴに支配されていることを意識化しないかぎり、私たちは、自分の人生を統御することができません。

だからこそ、私は、ＥＴＣでのセミナーやワークショップ、講演会や書籍を通じて、人びとにエゴの〈意識化〉をうながしているのです。たとえば、ワークショップにおいて、参加者は、参加者どうしで数多くのエクササイズを行なって、〈意識化〉を促進し、家に帰ってからもそれらを繰り返し実践できるように、具体的な方法論を持ち帰ります。獲得した知識をもとに、繰り返し実践することが何よりも大事である、ということを、ここで思い出しておきましょう。

あなたが、書籍、講演会、セミナーなどによって知識を得たとしても、それを日常生活で実践しないかぎり、あなたの人生は変わりません。実践を通じて、それまでとは違う態度、または振る舞いを、確実に身につける必要があるのです。

私自身、そして講師たちが、よく耳にする質問として、「私の人生が変わらないのは、どうしてですか？」というものがありますが、そういう人たちは、ＥＴＣが提案した方法を日常生活で実践していないのです。もちろん、その方法を実践したからといって、すべての人が同じ結果を得るわけではありません。たとえば、あなたがこの本の中で提案されている方法をただちに実践し、とても良い結果を得たとしましょう。ところが、別のある人は、同じ方法を試みたにもかかわらず、同じ結果が得られませんでした。これはどうしてでしょうか？　この二人の違いは、生活の質を改善しようという決意、ならびに、意志の強さの違いによると思われるのです。

ある忠告があなたのためになるかならないかを知るには、どうすればいいでしょうか？　それは、実践を通じて知るしかないのです。そのためには、新しい経験をすることに対して、あなたの心が開かれていなければなりません。

新しい忠告、新しい経験に対して、あなたの心が開かれていればいるほど、あなたは直観とつながることができるでしょう。

その結果があなたの期待したものでなかった場合には、あなたのハートの声を聞いてください。最初に来た答えを採用しましょう。直観は常に自発的に起こります。直観が来た瞬間に、的確にそれをとらえてください。

長いあいだ、私は、私のエゴと私のハートのどちらが話しかけてきているのか、区別できませんでした。でも、唯一の方法は、自分がどう感じるかを確認することだということが分かったのです。不安や心配など、ほんのわずかでも不快なことを感じたなら、それは、直観から来たのではなく、私たちのエゴから来ています。

ここで、私の例をあげてみましょう。本書を執筆する過程において、私はさまざまなことを経験しました。ある場合には、私はハートの声を聞き、ある場合には、私のエゴに支配されたのです。本書の全体の構想を立てている時は、私はとても心地よく、私の精神エネルギーがハートに従っていることが分かりました。

ところが、ムシェットが優勢になってくると、果たして私は成功できるのか、この本が読者に受け入れられるのか、材料は充分なのか、執筆に時間がかかりすぎるのではないか、などと心配し始めたのです。それを自覚した私は、ムシェットに話しかけることにしました。

「ありがとう、ムシェット。あなたが私のために心配してくれているのはよく分かるわ。あなたは、私が完全であること、そして成功することを望んでいるのよね。でも、あなたは休んでいていいのよ。この新しい本は、私が自分でしっかり企画して、やり遂げるから。どうか、私を信頼してほしいの。どんな結果になろうとも、私はそれを引き受けることができます。私の代わりにやってくれなくても大丈夫なのよ」

最後の方の言葉は、エゴとの対話で常に繰り返します。なぜなら、ほとんどの場合、私たちが間違いを犯したり、あるいは結果が望むものではなかったりした場合、私たちはすぐに、自分を批判するからです。実際には、批判しているのはエゴなのですが。

この本を書いているあいだにも、不測の事態が何度か起こり、本を仕上げるのに二倍の時間がかかってしまいました。そのとき、もし、私がこう考えたらどうでしょうか？

「ああ、まったく私ったら、どうしようもない人間ね。二年前から待っていた読者たちは、絶対に失望するわ。私は仕事を中断すべきではなかった、私はもっとしっかり計画を立てるべきだった、私は予定外の旅行なんかすべきではなかった、私は……、私は……。ちょっと待って。だけど、それは私が悪かったわけじゃない。不測の事態はどれも避けられなかった。それに、私は全力を尽くしたのだし……。とはいえ、これまでの経験から、不測の事態が生じることは、ちゃんと予測しておくべきだったのかも……」

まったく！　頭の中のこの小さな声は、なんてうるさいんでしょう！（笑）　あなたもそう思いませんか？　それは、決して終わることがありません。私が聞こうとしなくても、ムシェットは私に対してしゃべり続けるのでしょうか？　その通り。なぜならムシェットは、自分が悪かった、もっと私にしっかり警告しておくべきだった、と思っているからです。結果に対しては、自分に責任があると考えているのです。

そこで、ムシェットは私にこう言うでしょう。

「それに対して、また、あれに対して、充分注意するように言っておいたでしょ！　やっぱり私が正しかったのよ。あなたは、いま、幸せではないでしょ？　次からは、私の言うことをよく聞くのよ！」

ムシェットは、私が、彼女の言うことを受け入れて、彼女の努力を評価しないかぎり、いつまでもそんなふうにしゃべり続けるでしょう。そこで私は、ハートの声に耳を傾けつつ、ムシェットにこう言います。

「分かったわ、ムシェット。私はあなたの言い分を聞きます。あなたが正しかったのね。私がこの本を書き始めたとき、あなたは、心配に基づいて私を助けようとしてくれたのよね。でも、もう心配してくれなくても大丈夫。確かに、本の出版が遅くなって、私は気落ちしました。だけど、それで私が死ぬわけじゃないし、最終的にはすべてがうまくいくわ。この本の出版が遅れたことには、ちゃんとした理由があるの。いずれ、それが分かるでしょう。私のことを心配してくれて感謝しています」

この場合、私がムシェットを非難しないので、彼女は安心して離れていきます。そして、彼女が身を引くと、彼女はエネルギーの供給を受けなくなるので、知らず知らずのうちに弱まっていくのです。こんなふうにして何年もたてば、ムシェット、つまりエゴは、力を失っていき、それに伴って、傷と結びついた仮面の影響力も小さくなっていくでしょう。

仮面に支配されることなく傷を観察するには

私たちは、いつか、まったく傷を持たなくなる時がくるのでしょうか？　私は、傷を一つも持っていない人を見たことがありません。人生において、拒絶、見捨て、侮辱、裏切り、そして不正を経験するのは、きわめて当たり前、かつ人間的なことなのです。ある傷が治ったということは、あなたが感じる痛みが人生を支配しなくなった、ということを意味するだけです。

たとえば、相手の言葉があなたに拒絶を感じさせ、なおかつ、あなたが、これはきわめて人間的なことなのだ、と思いながら、〈拒絶による傷〉を観察できるようになるかもしれません。いつか、あなたが自分を無条件に受け入れて、愛することができるようになれば、ほかの人たちから傷つけられたと感じることはなくなるでしょう。あなたが、状況や他人をどう認知するか、ということが変わったのです。

ここで、次のような疑問が心に浮かんだかもしれません。「傷ついたことを静かに観察しながら、なおかつ、その傷によって苦しまない、ということがやがて可能になるのだろうか？」

第十一章において、私は、完全な受容が、傷を癒やすための最も重要な、最初のステップになるだろう、と述べました。ただし、自分自身を受け入れる前に、エゴの良き意図と、ほとんど恒常的なエゴの割り込みを、そのまま受け入れなければなりません。特に、私たち自身がエゴの口出しを許していることを認める必要があるのです。

受容は、したがって、私たちが自分の責任を引き受けたときに、初めて可能となります。あらゆる本でそうしているように、この本でも、私は〈責任〉の定義を繰り返し言っておきましょう。というのも、エゴは、常に、この霊的な定義を拒絶するからです。あなたは、何度も読み、何度も聞かないと、その定義を自分の内に統合することができないでしょう。

責任を取るとは、私たちが自分自身の人生を絶えず創っており、私たちの決心、行動、反応が引き起こすあらゆる結果を、私たちは引き受けなければならない、ということです。さらに、身近な人たちにあっても、それは同様であり、したがって、その人たちの決心、行動、反応が引き起こす結果を、私たちが引き受ける必要はない、ということです。

前の章において述べられている三つの段階を、どの傷が活性化されているかに気づくために、あなたが実践するとき、あなたは責任を取っているのです。そのようにして、あなたは、苦しみを作り出しているのは、状況や相手ではなく、それらに対するエゴの解釈と反応なのである、ということを理解するでしょう。エゴが、あなたのために持つ恐れが、あなたの認知、反応を歪めている、ということを認めるのです。

ここで、次のことを確認しておきましょう。

- ある傷が活性化すると、私たちは苦しみを感じる。
- すると、私たちは、ただちに仮面をつける。そうすれば、傷の痛みが少なくなると思うからである。
- そのようにして仮面をつけるという反応的な振る舞いが、私たちの内に、また私たちのまわりに、多くの不快を作り出す、ということがエゴには分からない。
- 癒やしのスイッチを入れるには、そんな時、私たちは自分自身ではなくなっている、ということに気づかなければならない。
- 次に、傷を持っているのは自然かつ人間的なことである、と自覚しながら、活性化された傷を静かに観察することが大切である。
- それから、カンタに話しかけ、私たちを助けようとしてくれたことに感謝し、これからは自分のやりたいようにするつもりだ、と告げる。
- 私たちは、反応的な振る舞いをきっぱりやめ、ハートが平和に満たされるのを感じる。

この、〈観察の段階〉に達するには、完全な自己受容と、責任の引き受けが必要となります。そのときに、カンタに話しかけることが容易になり、自分の傷を冷静に観察することができるようになるでしょう。ここで、あらためて確認しておきますが、カンタという言葉を読むたびに、それを、あなたが自分のエゴにつけた名前に置き換えてください。

ここまで本書を読んできて、自分が実にしばしばエゴに支配されていること、次から次へと仮面を付け替えていることを意識化できたと思います。とはいえ、それぞれの傷の活性化の程度は、まったく同じということではありません。

裁きと非難が強ければ強いほど、苦しみと恐れもそれだけ強くなる。

ある状況、またはある人が、あなたの心をひどく乱したとき、そして、あなたが、苦しむことなく傷を観察したいと願うとき、あなたが必要とするのは〈真の許し〉です。それをこの章では説明しましょう。カンタにどのように話をすべきかを説明する前に、これまで取り上げたいくつかの例をふたたび見ておきましょう。

- 彼女、すごく太ったよね。家に鏡がないのかしら？【**私は絶対、あんなふうにはならない。私は彼女より意志が強いから**】
- 彼はしゃべってばかりいる。まるで独演会だわ。ほかの人たちもしゃべりたいのが分からないのかしら？【**私はもっと控えめだし、ほかの人たちの気持ちを大切にするわ**】

・なんだ、前の車は？　強引に割り込んできやがって。免許を持っているのか。【**俺**の方がはるかに運転はうまい。**俺**は絶対に割り込みはしないしな】

・かわいそうに、彼女は問題を抱え込んで、しかも標的にされてばかり。【**私**は思うままに人生を生きている。しかも**私**は、彼女みたいに、「自分」の問題で人の関心を引く必要はない。**私**は彼女のように、他人を利用しないわ】

あなたがもし、これと似たような反応をしているとしたら、あなたは、批判している相手のようになるまいとして、自分をコントロールしているのです。あなた自身が、自分を受け入れず、自分を批判しています。次に、ほかの人たちからの非難の例をあげましょう。

・君が作ったこの新しい料理は、あまりおいしくないね。【ええ、どうせ**私**はだめな料理人ですよ！】

・あの子のお母さんは、あの子をあまり叱らない。【あーあ、**私**は本当にだめな母親だわ】

・あの子の父親は、時間を作ってあの子とよく遊んでいる。【ああ、**僕**は父親として失格だな】

・君は、これで、同じ失敗を三度したね。いったい何度失敗したら、失敗しなくなるの？【まったく、**私**って、どうしようもない人間なんだから】

では、最後に、自分自身に対する批判の例をあげてみましょう。

- 【**私**はまた、子どもたちに対していらだってしまった！　いったい、いつになったら、**私**は寛大になれるのだろう？】
- 【**私**は、ケーキを二つも食べるべきではなかった！　いったい、いつになったら、**私**は意志の強い人間になれるんだろう？】
- 【どうして**私**は、妹みたいにきれいではないのかしら？　こんなの絶対におかしい】

あげた例と似たような状況において、もし、非難や裁きがそれほど長く続かないようなら、また、あなたがそれらをすぐ忘れるようなら、傷はそれほど活性化されていないということです。その場合には、カンタに対して次のように言えばいいでしょう。

「おや、また来たね、カンタ。あなたなりのやり方で、私を助けようとしてくれているんだよね。私がすべてにおいて完全であることを、あなたが望んでいるのは知っています。私が完全でない場合、私が苦しむのを何とか避けさせようとするのも知っています。でもね、いま、私は、たとえどんな結果であれ、それを引き受ける用意ができているの。自分が、強さも弱さも共に持っている人間であることを認めてあげたいの。これまで助けてくれて本当に感謝しています。でも、もう休んでいいわ。休暇をあげます。これから、決定は私自身が行なうから、あなたは静かに見ていてね」

数週間のあいだ、こうしたことを実践し続ければ、カンタは徐々にあなたのやることを受け入れて、それほどしつこくやって来なくなるでしょう。介入してくる時間も短くなるはずです。

カンタとの会話で最も大切なのは、あなたがカンタを受け入れていることを、カンタがしっかり感じ取れるようにすることです。カンタがあなたに恐れをいだかせても大丈夫なのです。また、カンタがあなたのニーズを理解しなくても気にしないことです。あなたが、カンタの〈良き意図〉を本当に評価していることが大事なのです。

許しのための七つのステップ

あなたが、いろいろな人間関係において、似たような状況を繰り返し体験し、しかもあなたの怒りがますます大きくなり、苦しみがますますひどくなるようなら、あなたの傷はとても深いということを知ってください。心を乱さずに傷を観察することができるようになるには、さらに、いくつかの段階を経る必要があるでしょう。〈真の許し〉のための段階です。

この〈真の許し〉については、私の本、ワークショップ、講演会などで、常に説明するようにしています。というのも、状況を完全に変えるためには、どうしても真の許しが必要だからです。その結果は、まさしく奇跡と称してもいいくらいでしょう。

ＥＴＣにおいて、私たちは何千もの報告を得ていますが、そこには、数多くの、肉体の癒やし、感情の癒やし、精神の癒やしが見られます。だからこそ、私は、〈許しの七つの段階〉について――それは、私たちの教えの核心をなしています――繰り返し言及することに喜びを感じるのです。では、以下に、それを述べておきましょう。

①感情および非難の内容を意識化する

この段階は、前章において、どの傷が活性化しているかを知るために説明されています。

②責任を引き受ける

この段階では、あなたは、自分に関する恐れを――それはエゴによって維持されています――発見し、さらに、現実を歪めているのはその恐れであることを理解する必要があります。問題となっている状況において、あなたが相手に期待をするのは、まさにこの恐れがあるからなのです。

責任を引き受けるとは、この世の中に、あなたの期待を満たさなければならない人はただの一人もいない、ということを受け入れることです。そして、あなたのその期待は、自分自身に対する愛の欠如に由来する、ということを認めることです。責任を引き受ける段階は、多少の時間を必要とするかもしれません。しかし、絶対にあきらめないでください。というのも、あなたのハートが、それを達成したがっているからです。傷が深ければ深いほど、エゴの影響は大きく、したがって、状況をあなたのハートの目で見るには、より多くの努力が必要となるでしょう。

③相手と仲直りする

さて、あなたは、自分の恐れを意識化し、自分の期待を認めましたので、次の仲直りの段階は、より容易になるでしょう。仲直りをするためには、相手は自分の鏡であるという事実を認めることがどうしても必要です。この方法を、私たちは三〇年以上も教えていますので、あなたもたぶん知っているかもしれません。しかし、それでも、私はそれをここで繰り返したいのです。

こうした方法を何年間も実践した後で、ようやく自分のやり方が間違っていたことに気づく人は結構いるものです。それは、あなたがそれらの段階をしっかり実践したら自分は消えるしかない、と考えたエゴが、あなたに巧妙な罠を仕掛けたからなのです。

《鏡の技法》をしっかりと身につけるために、もう一度、すでにあげた例を見てみましょう。

- いったい何度繰り返して言えばいいの？　どうして分からないのかしら？　私が言っていることは、とてもはっきりしているのに。**【私はもっと相手の言うことをよく聞くわ。私はもっと注意深いし、もっと早く相手を理解する】**

マリは、娘のリュシーに対して、もうこれ以上繰り返して言いたくないと思っています。マリは、娘が自分の言うことを聞かない振りをしている、あるいは、自分に対して反応しているので聞いたことを忘れている、と思い込んでいるのです。しかし、実際には、リュシーは、母親が、弟に対してより、自分に対して、より要求がましいので、それを不当だと思っているわけです。

もし、マリが、こうした状況によって傷を活性化させたくなければ、彼女は、許しのためのすべての段階を実践する必要があるでしょう。前述の第一段階を実践するために、マリは静かに座って、水を少し飲んでから静かに呼吸をし、心をリラックスさせるといいのです。それから、自分がどのように感じているか、娘の〈在り方〉の、どの点を非難しているのか、自分に関して何を恐れているのかを自問して、返ってきた答えをノートに書くといいでしょう。

答えをノートに書き、さらに自分の中に湧いてくる感情を時間をかけて感じ取ったら、次の段階に進みます。自分の感情、自分の恐れは、娘に対する自分の期待に由来している、ということを認めて、責任を引き受ける必要があるのです。責任を引き受けるとは、自分の中にあるもの、自分に属するものを、娘が鏡のように映し出してくれている、という事実を受け入れることです。鏡を見て、もし自分の顔に汚れがついていた場合、その汚れは鏡についている、と考える人は、どこにもいないでしょう？　その汚れは自分の顔についているはずです。

マリは、どうして娘という鏡を必要としているのでしょうか？　それは、自分がときどき娘と同じようになっていることに気づくのを、エゴが邪魔しているからです。エゴは、マリにそんなことを認めさせたくないのです。苦しまないための唯一の方法は、許しがたい面を、自分にではなく、相手にだけ認めることである、とエゴは思い込んでいるのです。

《鏡の技法》は、〈在り方〉の面に関する非難のみに適用されるべきものです。この例で見ると、マリは、

①自分のあらゆる努力に対し、娘が、不当で、自己中心的で、恩知らずであると非難している。
②自分は、拒絶された、きちんと評価されていない、愛されていない、と感じている。
③悪い母親である、能力不足の母親である、と非難されるのを恐れている。
④娘が自分を愛しているという証拠を示すのを、ものすごく期待している。

まず、マリが自分の責任を引き受けることが必要です。そのようにした時に、初めて、リュシーもまた、同じ感じ方をしており、同じ恐れを持っており、同じように彼女を批判している、ということが分かるでしょう。リュシーもまた、彼女に対して期待を持っており、その期待が満たされないから〈反応〉しているということが分かるのです。

この第三段階をうまくやり遂げるには、マリは、完全に娘の立場に立って、娘が本当はどんなふうに感じているのかを、しっかり感じ取らなくてはなりません。ハートを開けば、リュシーに対する思いやりで満たされるでしょう。その時、マリは次のようにノートに書くことができるはずです。

「リュシーが**私**にしてくれたことのすべてに対して、私が、不当であり、自己中心的であり、恩知らずである、と彼女が考えていることを私は知っている。彼女もまた、私と同様、拒絶されている、評価されていない、愛されていないと感じているのが分かる。リュシーもまた満たされていないのだ。なぜなら、自分が、悪い娘であり、価値のない娘であると裁かれることを恐れているからである」

この《鏡の技法》は、きわめて微妙な点を含んでおり、使用するには繊細な心がけが必要です。特に、エゴが罠を仕掛けてきて、それを他人に対して使わせようとするので注意してください。たとえば、相手が、あなたの欠点を指摘したり、批判したりしたとき、それは、相手があなたという鏡に自分自身の欠点を映しているだけなのだ、などと指摘してはいけません。この技法は、自分自身に対してだけ使うべきなのです。その人は、あなたがその人を通して自分を見ることができるようになるために、あなたの人生に登場してくれたのです。あなたを通してその人が自分を見るためではありません。エゴは、自分が批判されると、必ず相手が悪いと考えるものです。

④自分を許す

この段階は、すべての段階のうちで最も大事なものです。この段階をやり遂げられれば、あなたは今後、似たような状況で、同じ人と、同じことを経験することがなくなるでしょう。この段階を習得すると、奇跡的なことが起こります。すなわち、たとえ、いやな状況が起こっても、私たちはそれに対して別な見方をしますので、もう二度と苦しみを感じることがなくなるのです。

なぜでしょう？　それは、私たちが、エゴ、つまり傷を通して状況を見るのではなく、ハートを通してそれを見るようになるからです。

そのためには、マリは、原因が自分の満たされなかった期待にあったことを認めつつ、自分が娘を怨んだことを自分に対して許す必要があるのです。さらに、自分の傷はまだ癒やされていないので、自分があれほど非難したリュシーと同じように振る舞ってしまうことを、心静かに受け入れなければなりません。この例においては、マリとリュシーの双方において、〈拒絶による傷〉と〈不正による傷〉が活性化されたのでした。二人は、したがって、〈逃避する人〉の仮面と〈頑固な人〉の仮面をつけざるをえなかったのです。

マリは、自分は人間なのだから、簡単に活性化されてしまう傷を持っているのは当然なのだ、ということを受け入れるでしょう。自分で自分を愛していなかったために、娘の愛を求めてしまったのだ、ということを認めます。マリが自分自身を愛するようになり、自分は、常に娘の期待に応える良い母親でいられるわけではない、ということを受け入れれば、自分もまた、娘に対して過度の期待をしなくなるでしょう。ところで、自分を受け入れるということは、それほど簡単なことではありません。その主な理由を述べましょう。それは、自分の責任を引き受けて、相手もまた自分と同じくらい苦しんでいる、ということを認めると、私たちの〈拒絶による傷〉がひどく痛むからなのです。たぶん、カンタはマリに次のようにささやくでしょう。

「あなたは良い母親ではない。あなたもリュシーと同じであるにもかかわらず、あなたは娘をひどく非難した。だから、リュシーがあなたを拒絶するのは当然なのだ。彼女があなたと同じくらい苦しんでいることに、どうしてもっと早く気づかなかったの？　リュシーは、あなたがどんな人間であるかを映し出すためにいてくれる、ということをどうして理解しなかったのかしら。それは、あなたがどうしようもない人間だからよ。あなたは、なんて悪い母親なの！」

マリが、もし、〈逃避する人〉の仮面をつけるのをやめず、このように考え続けるなら、ますます苦しくなるばかりでしょう。許しの段階を最後まで終えることができず、したがって、娘と話し合うこともできないでしょう。エゴは、あれこれと理由を見つけて、マリが癒やしに向かって進むのを阻止しようとするはずです。

まず、マリは、自分が人間的な弱さ、また、傷や恐れを持っていることを認めて、この段階、そしてその先の段階を通過するために、充分な時間を自分に与える必要があるでしょう。

やがて、マリは、愛されないのではないかという恐れに苦しむ、自分のインナー・チャイルドに対して、少しずつ、慈《いつく》しみの気持ちを持つことができるようになるでしょう。その恐れをずっと前から持っていたのだから、娘に対してあのように振る舞ってしまったのも、仕方のないことだ、と思えるようになるはずです。自分の大きな恐れを自覚できていなかったのだから、それ以外の振る舞いはできなかったのだ、ということが分かるでしょう。

⑤親と仲直りをする

前の段階に続いて、この段階を実践すれば、マリは、自分のインナー・チャイルドの苦しみを感じ取り、自分の受容の程度を確認することができるでしょう。この仲直りは、傷の原因となった同性の親とのあいだでなされるべきです。

マリの場合であれば、自分の母親が原因となった〈拒絶による傷〉と〈不正による傷〉を、娘との不和によってふたたび経験した、ということを理解するでしょう。自分が、母親から拒絶され、愛されないことを、どれほど恐れていたかが分かれば、彼女のハートはさらに開かれるでしょう。次に、自分が娘とのあいだで経験しているのと同じ苦しみを、母親と自分が経験したことも理解するでしょう。つまり、この本でも何度か言及した〈人生の三角形〉が、ここでも適用されるのです。

マリの母親が、自分の母親とのあいだで同じ苦しみを感じていたのはほぼ確実です。このように、真に許すことをしないと――つまり、無条件の許しを経験しないと――世代から世代へと、同じ問題が引き継がれていくのです。なぜなら、〈傷〉が癒やされていないからなのです。同じ非難、同じ気持ち、同じ恐れ、同じ期待が、連綿と、先祖から子孫へと伝えられていくわけです。

許しの段階を、一段一段と進むにつれて、マリのハートは少しずつ開かれていくでしょう。そして、やがて、自由と感謝の思いに満たされて、幸せの思いから、彼女は涙を流すはずです。自分を許すというのは、それほど素晴らしいことなのです。

⑥自分が発見したことを相手に伝えようと決意する

あなたが発見したことを、相手に伝えようと決意してください。この段階を経ることで、あなたは、自分を本当に許したかどうかを知ることができるでしょう。

マリの例でいうと、彼女はまず、自分が経験した不快な状況を通して、自分自身について発見したことを、すべて、自分の母親と娘に対して伝えている場面をありありと思い浮かべます。

すると、カンタがしゃしゃり出てきて、次のように言うでしょう。「とんでもない、それを、全部、彼女たちに言うなんて！　彼女たちは絶対、理解できないはずよ。彼女たちは、〈真の許し〉なんて知らないんだから、あなたの言うことなんて聞きたがらないでしょう。むしろ、あなたに敵対して、悪いのは彼女たちではなくて、あなたであると言う可能性の方が高いわ。自分たちは、そんな恐れを持ったことはない、恐れを持ったのはあなただけだ、と言うことでしょう」

もし、このような抵抗が生じたとしたら、それはマリがまだ自分を本当に許していない証拠です。〈拒絶による傷〉にまだ支配されているので、エゴの影響を受けて、〈逃避する人〉の仮面をつけてしまったわけです。恐れと傷をありのままに受け入れる代わりに、自分を責めて、自分が悪い、自分が娘と母親を傷つけた、と考えるわけです。

ＥＴＣが提供しているワークショップにおいて、私を含めた講師たちは、自分の発見を伝えることに対する、別の形の抵抗も目にします。「どうして相手に会わなくてはいけないの？　手紙や電話で伝えてはいけないの？」といったものです。しかし、もし、私たちが自分を本当に許したなら、その喜びがあまりにも素晴らしいので、私たちは一刻も早くそれを相手に伝えたくなるものなのです。なんらかの抵抗がある限り――それは、無意識の恐れがあることを示しているのですが――、〈許し〉は部分的なものでしかない、ということを知るべきでしょう。ですから、さらにワークをして、許しを完全なものにしなければなりません。

ここで繰り返し言っておきますが、許しの段階のどこかで困難を感じるのは、きわめて当然かつ人間的なことなのです。最も大切なのは、自分を充分に愛して、それぞれの段階に必要な時間を自分に与えてあげることでしょう。自分を本当に許すということは、それくらい難しいし、また、それは途方もない進歩なのです。というのも、それは、エゴが望むこととは正反対のことだからです。ですから、エゴの抵抗を受けるのは当然でしょう。ゆえに、あなたが発見したことを相手に伝えに行こうと思ったときに、あなたがどう感じるかということは、非常に大事なことであるのです。

⑦実際に相手に会いに行って自分の発見を伝える

マリは、自分が発見したことを、娘と母親に同時に伝えることもできますし、それぞれ個別に伝えることもできるでしょう。とても素敵なことを話したい、彼女たちのおかげで自分が発見した素晴らしい教訓を伝えたい、と言えばいいと思います。《鏡の技法》を使って自分が発見したことを応用して、自分が、娘や母親とのあいだで取り戻した絆について、話をすればいいでしょう。

許しの段階を実践するにあたって、対象となる相手の人に、自分と同じ恐れを持っていたかどうかを尋ねることがとても大事です。相手があなたを受け入れてくれるようであれば、さらに続けて、相手があなたに対してどんなことを感じたかを話してもらえばいいでしょう。さらに、相手が同じことであなたを裁いたかどうか、また、あなたと同じように感じたかどうかを尋ねてください。

もし、相手が、自分の経験を話したがらないようであれば、相手にそれ以上、強要しないようにしましょう。あなたが相手と分かち合う、というのは、あなたにとってだけ重要なのです。許しの最後の段階に至った時、あなたが本当に自分を許したかどうかが分かるからです。

自分が学んだことを相手と分かち合うことによって、相手もまた、あなたと同様に大切なことを学び、なおかつ、その分かち合いによって、あなたが相手と和解できるとしたら、こんなに幸せなことがあるでしょうか。とはいえ、それが、分かち合いの目的であるわけではありません。相手が、自己表現をしたがらない場合、それは、相手が動揺しているか、または、自己表現がうまくできないことを恐れている可能性があります。そんな時は、期待しすぎないようにしてください。相手は相手で、自分のペースに従うでしょう。あなたがそうだったように、相手もまた、自分に必要な時間をかけて、ことを進めたいのです。

〈真の許し〉は、あなたに何をもたらすか

許しがもたらす恩恵の一つとして、問題となっている人との関係が大幅に改善されるということがあります。相手を、まったく別の角度から見られるようになるのです。相手を責めていたために見えなかった相手の長所がたくさん分かるようになり、相手に会って話をすることに、何のぎこちなさも感じなくなるでしょう。

もう一つの恩恵は、あなたのエゴがあなたを支配しなくなるので、それまで仮面をつけるごとにブロックされていた自然なエネルギーがふたたび戻ってくることです。実際、これまでは、自然なエネルギーが

流れず、あなたはそれを大幅に失っていたのです。でも、今や、自分自身で人生の方向を決めるようになったので、あなたは、そのエネルギーを、自分の願いやニーズを表わすために使うことができるでしょう。

これまで見てきたマリの例でいうと、娘と母親を許すにはかなりの勇気と謙虚さが必要でした。しかし、その結果得たものがあまりも素晴らしかったので、彼女は、その後も、機会を見つけては許しの実践を行なったのです。マリは、〈拒絶による傷〉と〈不正による傷〉に、心地よい香りのする妙薬を塗ることができました。そのおかげで、傷がどんどん治っていったのです。

私たちが、自分のニーズをきちんと聞くようになれば、それとまったく同じことが起こるでしょう。ハートに従って、小さい決意、あるいは大きい決意をするたびに、私たちの魂の傷は癒やされていきます。自分に対して愛の行為をするたびに、私たちはエネルギーを取り戻し、人生の重荷から自由になるでしょう。

私の場合、ムシェットに由来する多くの思い込みは、背中に負ったリュックサックに詰まる、大小さまざまな重い石のように感じられました。あるいは、私の恐れや思い込みが、囚人の足に付けられているのと同じ、とても太い鎖のように感じられたのです。

いま、あなたは、自分の恐れを受け入れて、それらと直面しつつあります。もう、それらが、あなたの人生を支配することはなくなるでしょう。あなたは、背中のリュックサックに入った、たくさんの重い石から解放されるのです。したがって、あなたは、それまで石を運ぶのに使っていたエネルギーを自分の中に取り戻し、自分を愛するために、自分のニーズを満たすために使うことができるでしょう。

傷が徐々に治ることによる恩恵

肉体の変化

傷が小さくなればなるほど、あなたの肉体に変化が現われます。人によっては、非常に速くそれが現われるでしょう。私は、二日間のワークショップの最中に変化が出てくる例を何度も目にしています。ある人は、ウェストが数センチも細くなりました。別の人は、猫背が完全に治りました。さらに別の人は、消え入るような〈逃避する人〉の声が、ごく普通の自然な声に戻りました。

とはいえ、ほとんどの場合、変化は徐々に現われるでしょう。一つのワーク、あるいはそれ以上のワークの結果、自分の肉体に現われた変化を報告してくれた人はたくさんいます。

- 男性の場合、肩とおなかの肉が落ち、バランスの取れた肉体になりました。女性の場合、腰や骨盤のあたりの肉が落ちました（これらは、いずれも〈裏切りによる傷〉が治った場合）。
- ある女性たちは、足のサイズが、ワンランクないしツーランク大きくなりました。その結果、より地に足が着くようになったのです（〈拒絶による傷〉が癒やされた場合）。
- ある女性たちは、乳房とお尻の肉が引き締まりました（〈見捨てによる傷〉が治った場合）。
- 何人かの男性たちは、ペニスが大きくなりました（〈拒絶による傷〉が癒やされた場合）。
- 何人かの人たちは、からだの柔軟性が増しました（〈不正による傷〉が治った場合）。
- 他には、背筋が伸びた人たちもいます（〈見捨てによる傷〉が癒やされた場合）。

次に、私が個人的に体験したことを書いておきましょう。

•以前、上半身に着るものよりも、下半身に身につけるものの方が、サイズが大きかったのですが（裏切りによる傷）、現在では、上下とも同じサイズのものを着ています。

•片方の乳房が、もう一方の乳房より小さかったのですが（拒絶による傷）、小さいほうが大きくなって、現在は両方とも同じ大きさになっています。

•髪の毛が薄かったのですが（見捨てによる傷）、現在ではボリュームを増して濃くなっています。

•骨は、普通、老年にさしかかると細く、弱くなるものですが（拒絶による傷）、私の場合、逆に太く、強くなってきています。

•乳房の上部がくぼんでいたのですが（拒絶による傷）、それが解消しました。

•関節炎によって指が変形し始めていましたが、それがすっかり改善しました（不正による傷）。


とはいえ、肉体が変化することを、あまり期待すべきではありません。そのための、何か特別な手法があるわけではないのです。心が本当に変わった時に、肉体も自然に変化することがあるということです。ですから、あなたは、肉体には本来の状態を取り戻す力があるということを、信頼しているだけでいいのです。大事なのは、あなた自身が、肉体の中で生きていることに心地よさを感じることです。肉体の変化が、必ずしも、傷の消滅を示唆するわけではありません。大切なのは、あくまでもあなた自身が心でどう感じるか、ということなのです。

関連する傷の解消

私たちは、比較的目立ちやすい〈裏切りによる傷〉と〈不正による傷〉を治そうとする傾向がある、ということに私は最近気づいてきました。ところが、それらの傷が治ると、同時に、〈見捨てによる傷〉や〈拒絶による傷〉も癒やされることが分かったのです。というのも、後者の二つの傷は、前者の二つの傷の背後に、密接に結びついた形で、隠されているからです。

多くの人たちが、年をとると、弱々しく、小さくなっていくのは、実は、〈見捨てによる傷〉や〈拒絶による傷〉を認めて受け入れていないからなのです。これらの二つの傷は、年とともに、表面に浮かび出て、〈裏切りによる傷〉や〈不正による傷〉よりも目立つようになります。ですから、私たちは、一生を通じて、自分を愛し、本来の自分自身に戻るようにしなければなりません。そんなふうにすれば、年をとっても相変わらず、活動的な人生を送ることができるでしょう。

からだの不調の解消

傷がなくなるまでに、どれくらい時間がかかりますか、あるいは、傷がなくなるとどんな感じがしますか、といった質問をよく受けます。でも、私たちは、生きているかぎり、感情を持ちますし、傷と結びついた恐れを持つでしょう。とはいえ、私たちが目指すべきなのは、傷によって支配されない生き方です。

たとえば、あなたが、〈不正による傷〉があることを示唆する、背筋の通った、引き締まったからだを持っているとしましょう。あなたが、もし、年をとるにつれて、自分自身に関する内面のワークを行なわないとしたら、あなたはやがて、〈硬直〉に由来する、関節炎、膝のこわばり、足のこわばりなどに苦しむようになるでしょう。からだのあちこちの関節が硬直し、便秘に悩むことになるかもしれません。

一方、あなたが、ワークをしっかり行なって、〈頑固な人〉の仮面をそれほどつけないようにすれば、あなたは右にあげた不調に悩まされることはなくなるでしょう。あるいは、それらがすでに現われていた場合、それらは徐々に解消されていくでしょう。

あなたは、〈頑固な人〉に特徴的な、まっすぐで、確固たる姿勢を続けるかもしれません。それでも、あなたは、厳格すぎて、自分を閉ざした人に感じられる、異常とも言える〈頑固さ〉を見せることはないでしょう。

同じことは、ほかのすべての傷に関しても言えるのです。たとえば、〈侮辱による傷〉があるために、体重が大幅に超過している人でも、内面のワークをしっかりやった場合、体型はそれほど変わらなくても、体重超過によって引き起こされる問題を感じることなく、安らぎに満たされて生きることができるでしょう。だいたい、〈標準の体重〉などというものは、もともとなかったのです。そんな基準は、生命保険会社が勝手に作ったものに過ぎません。

〈正常〉とか〈平均〉などという概念は、人間が作ったものでしかありません。
それが、すべての人の〈自然〉であるとは限らないのです。
私たちは、そのようなものに踊らされるべきではありません。

太っている人でも、非常に機敏で、多くのエネルギーを持っており、自分のニーズにしっかり応える人生を送っている場合があります。そういう人たちは、官能的であることを自分に許し、よく似合う素敵な洋服を身につけているでしょう。細く見える服を着ようなどとは考えません。ぴったりしすぎた黒い服を着るのではなく、自分によく似合う色の、ゆったりした服を選びます。

傷と結びついた〈恐れ〉が解消していく時

愛に基づく行動を一回するごとに、私たちの傷が小さくなり、考え方や行動の仕方に変化が生じてきます。身近な人たちの方が、私たち自身よりそのことに気づきやすいでしょう。私の場合、まず気づいたのは、私の子どもたち、それから、ワークショップで接するクライアントたちでした。たとえば、私自身は自分の変化を自覚していないのに、参加者から、彼らに対する接し方が、前よりもずっとやさしくなった、などと言われるのです。そうした指摘は、私たちの人生にちょっとした幸せをもたらしてくれるでしょう。自分が、ゆっくりとですが、確実に変化を遂げていることが分かるからです。

ここでも、大事なのは、決して〈期待〉を持たないことです。なぜなら、それは〈コントロール〉を意味するからです。あなたの人間性のあらゆる面、特に、傷つきやすい部分を、可能なかぎり受け入れれば、結果は、ごく自然に現われてくるはずなのです。

それぞれの傷に特有な恐れが消えていくにつれ、あなたの態度や振る舞いは必ず改善されていきます。では、それらの恐れについて、さらに詳しい説明をしておきましょう。

〈逃避する人〉が持つ〈パニック〉への恐れ

あなたが、自分を、本当にだめな人間、何の役にも立たない人間だと思うときに、この恐れを感じることになるでしょう。その時、あなたは、暗い穴の中にいる気分になり、支えてくれるものが何もなく、今にも自分が消えてしまいそうな感じがするでしょう。カンタの最初の反応は、あなたに〈逃げる〉ように指示することです。夢想の世界に逃げ込む、その場に固まる、その場から逃げ出す、ドラッグに頼る、眠る、働く、とにかく何でもいいのです。

現在まで上手に隠されてきたこの恐れを、あなたが感じ取ることは、たぶん難しいでしょう。パニックにおちいっては、そのたびに逃げているとしたら、あなたがその恐れを見たり、その恐れを感じたりするのは、すごく難しいと思います。パニックにおちいりそうだという大きな恐れを、感じ取っている余裕は、あなたにはないはずです。

恐れが隠されていればいるほど、恐れはますます大きくなり、あなたは、ついに限界が来る日まで、その恐れに直面することができません。

〈拒絶による傷〉を癒やすことにより、恐れに襲われて支配されるのではなく、次に述べる段階に行くことで、あなたは、**自分に対して、〈存在する権利〉を与えることができるようになる**でしょう。

- 深い深呼吸を何度か繰り返します。もし可能なら、水を飲んでください。

・あなたの中にある恐れを静かに観察してください。すると、それが、現実のものではないことが分かるでしょう。その恐れは、想像上のものでしかないのです。あなたが傷による苦しみを感じないように、あなたを支援しようとして、あなたを〈反応〉させるのがカンタなのです。

・あなたを守ってくれようとしたカンタに感謝しましょう。この恐れがあるために大事なニーズに耳を貸すことができなくなっていること、でも、これからはしっかりニーズを満たして、なおかつ、その結果は自分で引き受けることにする、ということをカンタに伝えてください。

・あなたのニーズを満たすために行動をしてください。それは、あなた自身への愛の〈しるし〉なのです。自分自身に繰り返し愛を与えることによってしか、あなたは傷を小さくすることができません。

〈依存する人〉が持つ〈孤立〉への恐れ

自分は愛されないと思い込み、大きな悲しみを感じ、一人きりであることに大きな苦悩を感じるとき、あなたは孤立への恐れを感じているのです。そんな時、カンタの最初の反応は、あなたに次のように指示することです。「八方美人になってみんなの機嫌を取りなさい。自分のニーズなど聞いてはなりません。身近な人の要求は何でも受け入れなさい。まわりの関心を引くために病気になりなさい。まわりから認められない時は、あなたの計画を放り出しなさい」などなど。

あなたが、次のような行動をする時、あなたは、この恐れを感じないかもしれません。すなわち、頻繁に外出する、長時間にわたって電話で話をする、一人きりになるや否や、さびしさを満たすためにテレビをつける、などなど。孤独になるのが怖くて、気に入らない人間関係を続けてしまうこともあるでしょう。

あるいは、〈操作する人〉がしゃしゃり出てきて、あなたを〈自立した人〉のように振る舞わせるかもしれません。そのことによって、あなたに、一人きりでも大丈夫、自分は誰も必要としてない、と思い込ませようとするのです。

〈見捨てによる傷〉が癒やされると、恐れに襲われて支配される代わりに、〈逃避する人〉のところで述べた段階を、素早く通過することができるようになるでしょう。

そして、**自分の本当の力を知る**ことができるようになるのです。

〈マゾヒスト〉が持つ〈自由〉への恐れ

〈マゾヒスト〉は、感覚的、官能的な喜びを自由に自分に与えようとする時、あるいは与えたいと望むとき、大きな恐れを持つでしょう。自分の邪《よこしま》な欲望を恥ずかしいと感じ、みんなが、特に、神さまが、自分を裁いていると感じるのです。そんな時、カンタはただちにこう言うでしょう。「ほかの人たちのニーズを満たすようにしなさい。あなた自身のニーズなど無視するのです。ほかの人たちの責任をすべて引き受けなさい」などなど。こうして、〈マゾヒスト〉は、自分の自由を抑圧するのです。

あなたはこうした恐れを感じないかもしれません。というのも、ほかの人たちを助けるかどうかは、自分で自由に決めていると思い込んでいるからです。あなたは、それが本当かどうか確かめもせずに、他人を助けるのは自分の喜びである、と考えています。身近な人たちには、あなたに、ほとんど自由がないことがよく見えています。というのも、あなたは、自分自身のニーズを聞かずに、ほかの人たちのことにばかり、かまけているからです。

〈侮辱による傷〉が癒やされると、恐れに襲われて支配される代わりに、〈逃避する人〉のところで述べた段階を、素早く通過することができるようになるでしょう。

　その結果、**自分に対して、感覚的、官能的な喜びを許すことができる**ようになります。

〈操作する人〉が持つ〈分離〉への恐れ

　別離、あるいは仲たがいの危険があるときに、〈操作する人〉は分離への恐れを持ちます。強い人間は、何か、または誰かを手放すべきではない、と考えているからです。〈操作する人〉は、異性の人たちのニーズをよく知っていると思っており、それらの人たちが、自分を正しいと認めないとしたら、それは、その人たちが自分を愛していないからだと考えるのです。そのために、別離が引き起こされる可能性があります。そんな時、〈操作する人〉は、コントロールを失う恐れを感じるでしょう。さらに、弱い人間だと裁かれるのではないかという恐れ、他人が自分に対する信頼をなくすのではないかという恐れを感じるのです。

　そういう場合、カンタは、まず、「他者に対するコントロールを失わないために、とにかく何でもいいからできることをしなさい。もし可能なら嘘をついてもいいし、自分を守るためなら相手を攻撃してもいい」と、そそのかしてくるでしょう。そして、「あなたは、短気であっていいし、権威的、懐疑的であってもいい、なぜなら、あなたの苦しみを引き起こしたのは相手なのだから」と言って、あなたを納得させるでしょう。そこで、あなたは、自分は何に対しても、また、誰に対しても恐れを持たない、自分は信頼できる人間である、という印象を相手に与えようと躍起になるのです。

あなたは、そうした恐れを持っていることを意識化できません。あなたは、いちじるしく権威的、操作的であるために、口論、ケンカの原因は常に相手にあり、だからこそ別離が生じるのだ、と思い込んでいます。長期にわたる別離が起こりそうな時、〈操作する人〉は、別離の恐れを感じないようにするために、最初に別離を望んだのは自分であるにもかかわらず、相手がそう仕向けたように状況を持っていこうとするでしょう。

〈裏切りによる傷〉が癒やされると、恐れに襲われて支配される代わりに、〈逃避する人〉のところで述べた段階を、素早く通過することができるようになるでしょう。

そして、**自分が傷つきやすいことを受け入れることができる**ようになるのです。

〈頑固な人〉が持つ〈冷たいと見られること〉への恐れ

〈頑固な人〉は、批判されたと感じたとき、また、自分の欠点を同性の人から指摘されたとき、さらに、自分の欠点に自分で気づいたとき、冷酷さへの恐れを感じます。この時のカンタの最初の反応は次のようなものです。「あなたは不完全です。行動の仕方がまずかった。こうすべきではなかった。ああすべきではなかった」などなど。続いて、カンタは、あなたが、自分の行動を正当化するための言いわけを考えるのを手伝ってくれるでしょう。そして、将来、もうそのようには振る舞わない、とあなたに約束させるのです。あなたは、他人の目に、完全でやさしい人間であると映るように、あらゆる努力をするでしょう。

特に、自分の気持ちを隠すようにします。

〈頑固な人〉として、あなたは冷たさに対する恐れを持っていることを認めることができないでしょう。

なぜなら、あなたは自分を、温かく、愛想がよく、やさしい人間だと考えているからです。さらに、あなたは自分を上手にコントロールし、自分の怒りをうまく隠しているので、ほかの人たちがあなたを冷たい人間だと考えることなどありえない、と思っています。あなたが微笑むとき、また、すべてがうまくいっていると言うとき、あなたの目とからだがあなたを裏切っていることに、あなたは気づいていません。

自分が冷たいと思われること、他人に対して関心がないと思われることを、あなたがどれほど恐れているかを確かめるには、他者に対してやさしくなかったときに、あなたがどれほど自分を責めたかを思い出せばいいでしょう。ほかの人との関係を思い出すとき、その人に対して自分が充分に温かくなかったことを自覚すると、あなたは自分を責めて、相手から裁かれることを恐れるでしょう。

〈不正による傷〉が癒やされると、恐れに襲われ、支配される代わりに、〈逃避する人〉のところで述べた段階を、素早く通過することができるようになるでしょう。

そして、**自分の感じやすさを相手に開示できるようになり、限界を持っていることを自分に許すことができるようになる**でしょう。

それぞれの傷に関係する主な〈恐れ〉についての説明を、そろそろ終わりにしたいと思いますが、ここで、もう一度、あなたに、〈人生の三角形〉を思い出していただきたいのです。

〈人生の三角形〉によれば、あなたが他者に対する自分の態度に恐れをいだく場合、あなたは、他者があなたに対してそういう態度を示すことを恐れています。また、自分自身に対してそういう態度を示すことも恐れているのです。

あなたがこのことを本当に理解して、自分がこれら三種類の恐れを持っていることを受け入れたときに、あなたは、その恐れが大いに緩和されることを自覚するでしょう。

あなたの〈本来の状態〉に戻る

傷が消えていくと、あなたは、少しずつ、自然な本来の状態に戻り、さまざまな仮面に由来する人格の特徴を示さなくなるでしょう。そして、それまで、恐れによって抑圧されていたあなた本来の力と才能が、見事に姿を現わしてくるはずです。

この世で生きているあいだに、私たちは、愛されようとして、他者の期待に応えようとして、それ以上傷つけられまいとして、さまざまな仮面をつけてきました。その結果として、本来の個性を失ってしまったのです。言い換えれば、自分の強さと同時に弱さを封印して、ありのままの自分ではなくなってしまったのです。ですから、これからは、それぞれの瞬間に、ありのままの自分を受け入れて、本来の自分に少しずつ戻っていこうではありませんか。

私たちの生き方をハートにゆだねるとき、私たちは批判しなくなります。
どのような経験であっても、私たちは、それを、
さらに自分を愛するために使うことができるのです。

では、以下に、それぞれの傷が癒やされたとき、あなたが、エゴの支配から脱して、どのように素晴らしい経験をするかを示してみましょう。

〈逃避する人〉の人格を取り込む代わりに、あなたは、**有能な人**として、大いなる才能を発揮することができるでしょう。あなたは、逃避することをやめます。自分の場所を占めることをためらわず、自分をどうしようもない人間、無価値な人間と考えることをやめるでしょう。あなたにとって、より自然な、新しい振る舞い方、新しい態度を身につけるのです。

〈拒絶〉による傷

- 持続力に恵まれているので、長い時間、あなたはストレスなしに働くことができます。
- 想像する力、創造する力、発明する力がごく自然に発揮されます。
- まだ完璧主義者ですが、理想主義者ではなくなります。仕事にとりつかれて、何度も何度も出来上がりを確認するのではなく、一度確認すれば気がすむでしょう。たとえ間違えても、あるいは細かいことを忘れても、それで気分が悪くなることはありません。
- **やっていることが自分なのではない**、つまり、〈する〉=〈自分〉なのではない、ということが分かるでしょう。たとえ間違ったとしても、それでただちに「自分はダメな人間だ」とは考えなくなります。
- 同じことが、ほかの人から批判された場合、あるいは無視された場合にも起こるでしょう。一瞬、拒絶されたと思いますが、次には、批判というのは、自分がしたことに対してなされることで、自分のあり方に対してなされるのではない、ということを思い出します。

• あなたは、〈いまここ〉に生きているので、世界をありのままに見ることができます。それは、とても大きな喜びです。
• 何かを説明する必要がある場合でも、細部にこだわりすぎることがなくなり、また、相手に受け入れてもらうために、説明を繰り返すことがなくなります。
• パニックへの恐れがなくなるので、緊急事態に直面しても、本来の才能がきちんと発揮されます。
• 自分の弱さにばかり目が行くのではなく、自分の良い点をほめることができるようになります。

〈見捨て〉による傷

〈依存する人〉の人格を取り込む代わりに、あなたは、**自律**の能力を大いに高めることができるでしょう。あなたは、ほかの人たちの愛を当てにしてもいいのです。そうすれば、あなたは、自分が〈愛されるに値する人間〉であることを発見するでしょう。そして、自分にとって、はるかに自然な態度や振る舞いを新たに身につけることができるでしょう。

• あなたは、嘆くことなく、また、期待することなく、とても上手に相手に頼むことができるようになります。そして、相手があなたの望むものを与えてくれないからといって、相手があなたを愛していないということにはならない、ということをあなたは理解するのです。
• 〈相手の意に沿う〉ことが〈相手を愛する〉ことなのではない、ということが分かるでしょう。
• その結果、みんなを愛していることを証明するためにあなたがみんなの意向に沿う、という必要はない、ということが分かるのです。したがって、相手の愛を失うのではないかと恐れることなく、相手に「ノー」と言うことができるようになるでしょう。相手に「イエス」と言う場合、それはあなたが本当にそれを望んでいるからだ、ということになります。ゆえに、あなたは相手に対して〈期待〉を持つことがありません。

- 相手の関心を引くために、演技をする必要がなくなります。
- 何かを話すとき、相手の関心を長く引き留めるために、説明を長引かせることがなくなるでしょう。その結果、あなたは簡潔に話をまとめることができるようになります。
- ほかの人たちの同意、または支持がなくても、自分ひとりでいろいろな決心ができるようになるでしょう。
- 身近な人たちがあなたの計画に同意しなくても、まったく不安になりません。彼らがあなたと同じ意見を持たなくても差し支えない、ということが分かるからです。あなたの考えに同意しなくても、彼らはあなたを愛している、ということが理解できるでしょう。
- ほかの人たちと一緒にいるのが相変わらず好きでしょう。しかし、一人きりになっても、まったくさびしくありません。

〈侮辱〉による傷

〈マゾヒスト〉の人格を取り込む代わりに、あなたは、**感覚的な能力**を大いに発達させるでしょう。自分の感性や官能性を抑圧することなく、ごく自然に振る舞うことができるようになります。

●自分のニーズを、よりいっそう聞くことができるようになるでしょう。自分のニーズを聞き取る自然な能力が開花するからです。

●あなたは、相変わらず奉仕型の人間ではあります。しかし、相手を助けることが、自分にとって良いことなのか、悪いことなのかが区別できるようになるでしょう。

●ほかの人たちの問題をあなたが片づけなければならない、という思い込みから解放されます。そして、ほかの人たちの自由を尊重できるようになるでしょう。行動する前に、果たして相手が支援を望んでいるかどうかを確かめるようになります。

●ほかの人から何かを頼まれたとき、「イエス」と言う前に、あなたは自分のニーズについて考えることができるようになるでしょう。他者の世話を焼くことで、常に自分の自由を犠牲にする必要はない、ということを知るのです。

●こうして得られた新たな自由によって、あなたは、人生のあらゆる領域において、あらゆる感覚を楽しむことが可能となるでしょう。

●快活さがどんどん増し、それはおのずと外に現われることになります。あなたは、もう、物事を深刻にとらえなくなるでしょう。そして、ほかの人たちを笑わせるようになるでしょう。それは、彼らから高く評価されるはずです。

●あなたは、太ったからだをありのままに受け入れるようになるでしょう。そして、それが必ずしも「標準」でなくても、自分に最も合った体重を見つけるはずです。

・罪悪感を持つことなく、愛する人との素敵なセックスを楽しむようになるでしょう。
・ありのままの自分に、ますます誇りを感じるようになるでしょう。

〈裏切り〉による傷

〈操作する人〉の人格を取り込む代わりに、素晴らしい**指導者**としての資質を開花させるでしょう。まわりを支配して自分の力を証明する必要を感じなくなるので、より自然な態度と振る舞いを示すようになります。

・ほかの人たちに、自分の考え方や信念を押しつけないようになります。
・聴衆の前でうまく話をすることのできる能力は、自分の優越性を見せつけるためではなく、多くの人を助けるために使われるようになるでしょう。
・リーダーとしての才能と、生まれつきの能力は、ほかの人たちの才能を発達させるために使われます。ほかの人たちにあなたのニーズを聞かせるのではなく、ほかの人たちのニーズをあなたが聞くようになるでしょう。
・素早い意思決定の能力は保ちながら、一方で、必要な場合には、熟考することができるようになるでしょう。
・一度にいくつかのことを同時にできない人を前にしても、あなたはイライラしたり、フラストレーションがたまったりすることがなくなるでしょう。

・相変わらず、仕事をまかせるべき人たちに取り巻かれているはずです。とはいえ、前よりも彼らを信頼することができるようになるでしょう。そして、あなたのように効率的に仕事ができなくても、彼らを受け入れるようになります。

・ある領域において、あなたよりも能力の高い人がいたとしても、それはあなたが劣ることを意味しない、ということが分かるでしょう。むしろ、逆に、その人から学ぶことに喜びを感じるはずです。

・自分の間違いや過失を受け入れられるようになるでしょう。嘘をつくのが居心地悪くなり、また、他人に罪を着せることがなくなるでしょう。

・あなたの自然な魅力によって、愛すべき人物になるでしょう。その魅力を、相手を誘惑したり、支配したりするために使わなくなります。

・自分が傷つきやすいことを受け入れるでしょう。また、自分を臆病だと思うことなしに、自分の恐れや不安を受け入れることができるようになります。

〈不正〉による傷

〈頑固な人〉の人格を取り込むのではなく、**感じやすさ**を大いに発達させることができるでしょう。すべての人に気に入られる必要はないということが分かります。行動において、また、外見において、完璧であろうとして自己をコントロールすることがなくなります。あなたにとって、より自然な態度や振る舞いができるようになるでしょう。

・すべてが完了していなくても、また、完全でなくても、あなたは、仕事の途中に休めるようになるでしょう。

・完璧を求める傾向は、人生において、あなたに美をもたらすでしょう。ただし、その傾向は、あくまでも、あなたの一つの側面であるにとどまるはずです。あなたは、愛されるために、または評価されるために、すべてを完璧にやり遂げようとすることがなくなります。

・細部は、あなたにとって、相変わらず大事です。とはいえ、すべては経験に過ぎず、完璧などというものは、物質世界には存在しないことを理解するでしょう。

・複雑なことを単純化するあなたの能力は、よりバランスの取れたものとなり、あなたを大いに助けるでしょう。あなたの説明はあまりにも短かすぎることがなくなります。また、みんなが簡潔に表現する才能を持っているわけではないことを理解します。

・あなたが生まれつき持っている感受性が開花するでしょう。あなたは、目に涙をうかべたり、さらには泣いたりすることが可能となるでしょう。

・あなたの自然な情熱は、自分自身にとっても、ほかの人たちにとっても、よりバランスの取れたものとなるでしょう。

・あなたの服装は、あなたの美への好み、完全への嗜好のために、相変わらず素晴らしいものであり続けます。しかし、ほかの人があなたの工夫に注目しなくても、気分を害されることがありません。

ここまで挙げたすべてのことに加えて、あなたはより自分に注意深くなり、ありのままの自分を認めるようになるので、あなたはこれまで以上に〈いまここ〉に生き、あなたの〈内なる神〉と、より深く接触することが可能となるでしょう。その結果、感受性が非常に鋭くなり、直観をいかんなく発揮できるようになります。自分が本当に必要としていることを、驚くほど速く知ることができるでしょう。

傷と仮面について知ることで、あなたは、ほかの人たちの恐れやニーズを見抜くことができるようになります。とはいえ、そこでまた、エゴの罠におちいらないようにしましょう。あっというまにエゴに支配されて、あなたは、自分がどれほど直観力に恵まれているか、見せびらかしたくなります。そうやって、彼らに強い印象を与え、彼らを支配したくなるのです。

あるいは、彼らに強制的な指示を出すかもしれません。しかし、直観は、分別をもって使われなければならないのです。そのためには、彼らが、自分自身のニーズを発見できるようにしてあげる必要があるわけですが、その手段としては、的確な質問をしてあげることが最も良いのです。

あなたが自分の傷を受け入れられるようになればなるほど、あなたは、ほかの人たちの傷も受け入れられるようになるでしょう。あなたは、彼らに対する思いやりを持つようになるからです。したがって、相手を批判したり裁いたりすることがなくなるでしょう。

結論――あなたの〈傷〉が癒やされるとき

本書を終えるにあたって、あなたに第七章を、もう一度読むことをお勧めします。そこに、後半で繰り返すことを避けた情報を、いくつも発見することができるはずだからです。

さあ、あなたにいま残されているのは、本章を読んだ後で、あなたが自分の人生に適用しようと決心したことを実践に移すことのみです。

ここでまた繰り返しますが、何かを学んだだけでは、あなたの人生は変わりません。あなたが自分の態度を変え、今までとは違った行動をすることによって、初めて変容が起こるのです。**それまでとは違った経験をしないかぎり、あなたは、自分にとって何が良いのかを発見することはできません。**

本章を終えるにあたり、**傷が癒やされる**とはどういうことか、その定義をあげておきましょう。

傷が活性化されたことを意識し、傷がもたらす苦しみを静かに観察し、
自分が弱さを備えた人間であることを受け入れるとき、
あなたの傷は癒やされ始めます。
傷に関連した仮面をつける必要を感じず、
したがって、いかなる反応もしないとき、
あなたは傷を癒やす全段階を通過し終えた、
と言うことができるでしょう。
真の受容によって、あなたは徐々に苦しみを消し、

〈いまここ〉に生きることができるようになります。
そのときに、思わず、安堵のため息をつくことでしょう。
そのとき、あなたは、すべての状況を、
教訓を学ぶための良い機会だった、と
見なすことができるのです。

オンラインワークショップのご案内

リズ・ブルボーのワークショップや
リズ・ブルボー公認の講師によるワークショップを
オンラインで受講できます

VOICE WORKSHOP
https://www.voice-inc.co.jp

VOICE ホームページ上部にある「ワークショップ」のタブをクリック
「リズ・ブルボー」で検索

リズ・ブルボーは 1982 年にカナダで学校を設立

学校のウェブサイトはこちら
（英語とフランス語）

www.listentoyourbody.net

リズ・ブルボーの本が読めるのはハート出版だけ

https://www.810.co.jp

著者／リズ・ブルボー　Lise Bourbeau

1941年、カナダ、ケベック州生まれ。

いくつかの会社でトップセールスレディとして活躍したのち、みずからの成功体験を人々と分かち合うためにワークショップを開催。現在、20カ国以上でワークショップや講演活動を行なっている。肉体のレベル、感情のレベル、精神のレベル、スピリチュアルなレベル、それぞれの声に耳をすますことで〈心からの癒やし・本当の幸せ〉を勝ち取るメソッドは、シンプルかつ具体的なアドバイスに満ちており、著書は本国カナダであらゆる記録を塗りかえる空前のベストセラーとなった。

https://www.ecoutetoncorps.com/

訳者／浅岡夢二　Yumeji Asaoka

1952年生まれ。慶應義塾大学文学部仏文学科卒業。明治大学大学院博士課程を経て中央大学法学部准教授。専門はアラン・カルデック、マリ・ボレル、リズ・ブルボーを始めとする、フランスおよびカナダ（ケベック州）の文学と思想。人間の本質（＝エネルギー）を基礎に据えた「総合人間学（＝汎エネルギー論）」を構築。フランス語圏におけるスピリチュアリズム関係の文献や各種セラピー・自己啓発・精神世界関連の文献を精力的に翻訳・紹介。リズ・ブルボー『〈からだ〉の声を聞きなさい』シリーズや『ジャンヌ・ダルク 失われた真実』『光の剣・遥かなる過去世への旅』など訳書多数。著書に、『フランス文学と神秘主義』『ボードレールと霊的世界』がある。

五つの傷　合本版

令和６年４月23日　第１刷発行

著　者　リズ・ブルボー
訳　者　浅岡夢二
発行者　日髙裕明
発行所　株式会社ハート出版
〒171-0014 東京都豊島区池袋3-9-23
TEL03-3590-6077　FAX03-3590-6078

ISBN978-4-8024-0176-0　C0011

印刷・製本／モリモト印刷　編集担当／日髙　佐々木